PARAMETRIC DESIGN
파라메트릭 디자인

01. INTRODUCTION TO PARAMETRIC DESIGN & APPLICATION

01. 파라메트릭 디자인의 이해 및 적용

성우제 지음

도서출판대가

머리말

컴퓨터 및 인포메이션 테크놀로지(information technology)를 중심으로 우리 삶의 많은 부분이 빠르게 재편되고 있습니다. 사용자의 안위를 보장해야 하는 사회 기반 시설이기에 새로운 기술의 도입에 보수적일 수밖에 없는 건축, 토목 및 기타 건설 영역에도 이러한 변화의 물결은 거스를 수 없는 듯합니다. 다른 분야와 마찬가지로 컴퓨터의 힘을 적극 활용하고자 하는 이러한 변화의 물결은 없던 것을 새로이 만들어 낸다기보다는 현재의 불편함과 불합리함을 개선하고자 하며, 이를 위해 상상할 수는 있었으나 실현할 수 없었던 것들을 기술의 발전을 통하여 구현해 낸다고 보는 것이 더 정확할 것입니다.

현재 건설업계에서 가장 화두가 되는 파라메트릭 디자인(parametric design)도 이러한 맥락에서 이해할 수 있습니다. 모든 생명체가 지구라는 큰 시스템의 일부로서 상호작용을 통하여 작동하듯이 우리가 생활을 영위하고 있는 건설 환경 또한 그러해야 한다는 논의는 시대의 흐름에 따라 그 궤적을 달리합니다. 그러나 크게 보면 건축과 토목의 긴 역사와 그 흐름을 함께한다고 볼 수 있습니다. 파라메트릭 디자인은 파라메터(parameter), 즉 변수라는 매개체를 통하여 구축물이 주변의 다양한 맥락적 데이터를 받아들이도록 설계 과정에 적극 반영합니다. 그럼으로써 더 이상 자기 참조적인 오브젝트(object)가 되기를 거부하며 자연이라는 시스템의 한 부분으로 자리 잡고자 하는 막연한 인간의 상상을 실현해 주는 기술적 진보라고 생각할 수 있습니다. 이와 더불어 실용적 측면에서 바라본다면, 이미 결정된 상수들이 아닌 변수들로 정의된 파라메트릭 알고리즘(parametric algorithm)을 이용한 유연한 설계 과정은 변수들의 변화에 따른 빠른 피드백을 통해 다양한 의미에서의 검증을 거치기에 용이합니다. 이는 명확한 이유와 당위성을 요구받는 현대사회에서 큰 장점이 될 수 있습니다.

이 책은 지난 3년간 월간《건축사》에 투고했던 글을 바탕으로 재구성했습니다. 최신 건축 흐름 중 하나인 파라메트릭 디자인에 대해 관심이 많은 실무자들과 학생들에게 다양한 층위에서의 궁금증을 풀어 줄 수 있는 좋은 자료가 될 수 있으리라 생각합니다.

이 책의 출판에 결정적인 역할을 해 주신 대가출판사의 김호석 대표님, 월간《건축사》편집국, 그리고 오랜 친구이자 조력자인 서울시립대학교 도시공학과 김충호 교수에게 깊은 감사의 말씀을 드립니다. 또한 스스로의 한계를 뛰어넘을 수 있도록 기회와 용기를 주셨던 David Dennis(Grimshaw Architects), Chris Sharples(SHoP Architects), David Mah(Melbourne School of Design), Leire Asensio-Villoria(Melbourne School of Design), Shawn Rickenbacker(Cornell University), Michael Silver(University at Buffalo), 박철민(Advanced Façade), 홍규선(홍익대학교)에게도 깊은 감사의 말씀을 드립니다. 마지막으로 항상 버팀목이 되어 주는 아내 구이경에게 이 책을 바칩니다.

PART 1

파라메트릭 디자인이란
Introduction to Parametric Design

001 파라메트릭 디자인이란
Introduction to Parametric Design 8

002 파라메트릭 디자인에서 변수의 중요성
Why Parameter is Important 14

003 변수를 이용한 디자인 : 선택적 증폭
Parametric Design Process : Selective Amplification 20

004 파라메트릭 디자인 툴의 구성
Parametric Design Tools 34

PART 2 사례 Cases

005 곡면상의 커브 연장
Extending Curve on Surface 44

006 곡면을 따라 흐르는 물의 궤적
Flowing Down 62

007 단순한 논리로 만들어지는 복잡함
Complex without Being Complicated 78

008 디자인에서 생산으로
Design to Fabrication 88

009 부분에서 전체로
Parts to Whole 108

010 컴포넌트로 구성된 벽
Component Wall 122

011 모듈로 구성된 그린 루프
Modular Green Roof 138

012 자연적인 시스템
Nature System 174

013 메커니즘의 이해와 재해석
Understanding & Reinterpreting Mechanism 196

Parametric
Design

PART 1

파라메트릭 디자인이란

Introduction to Parametric Design

001

파라메트릭 디자인이란

Introduction to Parametric Design

최근 해외 건축의 동향에서 아마도 가장 주목할 만한 이슈의 하나는 파라메트릭 기법(parametric technology)을 적극적으로 이용하는 디자인 방법론이 아닐까 생각합니다. 미국 및 유럽의 많은 학교에서 파라메트릭 기법을 사용한 디지털 디자인 및 제작(digital design & fabrication) 수업이 인기리에 진행되어 온 지도 이미 10년이 넘은 듯합니다. 리서치를 통해 재료의 물성을 파악하고 이를 다시 컴퓨터를 활용한 모형(computational model)으로 재해석하여 다양한 디지털 제작(digital fabrication)의 방법을 통해 구축적인 모형으로 재생산해 내는 디지털 디자인 및 제작이라는 좁은 범위의 건축적 적용의 단계를 뛰어넘어, 이제 많은 디자인 스튜디오들이 이러한 기술을 보다 적극적으로 이용하여 전반적인 건축의 과정에 도입하는 실험을 하고 있습니다.

한 예로 제가 객원 강사와 컨설턴트로 참여하였던 펜실베이니아 대학교(University of Pennsylvania)의 한 디자인 스튜디오는 공해물질을 정화하는 기본적인 메커니즘에 대한 리서치와 이러한 과정에 영향을 미치는 내외부의 환경적 변수들을 추출하여 이를 파라메트릭 모델링(parametric modeling)을 통해 건축화하는 실험을 하고 있습니다. 이러한 학계적 차원에 더해 스마트 지오메트리(Smart geometry), 텍스 팹(Tex Fab) 등의 사설 기관들이 유수의 빌딩 테크놀로지(building technology) 기업체의 지원을 등에 업고 전 세계 학생과 프로페셔널 들을 상대로 하여 일련의 파라메트릭 디자인 워크숍을 개최하고 있습니다. 그리하여 미국과 유럽의 이러한 흐름을 세계에 전파하는 데 일조하고 있습니다.

하지만 이러한 컴퓨터를 이용한 디자인 방법론의 세계적인 흐름에 비추어 볼 때, 파라메트릭 디자인(parametric design)이란 것이 아주 명확하게 정의된 것은 아닙니다. 디지털 디자인(digital design)과 혼용되기도 하고 하위 혹은 동위의 컴퓨테이셔널 디자인(computational design)과 구분 없이 사용되며, 때로는 BIM과 혼동되기도 합니다. 컴퓨터를 사용하는 디자인 방법론이라는 큰 맥락에서 보았을 때 파라메트릭 디자인은 디지털 디자인의 하위 개념쯤으로 생각 할 수 있습니다. 그러나 디지털이라는 단어는 아날로그의 상반된 개념으로 광범위하고 모호하게 정의될뿐더러 눈에 보이지 않고 형태가 없는 비구축적인 것으로 인식되며 이는 가장 구축적인 것을 합리적인 방법으로 다루는 파라메트릭 디자인을 설명하는 단어로서는 그 속성을 정확하게 설명하기에는 무리가 있습니다. 이에 반해 컴퓨테이셔널 디자인은 컴퓨터 툴을 이용하여 합리적이고 구축적인 해결책을 찾아간다는 점에서 파라메트릭 디자인을 설명하는 단어에 가장 근접하다고 할 수 있습니다. 그러나 이 역시 파라메트릭 디자인이 가지고 있는 긴 역사를 생각해 보았을 때 파라메트릭 디자인의 현대사의 일부만을 설명할 뿐입니다.

인간의 구축 생활에 있어 가장 큰 변화를 가져온 때는 산업혁명과 이를 통한 대량 생산의 시기임이 분명합니다. 대부분의 건축 재료들이 규격화를 통해 효율적이고 경제적인 건물의 설계 및 시공에 큰 기여를 하게 됩니다. 하지만 이는 곧 단조롭고 획일적인 건축물의 생산에 일조를 하게 됩니다. 이러한 산업혁명의 폐해와 이에 대한 반기는 마르셀 뒤샹의 샘 혹은 앤디 워홀의 일련의 작업들에도 소재로 사용되곤 합니다. 소품종 대량 생산에서 다품종 소량 생산으로 그리고 다시 최근의 대량 맞춤 생산(mass customization)의 단계로 접어드는 일련의 변

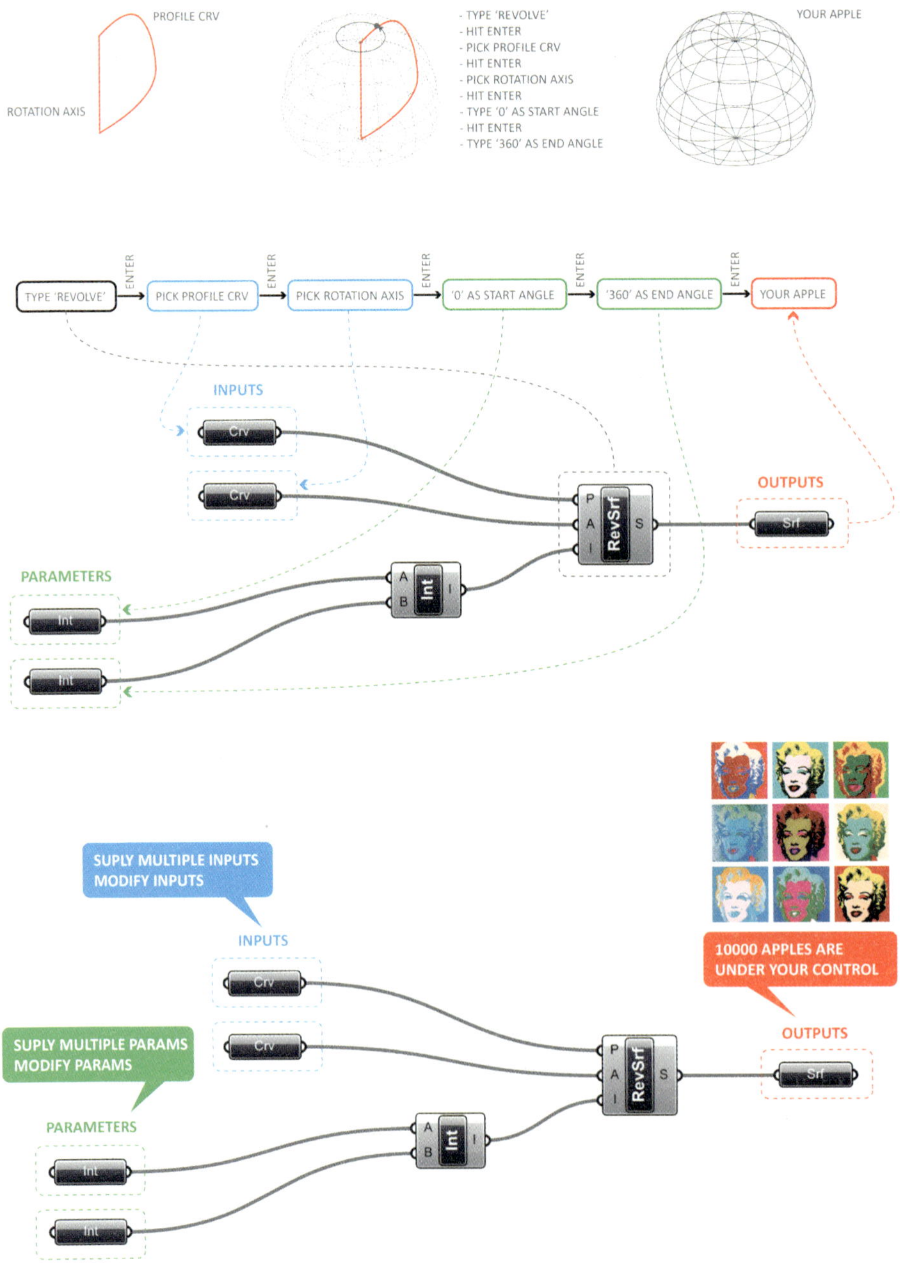

그림 1　비가역적/선형의 전통적인 삼차원 설계 프로세스(위)와 변수를 활용한 가역적/인터렉티브(interactive) 방식의 파라메트릭 설계 프로세스(중간/아래).

화는 마치 어떤 제품을 생산하는 과정에서 제품의 성격을 규정하는 단 하나의 변수(parameter)가 존재했던 생산 라인에 몇 개의 변수가 더해지고 급기야는 헤아릴 수 없는(혹은 헤아릴 필요가 없는) 수준의 변수가 추가되어 서로 닮은 그러나 동시에 서로 다른 제품을 구매자의 필요에 의해 생산해 내는 과정이라고 볼 수 있습니다(그림 1, 그림 2, 그림 3). 기술의 진보가 없었다면 결코 생산적이고 경제적이지 못했을 이러한 과정 뒤에 숨어 있는 한 가지 사실은 바로 변수의 존재입니다.

그림 2　Barcalys Center, Brooklyn, NY, USA. 크기와 형태가 모두 다른 weathering steel panel로 구성된 외피.

그림 3　공기와 비용의 절감을 위해 COR-TEN™을 사용하지 않고 별도의 공장을 만들어 철판을 강제 부식시켜 weathering steel panel을 생산하는 모습 .

즉 인간이 어떤 제품의 규격화된 대량 생산이라는 것을 생각해 내었을 때 처음에는 상수로 정의되었던 규격이라는 것이 기술의 진보 및 시대의 요구를 통해 변수로 변화하고 더 나아가서 이 변수를 통해 사용자와 제품이 서로에게 영향을 미치는 과정이 바로 파라메트릭 디자인의 산역사가 되는 것입니다.

비단 제품 생산의 대량 맞춤 생산의 예 이외에도 파라메트릭 디자인은 건축가와 디자이너 들에게 있어서 21세기를 맞이하여 혜성처럼 나타난 존재는 아닐 것입니다. 다시 말해 파라메트릭 디자인의 개념은 우리가 컴퓨테이셔널 디자인 툴(computational design tool)을 적극적으로 이용하기 이전부터 항상 건축 및 디자인 프로세스에 존재해 왔다고 할 수 있습니다. 예를 들어, Sunpeg Chart는 주어진 대지의 위치를 변수로 삼아 지어질 건축물의 일조 상황을 시뮬레이션 할 수 있게 고안되었으며 이는 Ecotect, Vasari, 혹은 Rhino/Grasshopper의 Ladybug나 Geco 등의 변수 기반의 분석 툴이 존재하기 이전부터 그 역할을 해 왔습니다. NO.MAD의 Eduardo Arroyo의 일련의 분석 작업을 통해 볼 수 있

그림 4 NO.MAD by Eduardo Arroyo in ElCroquis, InProgress. 유연하게 변화 가능한 기능적 모듈/프로토타입(functional module/prototype)을 생성 후 이를 전체 대지에 적용시켜 전체적인 디자인에 접근하는 상향식 설계 방법(bottom-up design process).

듯 이 건물을 구성하는 프로토타입(prototype)들을 정의하고 각 프로토타입들이 가지는 변수들이 대지의 환경적 요소들 혹은 그 유형(type)들 상호 간의 관계에서 발생하는 갈등(conflict) 등을 통해 변이하고 이를 통해 전체 건물이 형상을 갖추어 가는 과정은 분명 파라메트릭 디자인의 정수를 보여 주고 있습니다. 그러나 시기상으로 짐작하였을 때 파라메트릭 툴(parametric tool)의 발생 이전임이 명확합니다(그림 4).

만약 파라메트릭 디자인이라는 개념이 우리가 기대하던 만큼 아주 초현대적인 아이디어가 아니라면 파라메트릭 툴을 사용하여 디자인을 하는 것이 주는 장점은 단순히 많은 변수를 수작업을 통해 다루어야 하는 복잡함과 번잡함에서 벗어나게 해 주는 것일지도 모릅니다. 하지만 많은 데이터와 변수를 신속하게 다룰 수 있으며 무수한 피드백을 통해 다양한 의미에서 검증된 최적화된 설계안을 짧은 시간에 도출할 수 있다는 것이 명확한 이유와 당위성을 요구받는 현대사회에서 파라메트릭 디자인이 가지는 가장 큰 장점이 되지 않나 생각합니다. 이에 더불어 변수라는 것이 건축이 항상 중성적이고 정적임을 강요당하지 않고 사용자와 기능 그리고 대지의 환경적인 요소를 엮어 물리화시켜 주는 중요한 인터페이스(interface)로 작용할 수 있다는 것에 파라메트릭 디자인의 미래가 있다고 할 수 있겠습니다.

002

파라메트릭 디자인에서 변수의 중요성

Why Parameter is Important

플라톤의 이데아는 정신에 의해 파악되는 사물의 본질이며 사물은 이러한 이데아를 나누어 가지며 물리화됩니다. 삼차원 설계 프로그램들이 공통적으로 가지고 있는 속성은 특정한 지오메트리(geometry) 혹은 건축적인 요소에 대하여 정의를 내린 후 이를 모니터라는 가상의 공간에 시각화하는 여러 가지 방법들, 즉 알고리즘(algorithm)을 제공한다는 점입니다. 여덟 개의 점으로 이루어지고 열두 개의 변을 가지고 있으며 여섯 개의 면을 가지고 있다는 육면체의 정의 자체가 가장 이상적인 육면체에 대한 이데아가 되는 것입니다. 이런 속성을 어떤 방식으로건 나누어 가지는 가상공간 속의 육면체들을 구현하기 위한 여러 가지 방법을 별도의 알고리즘으로 정의해 놓은 후 사용자의 필요에 따라 객체를 생성해 냅니다. 육면체를 만드는 여러 알고리즘 중 하나인 밑변과 높이를 정의하는 방법을 사용자가 선택하였다고 하면, 컴퓨터 프로그램은 육면체의 아랫면을 정의하는 사각형을 먼저 그리기를 요구하고 그 후 육면체의 높이를 요구하게 됩니다. 사용자의 일회성 입력 값에 의해 생성되는 육면체는 구체적인 치수를 가지고 있으며 사용자의 의도에 따라 어떤 색상인지 어떤 재료인지까지 정의를 해 주게 됩니다. 이렇듯 알고리즘을 통해 객체를 생성하는 과정에 반드시 필요한 것이 바로 사용자의 입력 값이며 위의 육면체의 예에서 볼 수 있듯이 밑변의 형태를 어떻게 생성할지 또 높이 값을 어떻게 주는지에 따라 각기 다른 육면체가 생성되게 됩니다. 이렇듯 변수(parameter)는 지오메트리의 정의에서 출발하여 객체를 생성하는 데 있어서 사용자의 의지가 반영될 수 있는 유일한 방법이라는 데 그 중요성이 있다고 할 수 있습니다.

변수에 기반을 두지 않은 삼차원 설계 프로그램에서는 알고리즘에 의해 생성된 객체는 하나의 결과물입니다. 추가적인 변형을 요구하는 경우에는 전 단계로 돌아가서 다시 객체를 생성하거나 아니면 추가적인 모디파이어(modifier)를 통하여 변형의 과정을 거치게 됩니다. 이후 객체 생성 과정에 히스토리(history)라는 개념이 추가됨으로써 객체 생성 시 이미 추후의 변형을 가능하도록 길을 열어 주게 됩니다(그림 1). 즉 이전의 예에서처럼 객체 생성 시 육면체의 높이를 정의

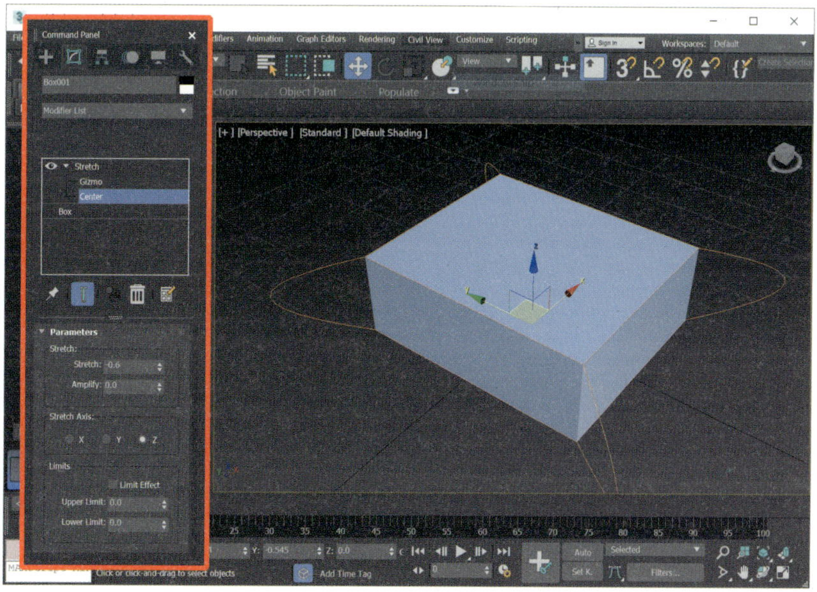

그림 1 Autodesk 3d Max의 command panel 내의 history editor에서는 물체가 생성되는 시점에서부터 발생하는 모든 변화를 저장함으로써 추후 수정이 필요할 경우 변경이 필요한 부분의 수정을 용이하게 한다.

해 주었다고 하더라도 생성 후 어떤 이유에서건 높이를 바꾸고 싶은 경우가 생긴다면 히스토리 에디터(history editor)에서 높이 값만 바꾸어 주면 되는 것입니다. 히스토리의 개념은 삼차원 설계프로그램에 시간이라는 하나의 차원을 추가했다는 점에서 굉장히 기념비적인 발전입니다. 히스토리가 가지는 중요성은 현재 두터운 사용자층을 확보하고 있는 Grasshopper의 초창기 이름이 Explicit History(그림 2)라는 사실에서도 찾아볼 수 있습니다.

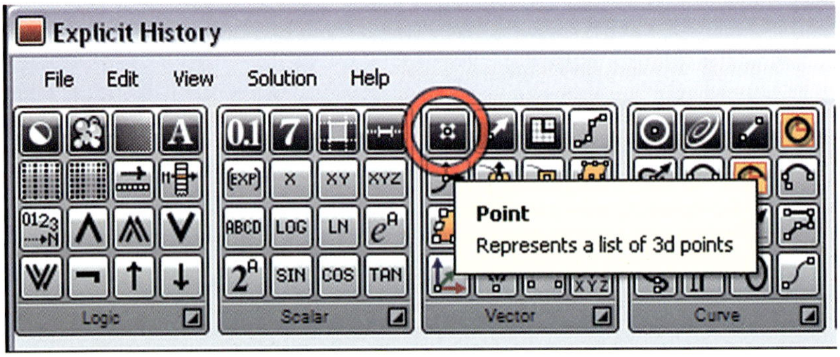

그림 2 Grasshopper의 전신인 Explicit History의 메뉴. 다른 삼차원 설계 툴과는 다르게 히스토리의 개념이 약했던 Rhino 3d의 약점을 보완하기 위해 고안되었으며 node-base의 그래피컬 에디터(Graphical Editor)를 사용함으로써 Autodesk의 3d Max보다 한 단계 더 적극적으로 히스토리와 알고리즘을 제어할 수 있게 되었다.

이와 별도로 블록(block)이라는 개념이 발전해 왔는데요, 이는 필연적으로 같은 요소의 재사용이라는 특성을 가지고 있는 건축의 속성상 반복되는 건축적인 요소에 변화가 생겼을 때 발생하는 전체적인 변화에 좀 더 효율적이고 유연하게 대처하도록 도와주는 중요한 개념입니다. 블록이 위에서 말한 변수와 결합하면서 다이내믹 블록(dynamic block)(그림 3)이란 개념을 만들게 되는데 이는 동일한 형태를 가지되 각각 조금씩 다른 속성을 가지는 객체를 생성할 수 있도록 해 줍니다. 예를 들어 대다수의 창호와 다르게 건물 특정 부위의 몇몇 창호의 폭이 조금씩 달라야 한다면 블록 정의 시 창호의 폭이라는 변수를 추가함으로써 그러한 국지적인 변화에 (새로운 블록을 지정하지 않고) 유연하게 대처할 수 있도록 해 줍니다.

The following example shows a block reference with a constraint (in gray) and a constraint parameter (blue with grip).

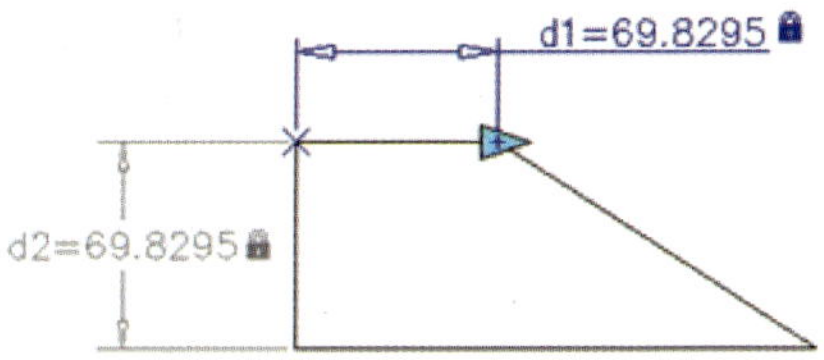

Once the block is inserted into the drawing, the constraint parameters can be edited as properties by using the Properties palette.

Add Actions and Parameters

In a block definition, actions and parameters provide rules for the behavior of a block once it is inserted into the drawing.

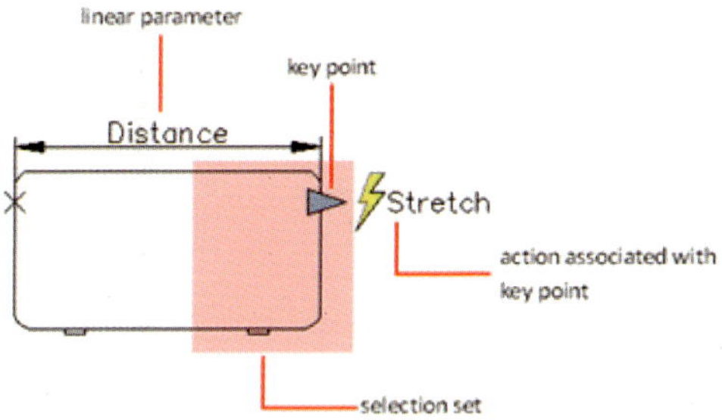

Depending on the specified block geometry or parameter, you can associate an action to that parameter. The parameter is represented as a grip in the drawing. When you edit the grip, the associated action determines what will change in the block reference.

Like constraint parameters, action parameters can be changed using the Properties palette.

그림 3 Autodesk Architecture의 다이내믹 블록의 정의와 설명. 같은 형태와 속성을 반복하기만 하는 블록과 다르게 다이내믹 블록은 공통적인 속성을 지니되 블록의 정의 시 변수를 포함함으로써 국지적인 변화에 유연하게 대처할 수 있다.

알고리즘이 히스토리를 통해 추후에 수정이 가능한 상태로 변화하는 과정과 블록이 변수를 추가하여 다이내믹 블록으로 변화하는 과정은 동일한 개념이라 생각할 수 있습니다. 물론 전자는 추상적인 층위에서 작동하는 개념이고 후자는 물리적인 층위에서 작동하는 과정이지만 공통적으로 변수라는 개념이 도입되면서 종래의 정적인 형태 생성법이 동적으로 변화한다는 데에서 같은 맥락에서 이해될 수 있습니다.

변수의 도입은 비단 각각의 객체에 대한 컨트롤의 효율성의 측면에서뿐 아니라 전체의 시스템을 유기적으로 구성하는 데에도 필수적인 역할을 하게 됩니다. 즉 변수를 통해 각각의 객체는 서로 간의 소통을 위한 창구를 마련하게 되는 것입니다. 이는 하나의 객체가 가진 특성 값이 다른 객체를 설정하는 변수로 작동하여 두 객체가 각각의 특성을 유지한 상태에서 서로 연결된다는 것을 의미합니다. 이러한 방식으로 연결된 객체들이 구성하는 시스템은 각 구성요소가 긴밀하게 상호작용하는 유기적인 전체를 형성합니다. 이에 더불어 시스템을 구성하는 여러 개의 변수들은 단지 시스템 내의 연결뿐 아니라 시스템 외부의 데이터(data)를 시스템 자체와 연결시키는 실마리를 제공하기도 합니다. 즉 기후 조건이나 주변 건물의 형상, 유입되는 인구의 크기 및 밀도 등 우리가 설계하는 건물을 둘러싸고 있는 많은 데이터들이 건물의 형태를 결정하는 재료로써 사용될 수도 있다는 것입니다. 다시 말해 동적인 형태 생성법이 가져오는 가장 근본적인 변화는 생성되는 형태가 더 이상 자기 참조적이지 않고 변수들을 통하여 외부와의 소통을 획득하게 된다는 데에 있다고 할 수 있습니다.

003

변수를 이용한 디자인 : 선택적 증폭

Parametric Design Process : Selective Amplification

이번 장의 내용은 UIA 2017 Seoul의 Special Session에서 Digital Design and Fabrication Session 중 파라메트릭 디자인(Parametric Design)이라는 주제로 발표한 내용에서 발췌하였습니다.

12년 동안의 미국 생활을 뒤로하고 지난 2017년 9월에 한국으로 귀국하여 학생들을 가르치게 되었으며 이와 동시에 Selective Amplification(선택적 증폭)이라는 파라메트릭 디자인에 초점을 맞춘 디자인 오피스를 본격적으로 운영하게 되었습니다. 건축 및 디자인 사무실로는 의아한 이러한 이름 뒤에 있는 건축 설계 및 디자인 프로세스에 대한 생각을 파라메트릭 디자인을 적극적으로 사용하는 디자인 방법론(parametric driven design approach)과 결부시켜 설명하도록 하겠습니다.

파라메트릭 모델링이 비파라메트릭 모델링과 가장 차별되는 한 가지 요소는

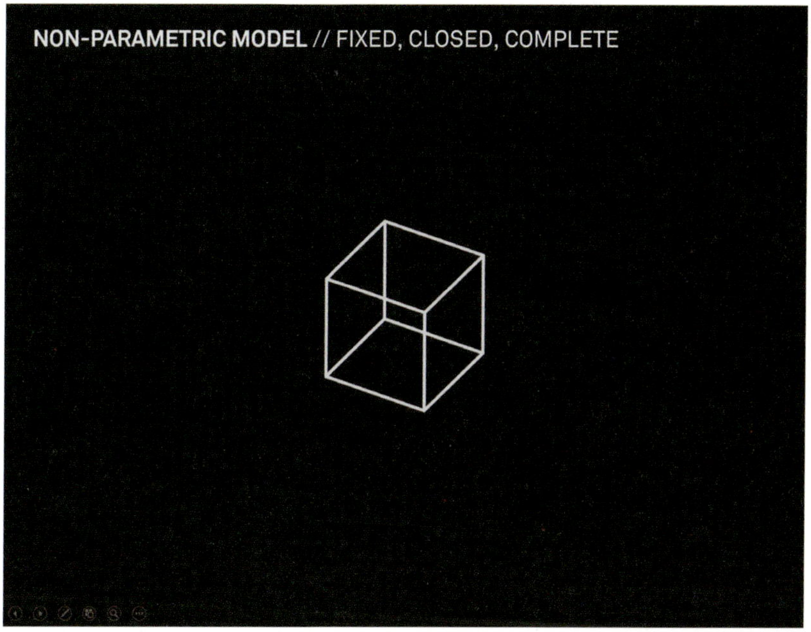

그림 1 기존의 모델링 기법은 특정 객체가 그 자체로 완벽하며 변화의 여지가 없어 자기 참조적인 성향을 띠며 이는 곧 주변의 객체들과의 소통을 할 수 없음을 의미한다.

변수의 존재 유무라고 생각합니다. 예를 들어 전통적인 삼차원 툴로 생성된 지오메트리(geometry)는 화면상에서 보이는 것이 해당 지오메트리를 설명하는 모든 것이며 자기 참조적이며 외부와 단절되어 있고 그 자체로 완성된 지오메트리입니다(그림 1).

이러한 특성상 일단 생성되고 나면 이러한 지오메트리를 수정하는 방법은 없으며 추가적인 모디파이어(modifier)를 통해서 늘이거나 줄이는 등의 필요한 변형을 가하게 됩니다(그림 2). 지오메트리를 이렇게 추가적으로 변형하는 것은 상대적으로 적은 수의 객체를 다룬다고 했을 때 크게 문제가 되지는 않아 보입니다. 하지만 생성된 지오메트리가 어떠한 이유에서건 짧은 시간에 계속 속성이 바뀌어야 한다거나 혹은 많은 수의 지오메트리를 동시에 변형해야 한다면 난관에 봉착하게 될 것입니다(그림 3).

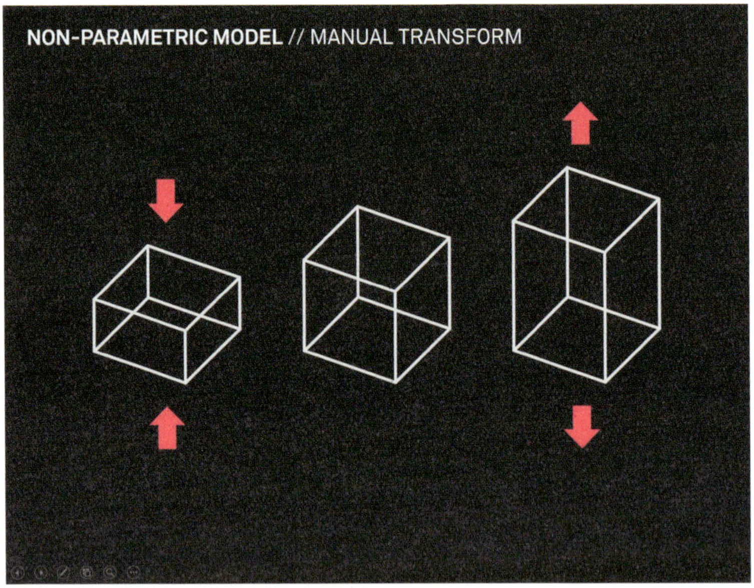

그림 2　이러한 방식으로 제작된 객체는 추후 수정 시 추가적인 모디파이어를 통해 객체에 변화를 가하거나 아니면 처음부터 다시 생성해야 하는 단점이 있다.

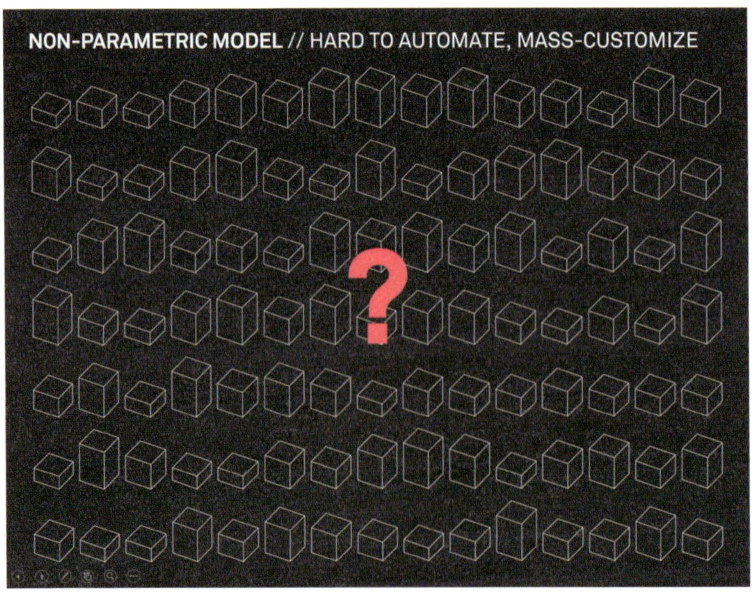

그림 3　같은 객체를 반복적으로 사용하되 국지적인 변화를 필요로 하는 경우에는 비파라메트릭 방식으로 제작된 객체들은 수정을 위해 많은 시간과 노력이 필요하다.

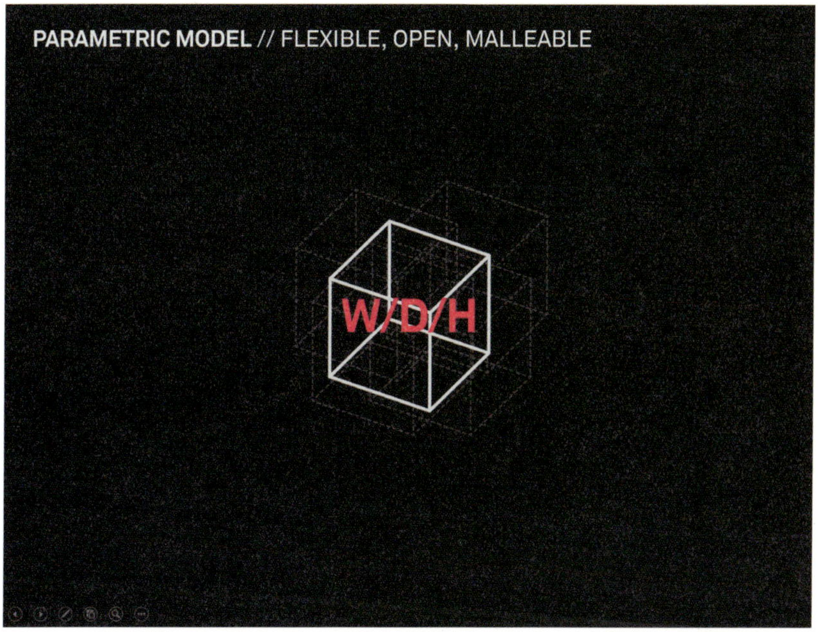

그림 4 파라메트릭 방식으로 제작된 객체는 변수의 존재로 인해 그 자체로는 완벽하게 완결되지 않으나 추후의 변화에 유연하게 대처할 수 있다.

그에 반해 파라메트릭 툴(parametric tool)로 정의된 지오메트리는 몇 개의 변수로 표현됩니다(그림 4). 생성이 아닌 정의라고 말하는 이유는 생성의 이전 단계를 말하기 위함이며, 이렇게 정의된 지오메트리는 어떠한 특정 순간의 변수의 조합으로 뷰포트상에 시각화가 됩니다. 이러한 일시성을 가지는 지오메트리는 유연하고, 외부 참조적이며, 외부의 변화에 대처할 준비가 되어 있습니다.

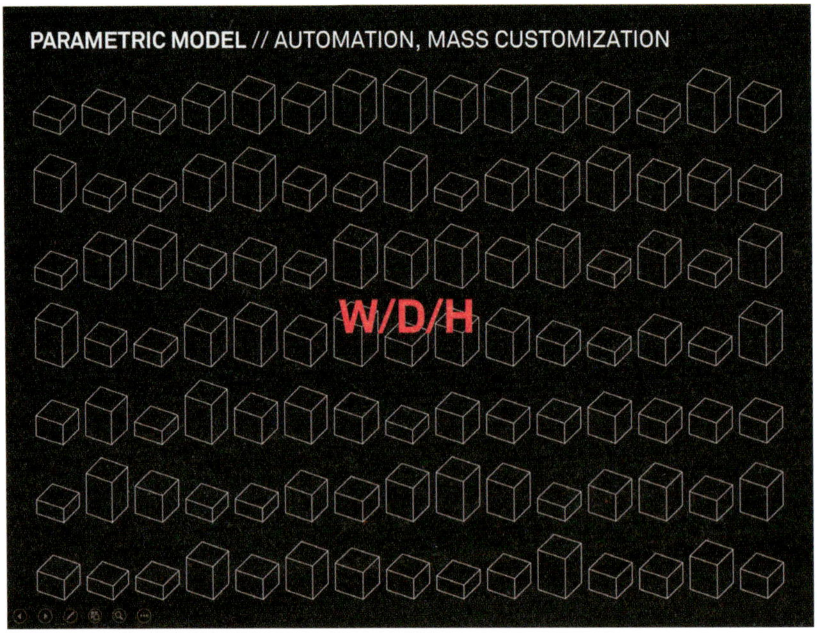

그림 5 변수 값의 변화에 따라 국지적인 변화를 통해 대량 맞춤 생산을 보다 손쉽게 이룰 수 있으며 많은 수의 객체를 자동화하여 시간과 노력의 손실을 최소화한다.

또한 매 순간 다른 정보를 변수에 할당함으로써 끊임없이 변하게 할 수 있으며 많은 수의 지오메트리를 보다 효율적으로 통제할 수도 있습니다(그림 5).

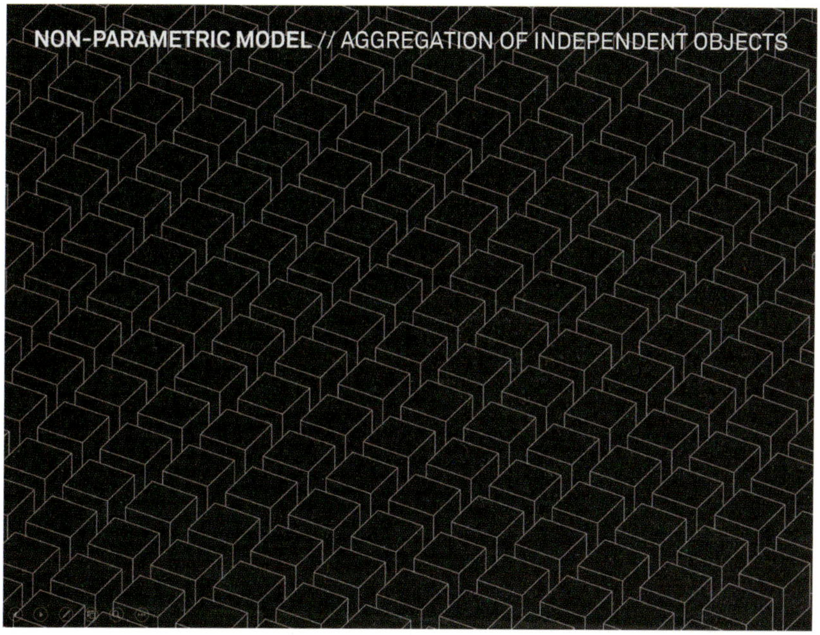

그림 6 비파라메트릭 방식으로 만들어진 객체들을 통해 구성된 시스템은 각 객체들 간의 연결고리가 없으며, 이는 단순히 독립된 객체들의 집합에 지나지 않는다.

이번에는 아주 많은 수의 지오메트리들이 전통적인 비파라메트릭 툴을 사용하여 생성되어 있다고 합시다. 우리 눈에는 시각적인 일정함으로 인하여 이들이 어떤 규칙을 통해서 연결되어 있는 것처럼 보입니다. 하지만 그러한 규칙은 실제로 개별의 객체들을 연결하지 못하고, 결국은 많은 수의 개별 객체들이 한 공간에 모여 있는 군집에 지나지 않습니다(그림 6).

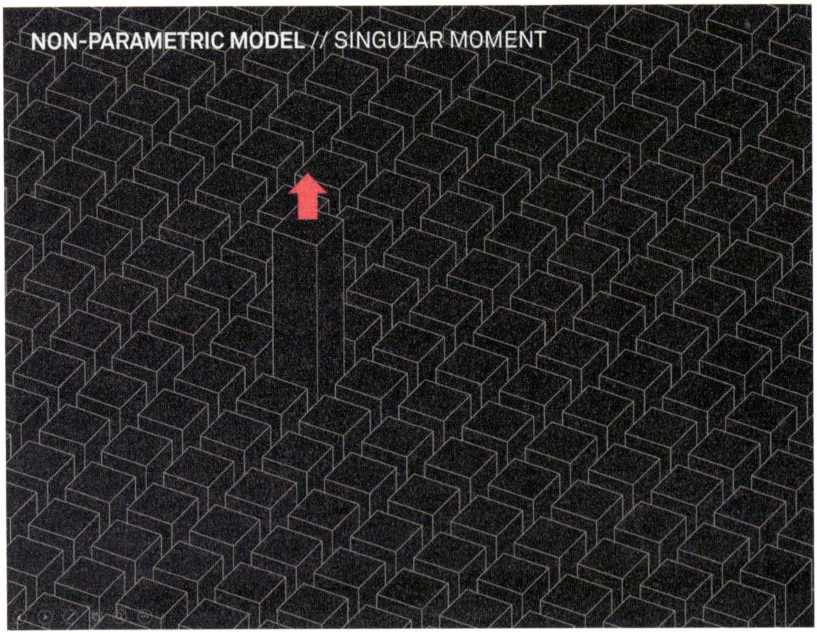

그림 7　하나의 객체에 변화가 생긴다고 해도 이는 주변의 다른 객체들이나 전체 시스템에 어떠한 영향도 미치지 않은 채로 하나의 특이점을 생성하게 된다.

예를 들어 하나의 지오메트리의 높이가 증가한다 해도 이는 주변의 다른 객체들에 아무런 영향을 주지 않으며 결국 하나의 특이점(singular moment)만을 생성하게 됩니다(그림 7). 이러한 집합적인 객체의 군집으로서의 시스템은 자연적이지도 않고 관계의 관계를 통해서 이루어지는 우리 주변의 많은 시스템의 모습을 반영하지도 못합니다.

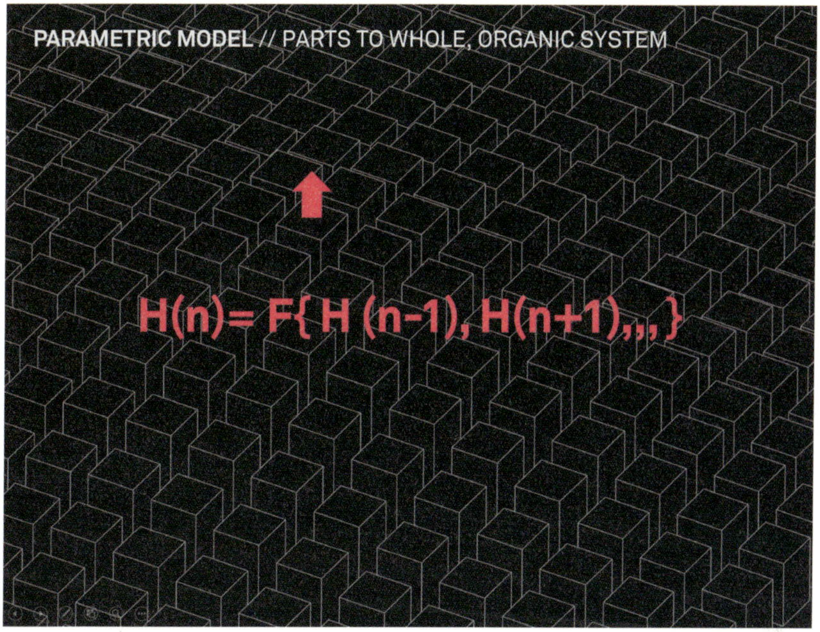

그림 8 파라메트릭 방식으로 만들어진 객체들을 통해 구성된 시스템은 변수를 통해 객체 간의 유기적인 연결이 가능하게 된다.

그에 반해, 파라메트릭 툴로 정의된 객체들로 구성된 시스템에서는 하나의 객체는 주변의 다른 객체가 가지고 있는 물리적인 특성을 통하여 정의될 수 있습니다. 즉 하나의 객체가 변한다는 것은 전체 시스템에 전체적인 혹은 부분적인 변화를 가져올 수 있으며 우리가 살고 있는 세상에 조금 더 근접한 모형을 제공한다고 볼 수 있습니다(그림 8).

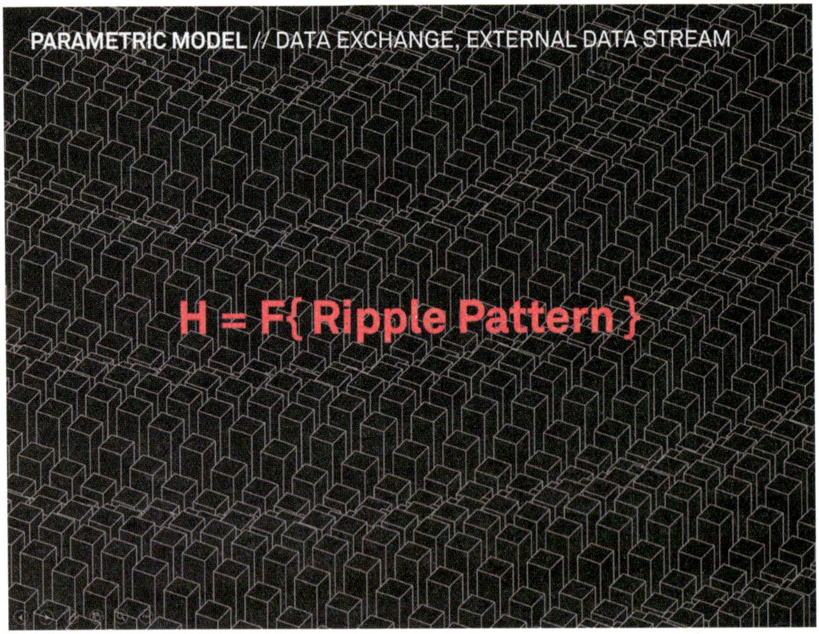

그림 9 하나의 변화는 변수를 통해 시스템을 이루고 있는 객체들에 전달되고 이는 전체 시스템의 형상에 영향을 미치게 된다.

이에 더불어 이러한 변수로 정의되는 객체를 통해 구성되는 시스템은 외부 요소들, 즉 환경적 측면, 사회, 경제, 문화적 측면의 다양한 유무형의 데이터와 연결되어 그 형태를 변화시킬 수 있게 됩니다(그림 9).

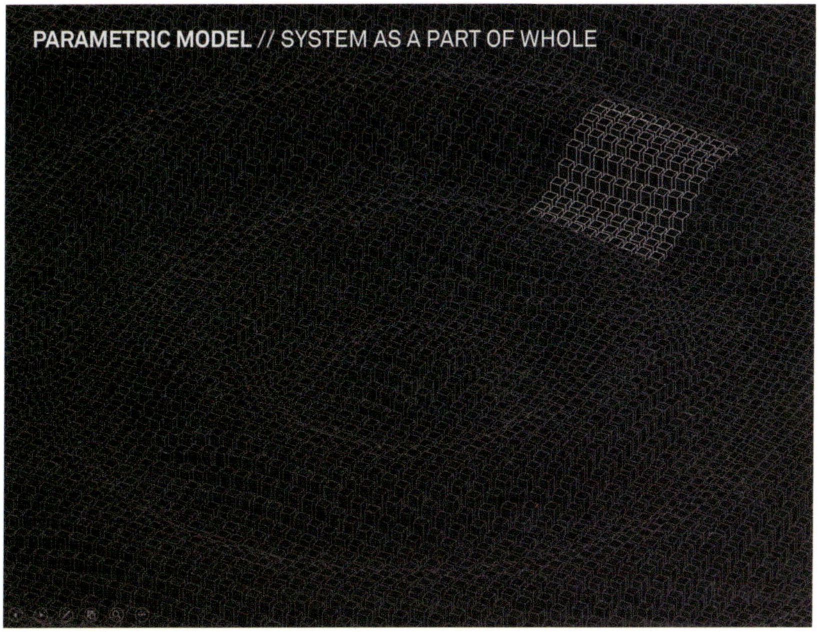

그림 10 이렇게 구성된 시스템은 그 외부의 조금 더 큰 시스템과 또다시 연결됨으로써 유기적인 연결 관계를 유지하게 된다.

이를 통해 우리가 파라메트릭 툴을 통하여 정의할 수 있는 시스템은 더 큰 시스템의 일부로 존재하게 되는 것입니다. 마치 우리가 살고 있는 이 땅이 지구의 일부이며 지구는 태양계의 일부가 되듯이 말입니다(그림 10).

그림 11 필요와 욕구에 따라 기존의 시스템에 선택적인 변화를 가하는 작은 향상들이 결과적으로 우리의 삶을 더욱 풍요롭고 편리하게 만들어 준다.

이제 다시 처음에 제기하였던 선택적 증폭(Selective Amplification)이라는 단어의 조합으로 돌아가 보겠습니다. 저는 건축과 디자인이 어느 한 순간에 우연히 발생하는 새로움을 만들어 내는 것이 아니라 누적된 시간 동안 매 순간의 작은 향상을 통해서 우리 삶을 풍요롭고 더욱 편리하게 만들어 주는 것이라고 생각합니다(그림 11).

그림 12 같은 유전자를 가지고 있는 쌍둥이의 경우도 같은 환경에서 다른 의견을 가질 수 있듯, 인간의 삶에 영향을 미치는 요소들은 주관적이고 다양한 변화의 폭을 가지게 된다.

그에 더불어 개별 인간으로서 우리는 서로 다른 성향과 취향, 경험, 그리고 교육적인 기반을 통해서 동일한 외부 환경에 다르게 반응하게 됩니다. 마치 쌍둥이가 같은 환경하에서 다른 반응을 보일 수 있는 것처럼 말입니다(그림 12).

그림 13 인간의 삶을 담는 그릇인 공간은 인간에게 영향을 미칠 수 있는 다양한 개별 요소들로 구성되어 있다.

이러한 환경에의 반응을 정의할 수 있는 많은 변수를 통해서 우리의 환경이 구축되고 이를 사용자가 중요하게 생각하는 특정의 요소를 선택적으로 증폭함으로써 보다 사용자 친화적이고 동시에 주변 환경의 일부가 되는 설계의 과정을 저는 선택적 증폭의 설계 과정이라고 정의합니다(그림 13, 그림 14).

그림 14 그러한 요소들의 선별적인 가감을 통해 공간을 점유하는 인간들에게 보다 적합한 물리적 환경을 제공해 주는 것이 '선택적 증폭'이라는 설계의 과정이다.

004

파라메트릭 디자인 툴의 구성

Parametric Design Tools

변수(parameter) 기반의 삼차원 설계 기법이 가지고 있는 강력한 장점으로 인해 많은 3D 디자인 툴(design tool)들이 변수의 개념을 도입하고 있습니다. 제품디자인(product design)의 경우는 전통적으로 핸드스케치(hand sketch)에 기반을 두고 이를 Bezier curve들로 근사화(approximation)하는 방법론이 여전히 유효한 방법론으로 사용되고 있으나, 설계 단계로 넘어오면서는 고유의 기능을 만족하기 위한 복잡한 메커니즘(mechanism)과 부품들 간의 상호 관계가 더욱 중요하게 됩니다(그림 1). 변수의 도입은 모델링 시 부품들 간의 상호관계를 설정함으로써 정적인 상태의 모델링에서는 확인할 수 없는 움직이는 부품들 간의 관계까지 살펴볼 수 있게 되어 제품의 시제작에 앞서서 오류의 방지 및 시행착오를 줄이는 데 큰 역할을 합니다. 또한 어떠한 이유에서건 하나의 부품에 변화가 생겼을 시 변수를 사용하여 유기적으로 연결된 전체 모형은 변화를 자동적으로 수용하는 폭이 변수를 사용하지 않은 모델링 기법에 비해 뛰어나므로 오류의 발견 혹은 설계의 수정에 대한 관용도가 넓다는 장점이 있습니다.

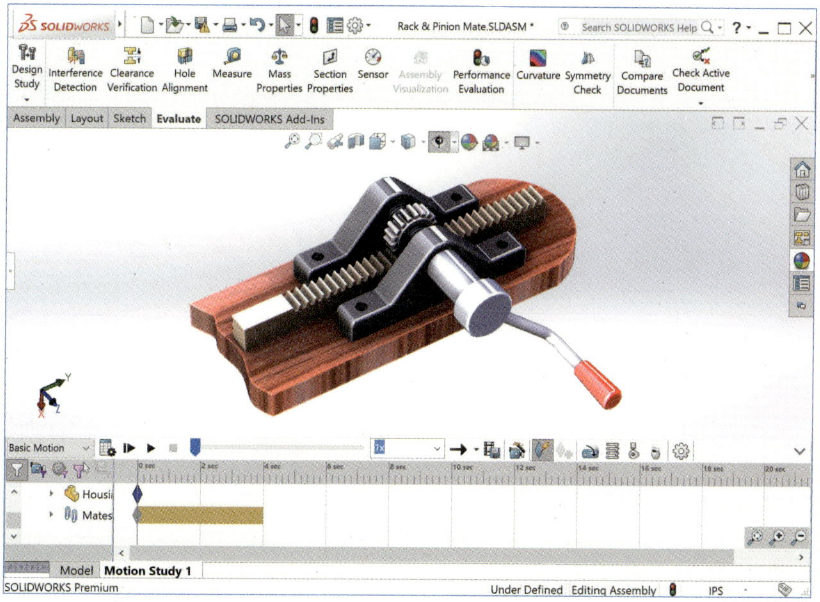

그림 1　3D cad tool. Solidworks.

모델링 기반 vs 노드 기반(modeling base vs node base)

현존하는 수많은 3D 디자인 툴들은 서로의 장점을 흡수하며 빠르게 진화해 가고 있으나, 파라메트릭 모델링(parametric modeling)을 중심으로 살펴본다면 크게 모델링 기반(modeling base)과 노드 기반(node base)으로 나눌 수 있습니다. 모델링 기반의 파라메트릭 툴(parametric tool)의 대표격으로는 Catia를 들 수 있습니다. Catia는 항공기나 자동차와 같이 복잡한 부품을 가지고 있는 제품을 위해 특화된 툴로 수많은 워크벤치[workbench – 특정한 작업을 수행하기 위해 선별적인 기능을 모아 놓은 프리셋(pre-set)]들로 구성되어 있으며 변수를 이용한 부품들 간의 연결 관계는 당연한 전제가 되어야 합니다. 각각의 부품을 생성할 때 그 부품이 어떤 다른 부품에서 파생되는지를 설정해 주어야 하며 이러한 관계는 뷰포트(viewport)상의 모델(model)을 중심으로 표현되며 이를 보조하는 어셈블리 트리(assembly tree)를 통해 더욱 정교한 탐색이 가능합

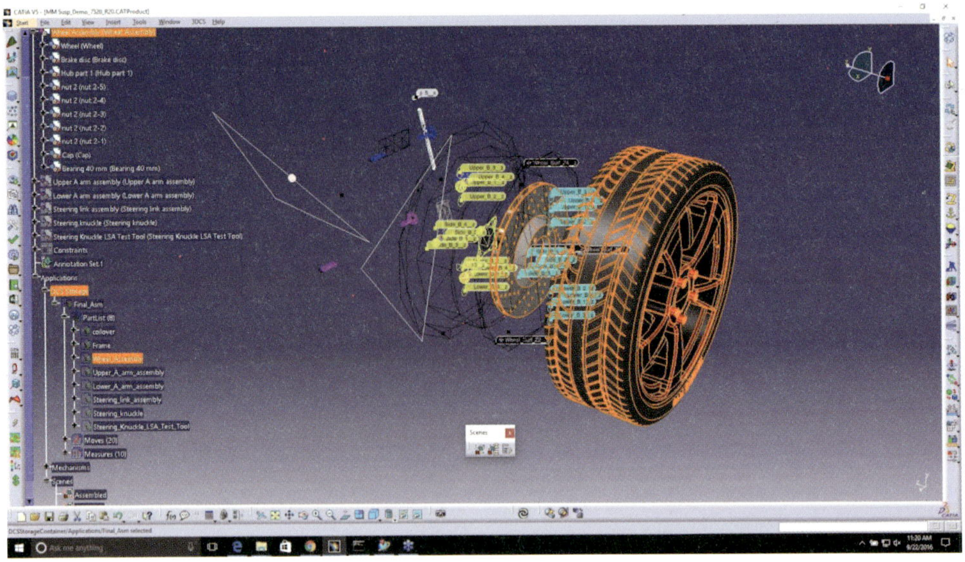

그림 2 Catia의 작업 공간(workspace with assembly tree, Catia).

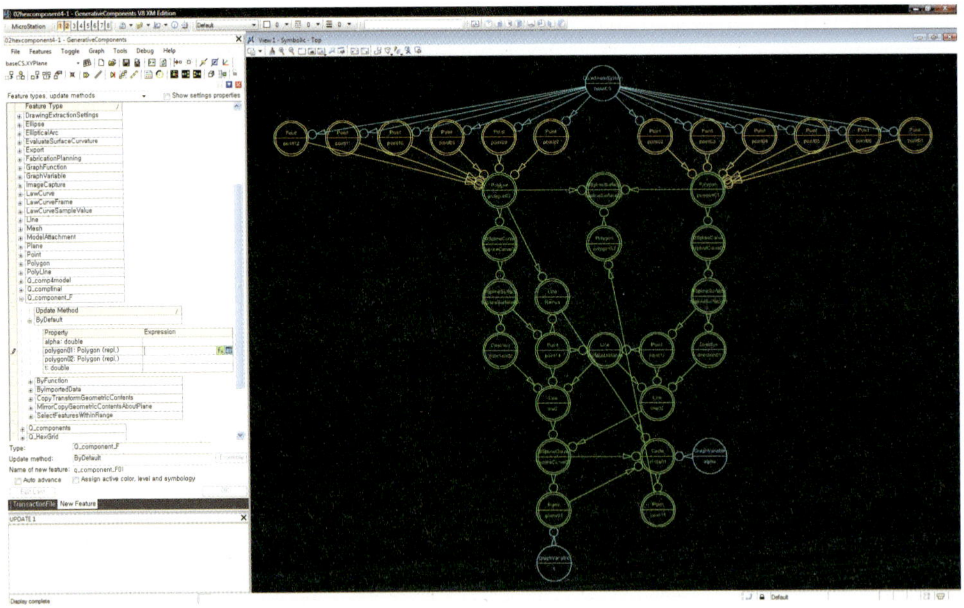

그림 3 GenerativeComponent의 그래피컬 에디터.

니다(그림 2). 이에 반해 Microstation의 파라메트릭 엔진(parametric engine)인 GenerativeComponent에서 도입되었던 노드 기반의 모델링 기법(그림 3)은 모델링 기반의 방식과는 다르게 어셈블리 트리의 역할을 더욱 적극적으로 확장하여 별도의 그래피컬 에디터(graphical editor)를 사용하며 이는 삼차원 모형을 직접적으로 생성하고 수정하기보다는 그 형태 이면의 생성 논리를 그래피컬 에디터를 사용하여 처리합니다.

그래피컬 에디터(Graphical Editor)

그래피컬 에디터의 가장 큰 장점은 지오메트리(geometry)에 대한 추상적인 층위에서의 이해에 큰 도움을 준다는 것입니다. 이는 특히 방대한 데이터를 정해진 알고리즘(algorithm)에 따라 일괄적으로 다루어야 하는 대다수의 건축 프로젝트에 효율성과 일관성의 맥락에서 큰 도움이 된다고 할 수 있습니다(그림 4). Bentley Systems의 GenerativeComponent나 Autodesk의 Revit에 기반을 둔 Dynamo와 같은 프로그램도 모두 이러한 그래피컬 에디터를 사용하고 있습니다. 반면 Catia 같은 경우 알고리즘을 다루기보다 삼차원 객체를 직접 다룸으로써

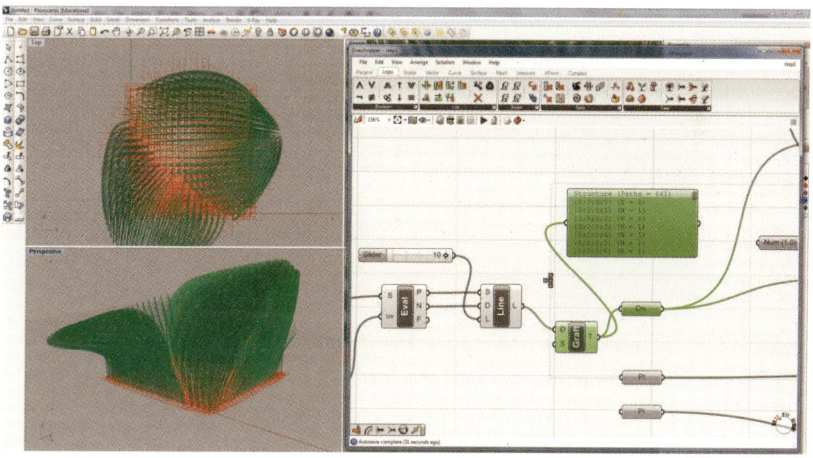

그림 4 Grasshopper의 그래피컬 에디터.

지오메트리에 대한 좀 더 직관적인 이해를 도와주지만 전체적인 큰 그림을 보는 데는 어려움이 있습니다.

라이노/그래스하퍼(Rhino/Grasshopper)

Rhino는 Autocad와 흡사한 커멘드 라인 인터페이스(command line interface) 및 아주 유사한 기본적인 명령어들로 인해 캐드를 다룰 줄 아는 많은 사용자들을 흡수했습니다. 그뿐 아니라 정확한 수치 작업 및 손쉬운 도면화에 큰 약점이 있는 Max나 Maya, 비정형 설계에 큰 약점을 가지고 있는 Sketchup, 혹은 마니아층을 형성했으나 사용의 어려움과 이로 인한 건축 분야의 저변 확대에 실패한 FormZ나 Alias 등의 사용자들을 흡수하며 가장 널리 사용되는 삼차원 설계 툴로 자리 잡게 되었습니다. 그러나 지오메트리를 생성해 낼 수 있는 가장 방대한 라이브러리(library)를 지닌 툴 중 하나임에도 불구하고 다른 툴들이 가지고 있는 히스토리(history) 기능이 빈약하였고 Catia나 GenerativeComponent에서 찾아볼 수 있는 파라메트릭(parametric) 기능이 전무했습니다. 이를 만회하기 위한 시도로 Rhino의 플러그인(plug-in) 형식으로 구현되는 초기 버전이 Explicit history라는 이름으로 처음 소개되었습니다. 이후 동물이나 곤충의 이름을 따는 McNeel 사의 관행에 따르기 위함인지 이름을 Grasshopper라고 변경하였고 2008년 이후 현재까지 비약적인 발전을 하게 됩니다.

입출력 및 컴포넌트(component)

모든 노드 기반 파라메트릭 툴들이 그러하듯이 Grasshopper도 정보를 입력하고 입력된 정보를 가공하고 이를 출력하는 세 가지의 큰 몸통으로 나뉩니다 (그림 5). 입력되는 정보는 초기 버전에서는 Rhino와 Grasshopper상에 존재하는 어떠한 형태의 정보, 즉 지오메트리 및 문자열과 숫자 등으로 제한적이었으나 새로운 버전이 업데이트되고 Grasshopper상에서 작동하는 또 다른 플러그인들

Structure & Types of Grasshopper Objects

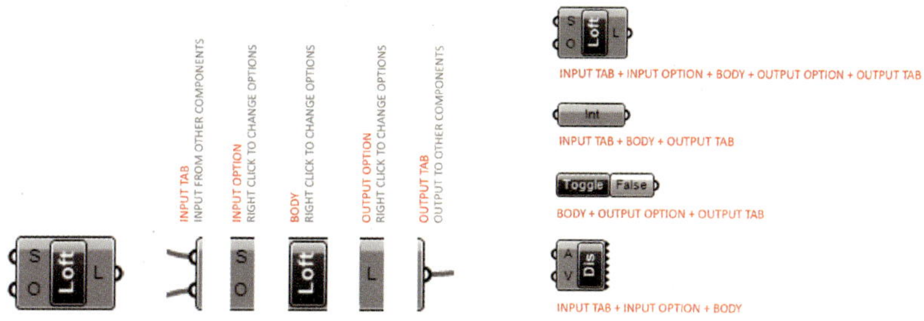

그림 5 Grasshopper component의 해부도. 하나의 컴포넌트는 입력단을 통해 데이터를 공급받으며, 입력된 값은 몸통(body)을 거치며 정해진 특정한 작업을 수행하며, 이를 최종적으로 출력(output)단을 통해 출력하게 된다.

이 계속해서 개발됨에 따라 현재는 로컬 컴퓨터상의 혹은 인터넷을 포함한 네트워크상에서의 정보, 심지어는 센서를 통한 정보들까지 광범위한 데이터를 입력하는 것이 가능해졌습니다(그림 6). 이렇게 입력된 정보는 단순한 하나의 작업을 수행하는 컴포넌트(component)에 입력이 됩니다. 컴포넌트는 Rhino나 윈도우 시스템에 이미 정의되어 있는 API(application programming interface)에 따라 입력된 정보에 기반하여 새로운 정보를 생성하거나 입력된 정보로부터 필요한 속성 등을 추출하게 됩니다. 각각의 컴포넌트는 어떠한 형태로든 출력을 하게 되는데요, 컴포넌트에 의해 가공되는 방식에 따라 입력 가능한 정보의 형태만큼이나 다양한 형식을 취하게 됩니다. 이렇게 출력되는 정보는 Rhino상에 지오메트리로 표현되어 최종 결과물이 되거나 혹은 대다수의 경우 또 다른 컴포넌트의 입력 값이 되기도 합니다. 이러한 일련의 과정은 Grasshopper의 그래피컬 에디터를 통하여 통제 및 관리됩니다.

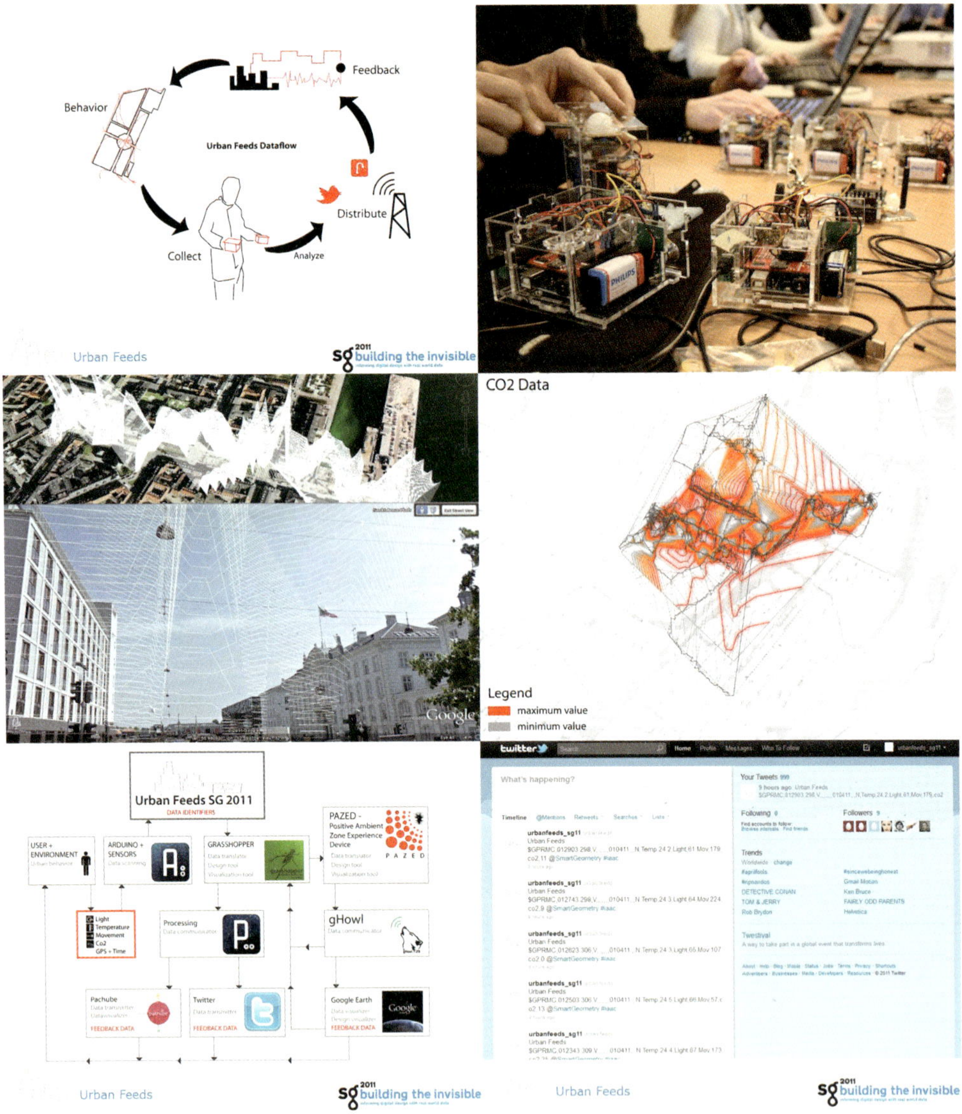

그림 6 Urban Feeds : Smart geometry Workshop at Copenhagen, 2011. 코펜하겐 시내에 설치된 센서를 통해 온도, 습도, 바람의 세기와 같은 데이터를 엑셀 형식의 데이터로 얻은 후 Grasshopper와 몇 가지 플러그인을 통해 Rhino상에서 삼차원화한 후 이를 Google Earth 및 Twitter에 포스팅하여 실시간 정보를 시각화한 프로젝트.

레빗/다이나모와 카티아(Revit/Dynamo & Catia)

Rhino/Grasshopper 이외에도 많은 수의 삼차원 설계 프로그램들이 파라메트릭 툴을 개발 중에 있습니다. 하지만 범용성과 라이선스의 가격, 그리고 두터운 유저층에 힘입어 Rhino/Grasshopper가 가장 큰 성공을 이루고 있다고 생각됩니다. Revit에 기반을 둔 Dynamo는 Grasshopper와 유사한 인터페이스로 많은 관심을 모으고 있습니다. 특히나 많은 수의 미국 내 프로젝트가 Revit으로 도면 작성을 요구함에 따라 파라메트릭 툴을 사용한 설계를 Revit에서 직접 할 수 있다는 장점에 많은 주목을 받고 있는데요, 현재로서는 Revit이 가지고 있는 삼차원 라이브러리가 아주 제한적이라 Dynamo 자체의 가능성에 많은 걸림돌이 되고 있습니다. 반면 Catia의 경우는 볼트와 너트 하나까지 삼차원화하고 이를 추가적인 노동 없이 제작(fabrication)을 위한 도면화를 할 수 있다는 커다란 장점을 가지고 있으나 비싼 라이선스 가격 및 건축 쪽의 얇은 유저층으로 인해 범용화되지 않은 점이 걸림돌이 되고 있습니다. 얼마 전까지도 Frank Gehry의 Gehry Technology에서 Catia에 기반을 두고 건축에 특화된 Digital Project를 제작하고 사용했으나 상기 기술한 이유로 인해 추가적인 버전이 개발되지 않고 있습니다.

Parametric
Design

PART 2

사례
Cases

005

곡면상의 커브 연장

Extending Curve on Surface

평행과 직선의 개념이 비유클리드 기하학의 발생과 더불어 변했다는 것은 이러한 지오메트리(geometry)를 늘 다루어야 하는 건축가들과 디자이너들에게 주지의 사실이라 생각됩니다. 공간상에 어떤 곡면이 있고 이 곡면 위에 유클리드 공간상 직선의 개념에 상응하는 선, 지오데식(geodesic)이 존재할 때 이 비유클리드 지오메트리상에 존재하는 어떤 (직)선은 유클리드 공간상에 살아간다고 믿어 의심치 않는(?) 인간의 눈에는 어쩌면 당연하게 직선으로 보이지 않는 경우도 있습니다. 이에 더해 평행의 개념은 더욱 혼란스럽기만 합니다. 왜냐하면 어떤 (직)선에 평행한 (직)선은 비유클리드 지오메트리상에서는 무수히 나올 수도 있기 때문입니다. 또한 유클리드의 공간 개념 아래서 비유클리드 지오메트리상의 평행을 관찰해야 하는 입장에서는 또 다른 평행의 개념이 나올 수도 있습니다(그림 1).

그림 1 다양한 면 위에서의 삼각형 내각의 합은 180도가 넘거나 그 이하일 경우가 있음.

문제의 시작은 평면과 곡면이 동시에 존재하는 설계면상에서 패널링(paneling)을 위한 선들이 곡면 부분을 지나면서 왜곡되어 보인다는 것이었습니다. 설계면(그림 2)은 곡률원(curvature circle)이 표현하듯이 왼쪽 모서리 부분

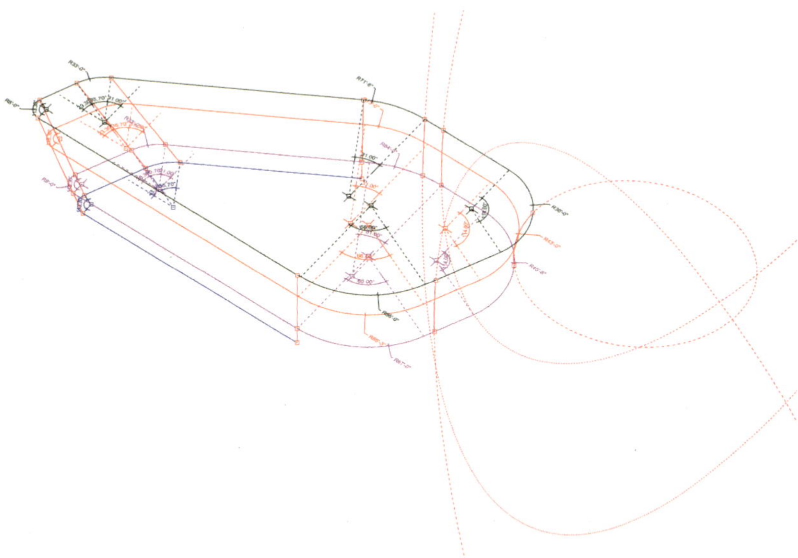

그림 2 설계면의 구성도. 우측 코너에서 양방향 곡면이 발생하고 그 이외의 면들은 단방향 곡면 혹은 평평한 면으로 구성이 되어 있음.

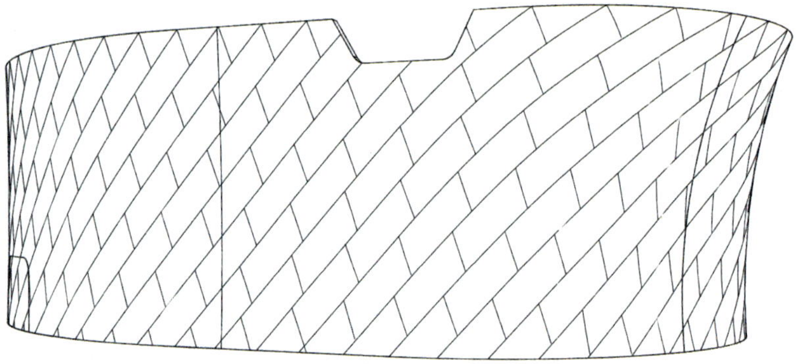

그림 3 양방향 곡면을 지나면서 평행사변형의 패널링 라인들이 심하게 왜곡되는 모습.

의 작은 곡률을 가진 단방향 곡면 두 개와 우측 모서리 부분의 큰 곡률을 가진 양방향 곡면, 그리고 그들을 연결하는 평평한 면들로 구성되어 있습니다. 왼쪽의 단방향 곡면에서 출발한 대각선의 패널링 라인(paneling line)들이 우측의 양방향 곡면을 지나면서 곡면의 곡률에 의한 왜곡이 눈에 띄게 증가합니다(그림 3). 이유는 크게 세 가지입니다. 하나는 평면상의 직선이 곡면으로 확장되는 순간 평면상의 직선이 가지고 있는 직진성을 곡면상에서 정의하기가 쉽지 않다는 것입니다. 두 번째는, 어떠한 임의의 방법으로 유클리드 직선과 비슷해 보이는 선을 비유클리드 곡면상에 정의한다 하더라도 곡면의 곡률로 인해 우리의 눈에는 왜곡되어 보인다는 것입니다. 마지막으로 이러한 선에 평행이 되는 선을 그릴 때 곡면의 곡률로 인해 그 평행이 되는 선들은 더욱더 왜곡되어 보일 수도 있다는 것입니다.

Rhino를 다루어 보신 분들은 곡면상에서 offset curve on surface를 통해 커브를 얻게 되면 두 선 사이의 거리는 면에 종속된다는 걸 아실 겁니다. 즉 offset curve on surface를 통해 얻어진 두 선의 거리는 면 위의 uv 좌표상의 거리로는 정확히 입력한 거리만큼 벌어지지만 이를 world xyz 좌표상에서 측정해 보면 곡률에 의해 오차가 생기게 됩니다. 임의의 곡면상의 임의의 곡선(검은색)은 곡면에 종속된 좌표 체계를 이용해 오프셋(offset)했을 경우 붉은색의 곡

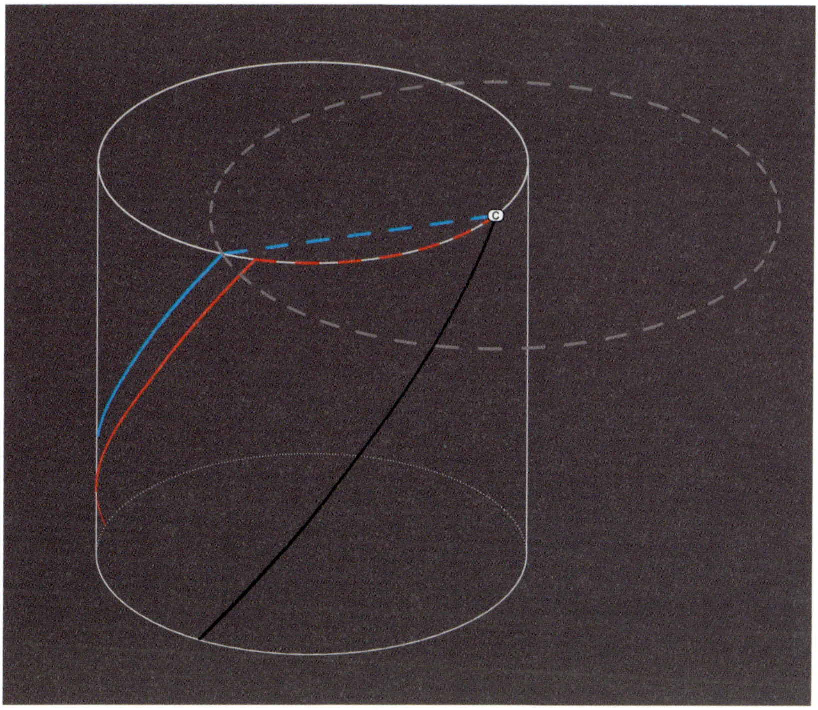

그림 4 곡면 위에서의 거리 값을 통한 오프셋(붉은색)과 삼차원 공간상에서의 거리 값을 통한 오프셋(파란색). 동일한 너비를 가지는 패널링 라인들을 직선의 부재로 연결하여 선직면(ruled surface)을 구성하기 위해서는 곡면상의 거리보다는 삼차원 공간상의 거리가 더욱 중요하다.

선을 생성하지만, 만일 곡면과 독립적인 world xyz에 의해 같은 거리를 오프셋했을 경우 파란색의 곡선을 생성합니다(그림 4). 이러한 문제는 이미 많은 분들이 아시는 바와 같이 piping method를 통해 해결할 수 있습니다. 곡면 위의 선을 원하는 오프셋 거리만큼을 반지름으로 가지는 파이프(pipe)로 만든 후 이 파이프가 곡면과 교차하는 선을 찾아내는 겁니다(그림 5). 즉 비유클리드 곡면상의 선을 유클리드 좌표 체계로 오프셋을 하는 겁니다. 이렇듯 piping method로 생성된 유클리드 공간상에서 평행인 곡선들은 유클리드 공간상에서의 거리가 같기에 동일한 폭을 가지는 선직면(ruled surface)으로 구성된 developable surface로 패널링을 할 수 있게 됩니다.

IMAGE REF : B022.JPG

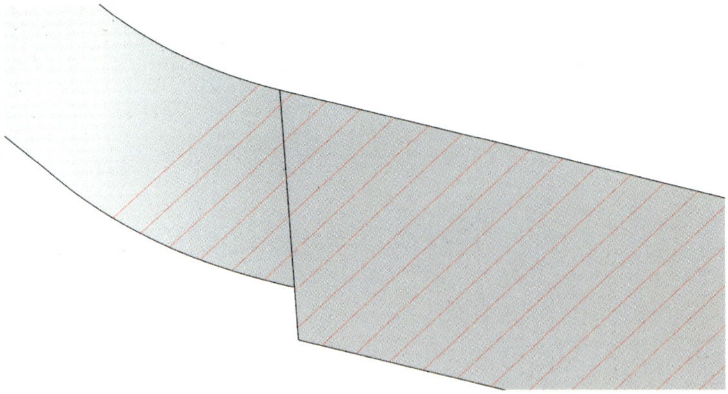

All curves are extended.

IMAGE REF : B023.JPG

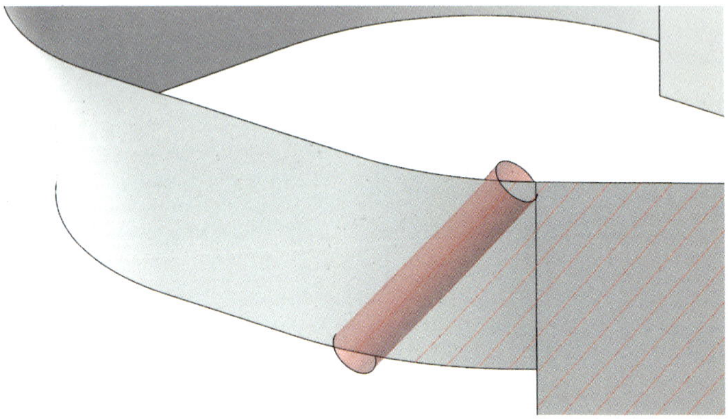

*Start another round of **piping.***

IMAGE REF : B024.JPG

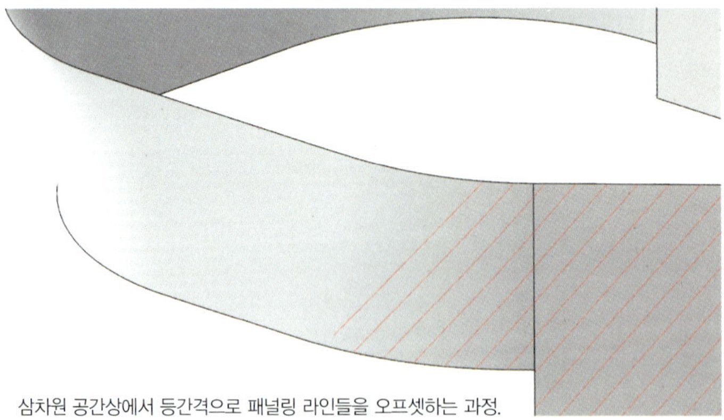

*And **intersecting**.*

그림 5 삼차원 공간상에서 등간격으로 패널링 라인들을 오프셋하는 과정.

IMAGE REF : B025.JPG

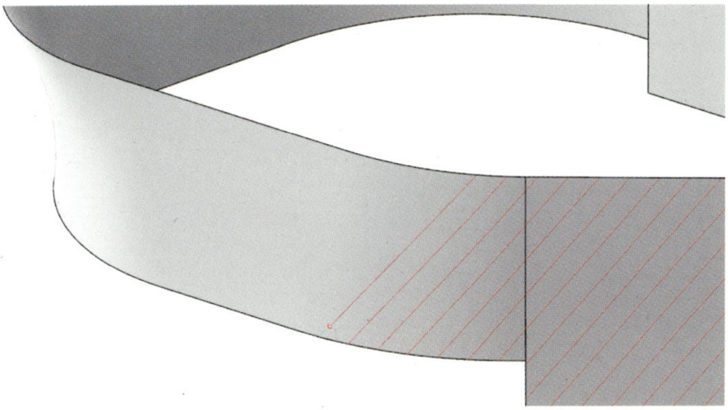

*And **extending**.*

IMAGE REF : B026.JPG

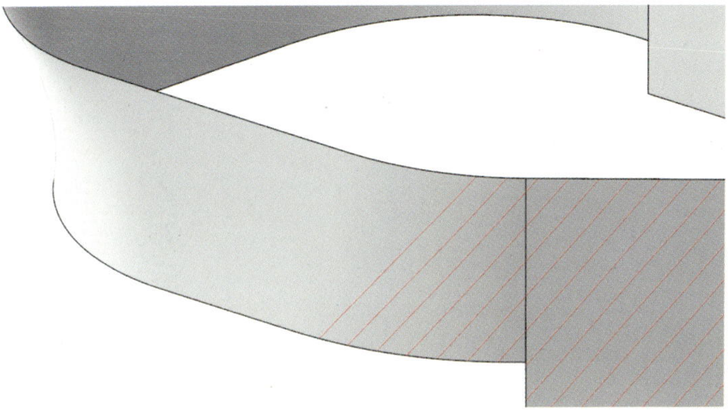

Repeat the same until we get to a certain point where the surface curvature becomes significant.

IMAGE REF : B027.JPG

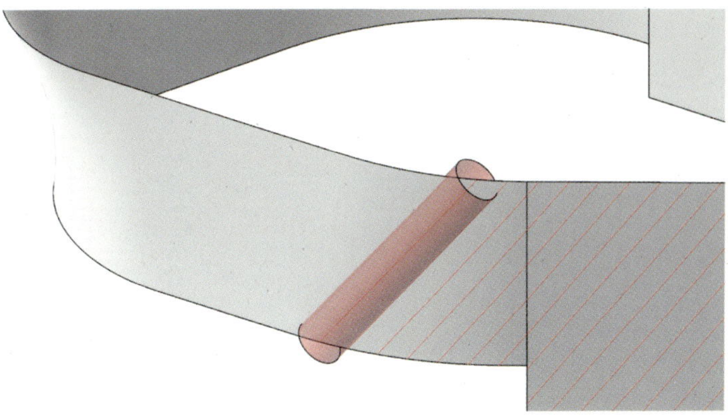

그림 6 면을 완전히 덮고 있는 패널링 라인을 piping method를 통해 공간상에서 오프셋을 하게 되면 패널링 라인이 발생하지 않는 부분이 반드시 발생하게 된다.

그림 7 점 S에서 패널링 라인을 연장하는 방법에 따라 후속되는 패널링 라인들의 형상에 영향이 발생한다.

주어진 설계면상에 패널링 라인들이 비스듬히 놓여 있다는 이유 때문에 piping method를 통해 패널링 라인들을 오프셋할 시 반드시 패널링 라인이 생성되지 않는 부분이 생기게 됩니다(그림 6). 이는 해당 곡선들을 곡면상에서 연장함으로써 해결할 수 있습니다. 하지만 문제는 어떻게 선을 연장하느냐입니다. 왜냐하면 앞서 말했듯이 비유클리드 곡면상에서는 직선의 개념이 유클리드 공간상의 직선의 개념과 다르고 Rhino 3D에서도 이러한 곡선을 곡면상으로 연장하는 다양한 방법이 존재하기 때문입니다. 더욱 큰 문제점은 곡선을 연장하는 다양한 방법에 따라 추후 piping method를 통해 곡면상에 오프셋되는 패널링 라인들의 형상이 크게 좌우된다는 점입니다. 두 가지 다른 방식에 의해 점 S에서 연장된 곡선들이 piping method를 통해 오프셋될 때 비록 점 S 근처에서는 그 다름의 정도가 적으나 그 영향력이 점차 커져 가는 모습을 보여 주고 있습니다(그림 7).

이제 가장 핵심이 되는 문제는 어떻게 곡면상에서 직선처럼 보이는 선을 정의하는가였습니다. 기본 전제는 "물론 불가능하지만"이었지만 불완전한 해결책을 미분기하학에서 찾을 수 있었습니다. 만일 어떤 선이 아주 짧아서 곡률에 상관없이 직선으로 보일 수 있다면 그리고 이러한 아주 짧은 선들이 접선(tangent)으로 연속될 수 있다면 이들의 집합으로 이루어지는 선 또한 왜곡이 최소한으로 발생하지 않을까 하는 가정이었습니다(그림 8). 이는 결국 지오데식(geodesic)의 개념으로 귀결됩니다. Rhino/Grasshopper상에서의 지오데식을 그대로 사용할 수 없었던 이유는 지오데식 명령어나 컴포넌트(component)는 주어진 면 위의 임의의 두 점을 이어 주는 가장 짧은 곡선으로 정의되기에 시점만을 알고 종점을 알 수 없는 상황에서는 적용을 할 수 없기 때문입니다.

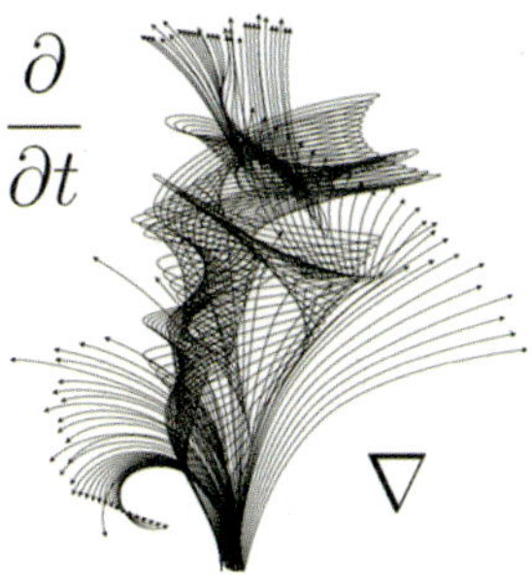

그림 8 미분기하학을 이용하여 연장하고자 하는 곡면 위의 곡선과 같은 접선 벡터(tangent vector) 값을 가지는 아주 짧은 직선을 그리고 이를 곡면 위로 잡아당기면 연장된 직선과 곡면 위로 당겨진 곡선의 오차가 무시할 만큼 작을 것이라는 가정을 하고 이를 통해 곡면상의 곡선을 연속적인 접선을 가지도록 연장한다.

이를 해결하기 위해 다음과 같은 과정을 거칩니다. 평면상의 직선이 곡면을 만나는 지점에서 그 직선에 접하는 아주 짧은 선을 긋습니다. 그리고 이 선을 곡

그림 9 곡면 위에서 멈춘 곡선(붉은색 곡선)을 연장하기 위해 해당 곡선의 끝점에서의 접선 벡터를 이용해 직선을 얻고(푸른색 직선–이 직선은 길이가 무시할 만큼 짧다고 가정), 이를 곡면 위로 끌어당긴다. 이 과정의 반복을 통해 곡면 위의 곡선을 연속적인 접선을 가지도록 연장한다.

IMAGE REF : B010.JPG

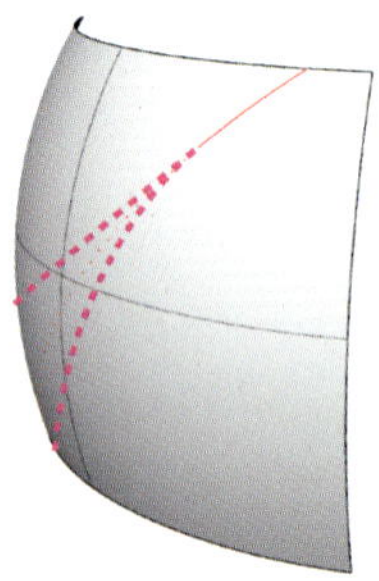

Unlike extending a line, which usually comes with predictable direction given by its linearity, extending a curve can be in some sense arbitrary, because it is very hard to find a good reference due to its continuously changing curvature. It will be more than true especially when it comes to extending a curve on a curved surface. As seen in the image, a curve can extend in many different ways as long as it keeps its continuity at the very extending point. Considering that we would get a next curve based on the current one, how to extend a curve matters. Note that the surface shown in the diagram is not representing actual geometry. It is explanation purpose only.

IMAGE REF : B011.JPG

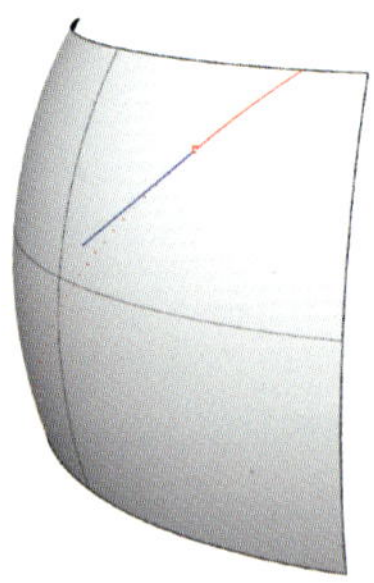

The reasoning behind the proceeding process is basically borrowed from differential equations, useful way of describing behavior of a certain thing at a specific moment, and in turn letting us predict the behavior of it in a moment later.

Since we want to keep the curve as linear as possible to minimize 3 dimensional distortion of the primary paneling grid, get a tangential line at the end of a given curve. The length of it is fairly short to minimize possible deviation during the pulling-back process in the next step.

IMAGE REF : B012.JPG

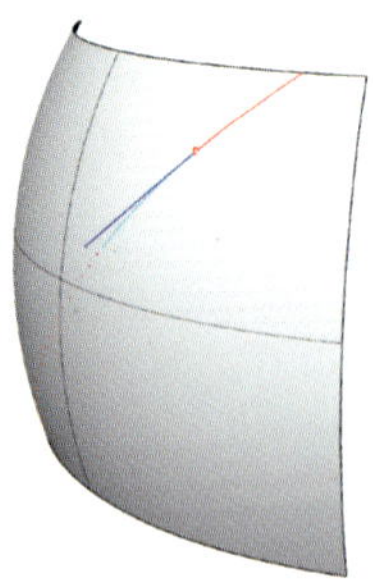

A pulled back curve shown in cyan.

면상으로 당깁니다(pull). 아주 짧다면 당기기 전의 직선과 당긴 후의 곡선이 가지는 오차는 무시할 만큼 작을 수 있습니다. 그다음 이 곡선의 끝에서 접하는 아주 짧은 선을 다시 긋습니다. 그리고 다시 곡면을 향해 당겨 줍니다. 이런 과정을 면을 다 채울 때까지 반복합니다(그림 9).

IMAGE REF : B013.JPG

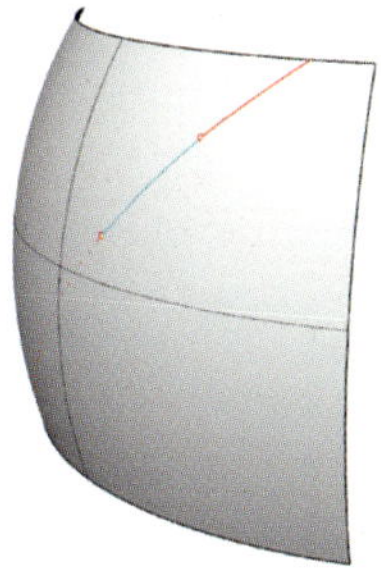

Repeat the same procedure until it covers the whole surface.

IMAGE REF : B014.JPG

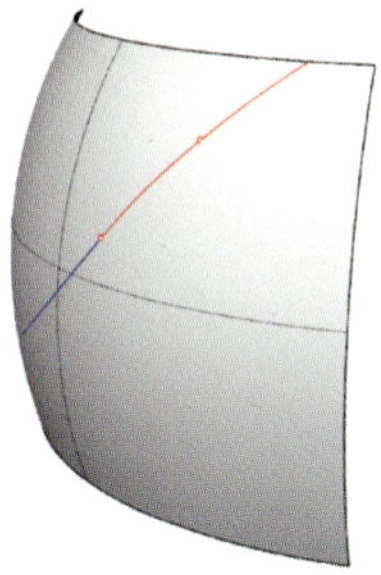

A tangential line shown in blue.

IMAGE REF : B015.JPG

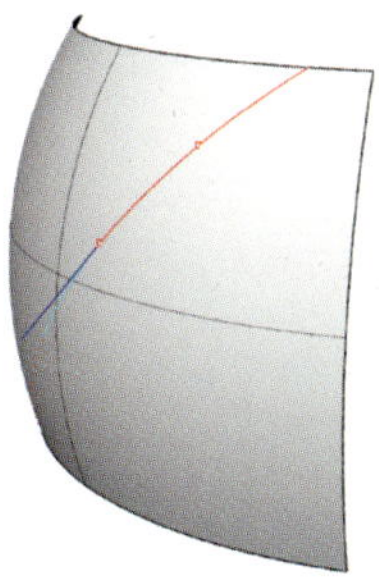

A pulled back curve shown in cyan.

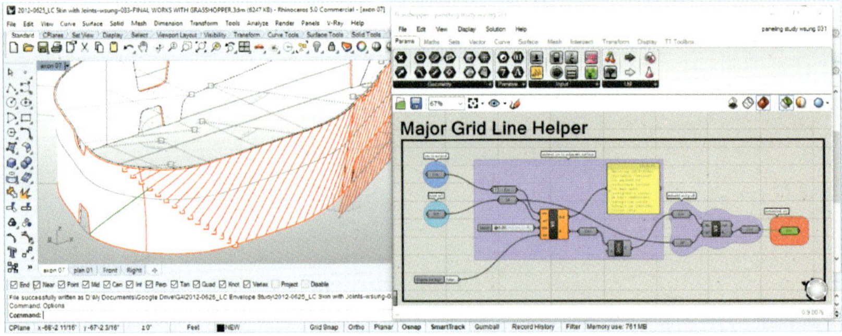

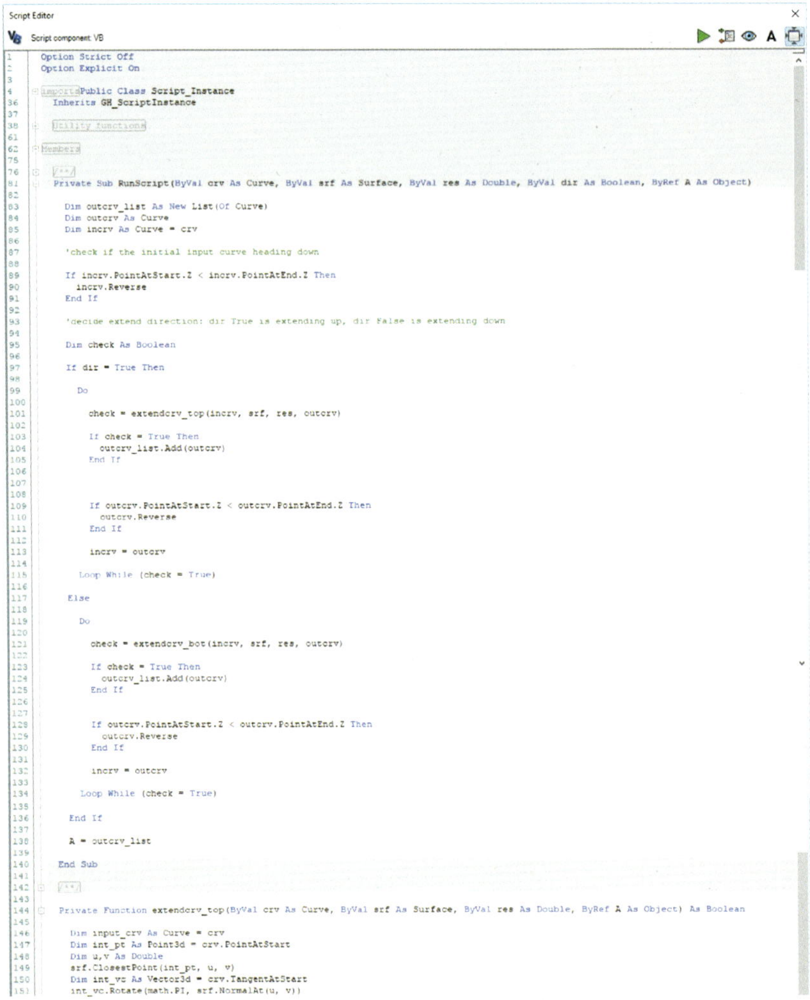

Script Editor

Script component: VB

```
Option Strict Off
Option Explicit On

importsPublic Class Script_Instance
  Inherits GH_ScriptInstance

  Utility functions

Members

  /**/
  Private Sub RunScript(ByVal crv As Curve, ByVal srf As Surface, ByVal res As Double, ByVal dir As Boolean, ByRef A As Object)

    Dim outcrv_list As New List(Of Curve)
    Dim outcrv As Curve
    Dim incrv As Curve = crv

    'check if the initial input curve heading down

    If incrv.PointAtStart.Z < incrv.PointAtEnd.Z Then
      incrv.Reverse
    End If

    'decide extend direction: dir True is extending up, dir False is extending down

    Dim check As Boolean

    If dir = True Then

      Do

        check = extendcrv_top(incrv, srf, res, outcrv)

        If check = True Then
          outcrv_list.Add(outcrv)
        End If


        If outcrv.PointAtStart.Z < outcrv.PointAtEnd.Z Then
          outcrv.Reverse
        End If

        incrv = outcrv

      Loop While (check = True)

    Else

      Do

        check = extendcrv_bot(incrv, srf, res, outcrv)

        If check = True Then
          outcrv_list.Add(outcrv)
        End If


        If outcrv.PointAtStart.Z < outcrv.PointAtEnd.Z Then
          outcrv.Reverse
        End If

        incrv = outcrv

      Loop While (check = True)

    End If

    A = outcrv_list

  End Sub

  /**/

  Private Function extendcrv_top(ByVal crv As Curve, ByVal srf As Surface, ByVal res As Double, ByRef A As Object) As Boolean

    Dim input_crv As Curve = crv
    Dim int_pt As Point3d = crv.PointAtStart
    Dim u,v As Double
    srf.ClosestPoint(int_pt, u, v)
    Dim int_vc As Vector3d = crv.TangentAtStart
    int_vc.Rotate(math.PI, srf.NormalAt(u, v))
```

```vb
    Dim moved_pt As Point3d = int_pt
    Dim trans As Transform = Transform.Translation(int_vc * res)
    moved_pt.Transform(trans)

    Dim int_line As New line (int_pt, moved_pt)
    Dim int_crv As curve = int_line.ToNurbsCurve

    Dim brp As brep = srf.ToBrep
    Dim brp_faces As rhino.Geometry.Collections.BrepFaceList = brp.Faces

    Dim pulled_crv() As curve = int_crv.PullToBrepFace(brp_faces(0), 0.001)

    Dim arr As New ArrayList

    arr.AddRange(pulled_crv)

    Dim nu As Integer = arr.Count

    If nu = 0 Then
      extendcrv_top = False
      Exit Function
    Else
      extendcrv_top = True
    End If

    A = pulled_crv(0)

  End Function

  Private Function extendcrv_bot(ByVal crv As Curve, ByVal srf As Surface, ByVal res As Double, ByRef A As Object) As Boolean

    Dim input_crv As Curve = crv
    Dim int_pt As Point3d = crv.PointAtEnd
    Dim u,v As Double
    srf.ClosestPoint(int_pt, u, v)
    Dim int_vc As Vector3d = crv.TangentAtEnd
    'int_vc.Rotate(math.PI, srf.NormalAt(u, v))
    Dim moved_pt As Point3d = int_pt
    Dim trans As Transform = Transform.Translation(int_vc * res)
    moved_pt.Transform(trans)

    Dim int_line As New line (int_pt, moved_pt)
    Dim int_crv As curve = int_line.ToNurbsCurve

    Dim brp As brep = srf.ToBrep
    Dim brp_faces As rhino.Geometry.Collections.BrepFaceList = brp.Faces

    Dim pulled_crv() As curve = int_crv.PullToBrepFace(brp_faces(0), 0.001)

    Dim arr As New ArrayList

    arr.AddRange(pulled_crv)

    Dim nu As Integer = arr.Count

    If nu = 0 Then
      extendcrv_bot = False
      Exit Function
    Else
      extendcrv_bot = True
    End If

    A = pulled_crv(0)

  End Function
```

Cache | Recover from cache | OK

그림 10 곡면 위의 곡선을 연장하기 위한 Grasshopper 내 Visual Basic scripting.

이러한 반복 과정은 Rhino를 이용한 수작업으로 행하기엔 한계가 있음이 분명하며 Grasshopper VB Script의 OOP(Object Oriented Programming)를 이용하여 이를 자동화했습니다. 간단히 말하면 기준이 되는 선과 곡면 그리고 선분의 길이를 설정하는 변수를 입력하면 기준이 되는 선에서 설정된 길이만큼 접선을 만들고 이를 곡면에 당겨 주는 아주 단순한 프로그래밍 모듈을 설정하고 이를 반복하되 선이 면의 다른 변에 도달하면 반복을 멈추는 프로세스입니다(그림 10, 그림 11).

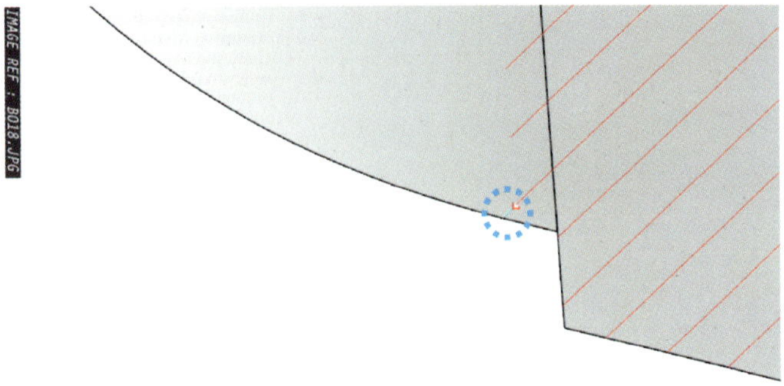

*Back to the real geometry, and using the **curve extending process**, an extended curve shown in cyan.*

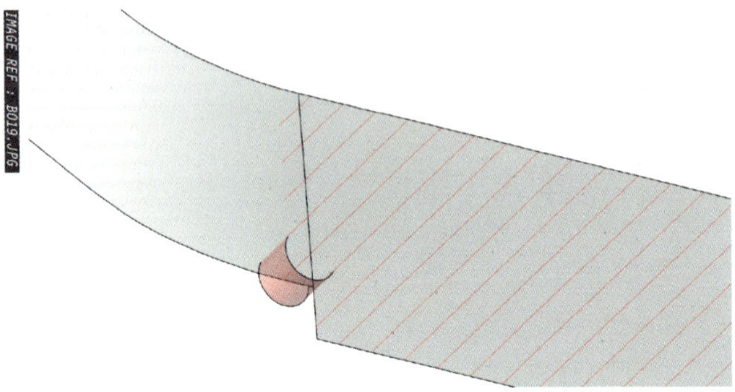

***Piping** the extended portion of a curve to offset the line on the surface.*

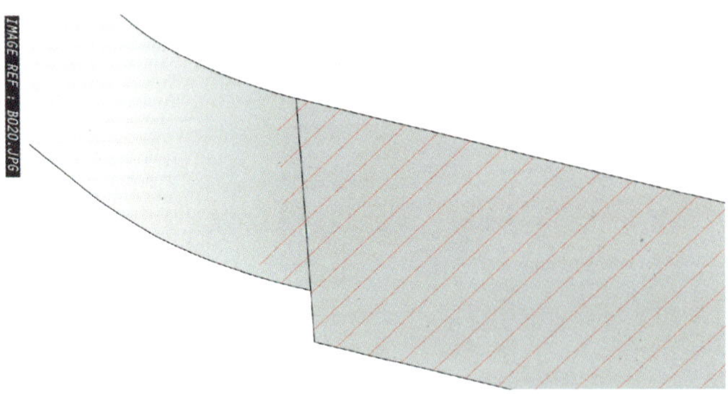

***Intersecting** for a next curve.*

그림 11　곡면 위의 곡선을 연장하는 과정의 도해.

IMAGE REF : B021.JPG

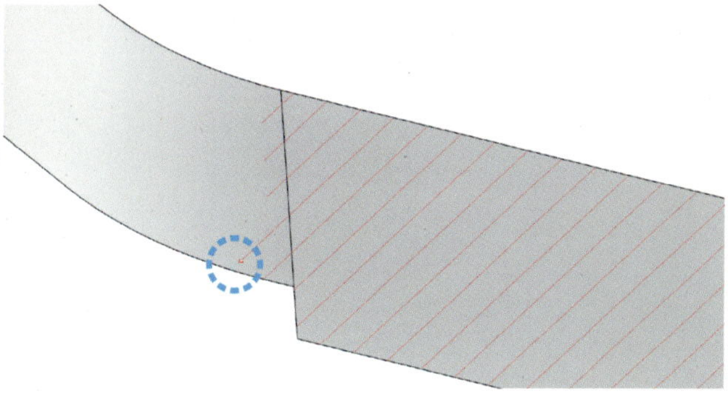

*And **extending**.*

IMAGE REF : B022.JPG

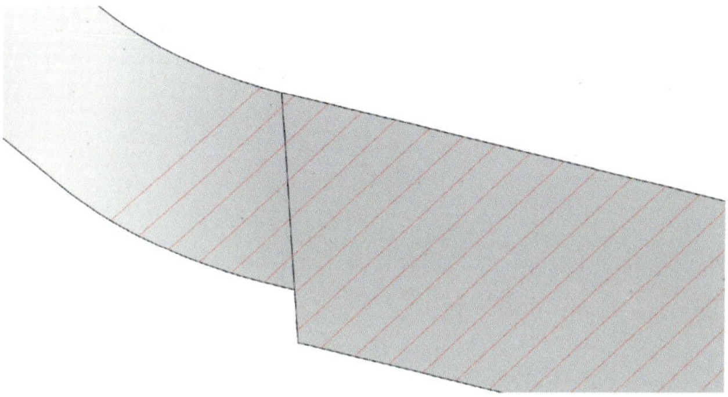

All curves are extended.

IMAGE REF : B023.JPG

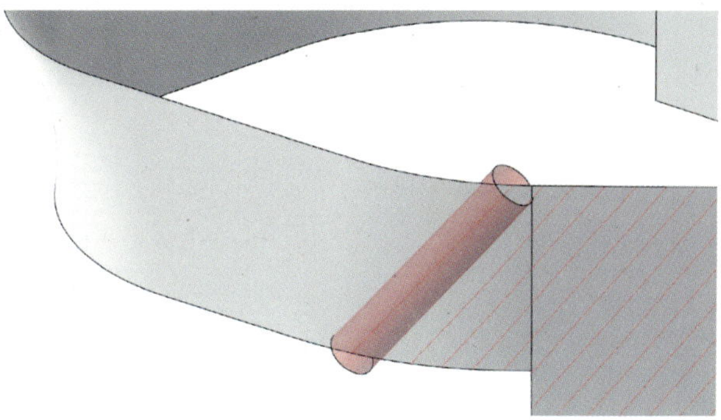

*Start another round of **piping**.*

그림 12 Porcelain tile들로 채워진 평형사변형의 파사드(facade).

이를 통해 만들어진 곡면상의 선과 piping method를 통하여 오프셋된 패널링 라인(paneling line)들은 곡면의 곡률에 의한 영향 이외의 왜곡의 여지를 제거하여 보다 자연스럽고 왜곡이 적어 보이는 패널링 라인들을 형성하게 됩니다. 연한 회색으로 표현된 패널링 라인들보다 상기의 방법으로 연장된 패널링 라인들이 보다 자연스럽고 왜곡이 적어 보인다는 것을 알 수 있습니다(그림 13). 이를 통해 이루어진 Miami Science Museum의 Living Core facade는 상기의 방법으로 생성된 패널링 라인 사이를 원형의 타일들로 구성된 평행사변형 형태의 패널들이 가지런히 정렬되도록 설계 및 시공되었습니다(그림 12).

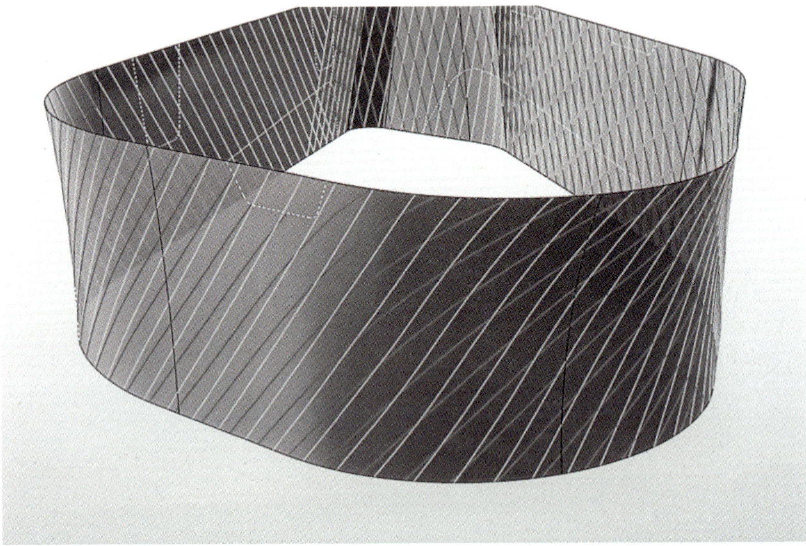

그림 13 위의 방법으로 연장된 곡면 위의 패널링 라인(흰색)과 기존의 패널링 라인(연한 회색)의 시각적 비교.

006

곡면을 따라 흐르는 물의 궤적

Flowing Down

이번 장의 내용은 Harvard GSD에서 대학원 설계 수업의 일환으로 진행했던 파라메트릭 디자인 워크숍(parametric design workshop)의 결과물이며, 추후에 이를 실무에 적용하게 됩니다.

다자인 스튜디오(design studio)의 관심사 중 하나는 경사지를 통해 내려오는 물줄기의 흐름이 중력과 지면의 경사라는 두 가지 변수(parameter)를 통하여 어떻게 변화되는지를 이해하고, 이런 이해를 바탕으로 파라메트릭 모델(parametric model)을 구성하고, 경사지를 흐르는 물의 궤적을 시뮬레이션(simulation)을 통하여 예측하며, 이를 대지 계획의 큰 틀로 삼고자 하는 것입니다(그림 1). 중력과 지면의 경사 이외에도 지면의 마찰계수 및 투수율 등 흐름에 영향을 미치는 다른 요소들이 필연적으로 있겠지만, 직관적인 현상의 이해 및 파라메트릭 모델 생성의 용이함을 위해 중력과 지면의 경사를 제외한 요소들은 고려하지 않았습니다.

그림 1 곡면상에 균등하게 분포된 각 점으로부터 곡면의 경사를 통해 이동하는 궤적을 표현하는 선들.

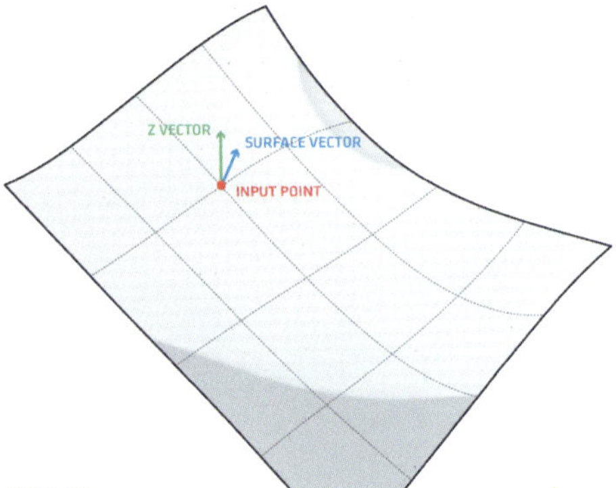

step 01

Get a normal vector at an arbitrary point (input point) on a given surface. Get a Z vector at the point.

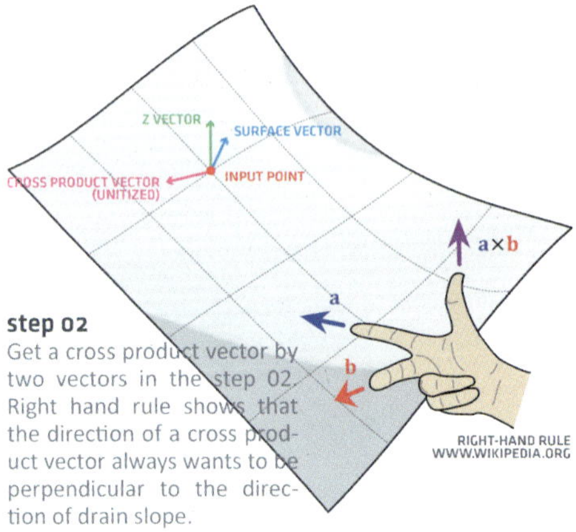

step 02

Get a cross product vector by two vectors in the step 02. Right hand rule shows that the direction of a cross product vector always wants to be perpendicular to the direction of drain slope.

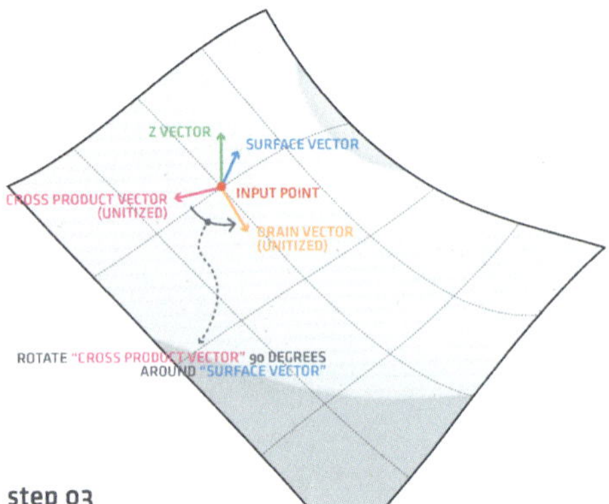

step 03

Rotate 'cross product vector' 90 degrees count clock wise around 'surface normal vector to get 'drain slope vector'

그림 2

곡면상의 한 점에서 법선 벡터와 중력의 반대 방향 벡터를 이용해 오른손 법칙으로 구해진 벡터는(magenta) 곡면상의 점이 곡면의 곡률과 중력에 의해 흘러내리는 방향을 정의하는 경사 벡터와 90도의 각을 이루게 된다.

먼저 경사지에 물방울 한 방울이 떨어진다고 했을 때 물방울에 가해지는 중력이 경사에 반응하여 만들어 내는 합력을 구하는 것이 가장 첫 번째 단계가 됩니다. 이는 주어진 곡면과 그 위의 특정한 한 점이라는 모형으로 간략화할 수 있으며 다음과 같은 과정을 거쳐서 파라메트릭 모델로 구현되게 됩니다(그림 2).

1. 주어진 곡면 위에 한 점을 가정하고 이 점으로부터의 해당 곡면의 법선 벡터(normal vector)를 구합니다. 또한 해당하는 점에 중력 방향의 벡터(vector)를 생성합니다. (다이어그램의 편의상 중력의 반대 방향으로 설정했습니다.)
2. 두 벡터의 cross product를 계산합니다.
3. 이 벡터를 법선 벡터(normal vector)를 통해 90도 회전하게 되면 이 벡터가 곡면의 해당 점에서의 경사를 반영한 중력 벡터가 됩니다. 이를 경사 벡터라 정의합니다.

이제 중력과 경사의 영향으로 경사면상의 특정 점에서 어떤 한 순간에 가해지는 힘의 벡터를 정의하였습니다. 이는 곧 다음 순간의 점의 위치를 예측 가능하도록 해 줍니다. 이 벡터를 이용하여 이동된 점은 당연히 주어진 곡면 위에 위치하지 않게 됩니다. 하지만 아주 짧은 시간이 흐른 뒤, 즉 아주 짧은 구간을 이동하였다고 하였을 때 다음 순간의 점은 곡면과의 거리가 무시할 만큼 작게 됩니다. 그러므로 곡면 위에 위치하지 않은 점을 곡면의 법선 방향으로 잡아당겨서 끌어온다고 해도 위치의 변화 값은 무시할 만한 수준이라고 생각할 수 있습니다(그림 3).

이렇게 정의된 다음 순간의 점을 가지고 위의 과정을 반복하게 되면 우리는 곡면상의 특정한 점에서 출발하여 곡면을 따라 흐르는 물방울의 궤적을 구할 수 있습니다(그림 4). 주지하다시피 시작점이 경사면의 벡터에 의해 다음 순간의 점으로 이동하는 거리를 가능하면 짧게 가져갈수록 곡면상의 점이 이동 시 발생하는 곡면으로부터의 이격 거리가 작아지므로 물방울이 경사 지형을 따라 내려오는 궤적은 정밀도가 올라가게 됩니다.

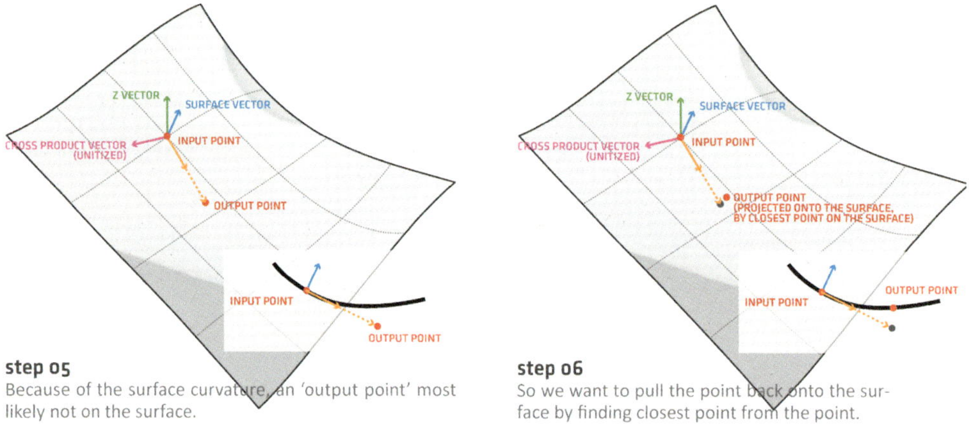

그림 3　경사 벡터를 이용하여 점을 다음 순간으로 (이동거리가 아주 짧다는 가정하에) 이동시킨다. 이동된 점은 면에 종속되지 않았으므로 점은 면 위에 있지 않으며 이를 면으로 끌어당기는 과정이 있어야 한다. 점의 이동거리가 아주 짧다면 이러한 오차(deviation)은 무시할 만하다고 가정할 수 있다.

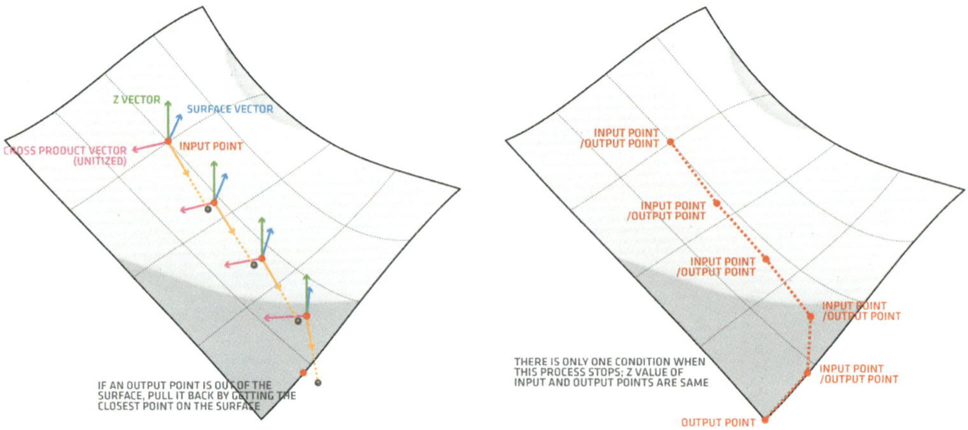

그림 4　경사 벡터를 이용하여 점을 다음 순간으로 이동시키고, 이 과정의 반복을 통해 경사지를 흘러내리는 점들의 궤적을 구한다.

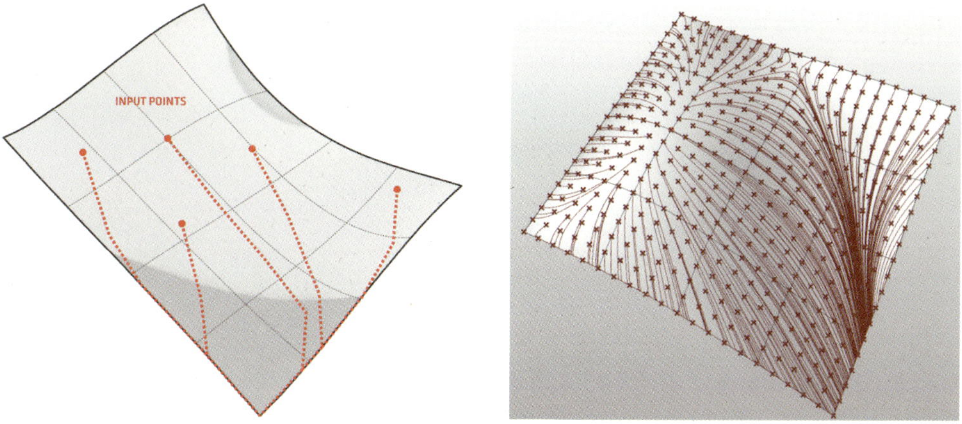

그림 5 곡면 위의 다수의 점에 적용 시 면을 따라 흘러내리는 빗물의 궤적과 그로 인한 선의 밀도를 구할 수 있다.

이제 곡면상의 한 점이 아닌 다수의 점에 위의 과정을 적용하면 특정 곡면상을 흐르는 물줄기의 밀도와 패턴을 예상할 수 있게 됩니다(그림 5). 그림에서처럼 곡면상에 등분포된 점들이 있고 그 점에 물방울이 떨어지면 곡면의 계곡을 따라 물의 흐름이 형성되며 그 흐름의 밀도를 손쉽게 읽을 수 있게 됩니다.

이러한 연결된 반복적 과정(recursive process)은 Grasshopper 내의 VB Scripting을 통해 구현할 수 있습니다(그림 6). 즉 초기의 점이 상기의 과정에 의해 이동되고 이동된 점이 다시 다음 과정의 초깃값이 되는 단순한 과정의 반복을 통해 점이 주어진 곡면의 최하단 점에 이를 때까지 다음 순간의 점의 위치를 추적합니다(그림 7).

이렇게 정의된 경사지를 흐르는 물의 궤적을 추적하는 Grasshopper의 definition은 Girmshaw Architects의 New York office에서 설계한 Tron Canopy(Tomorrowland, Disney in Shanghai, China)의 설계 과정에 실제로 적용되었습니다. 이 캐노피(canopy)는 곡면의 표면적이 5,600제곱미터에 달하고 최고 높이가 41미터에 달하는 double layer ETFE pillow로 덮여 있으며 three-way gridshell 구조로 지탱됩니다(그림 8). 양방향 곡면(double curved surface)의 비정형 지오메트리는 일단 면적이 상당할 뿐 아니라 끊임없이 변화하는 면의 곡률로 인해 비나 눈이 오는 경우 얼마만큼의 물이 어떤 방향으로 흘러내릴지를 예측하기가 쉽지 않았습니다. 이로 인해 디자인적 측면에서 상당한 시각적 존재감을 가질 수밖에 없는 캐노피 가장자리를 따라 위치한 배수홈통(gutter) 및 이를 보호하는 fascia들의 크기를 가늠하기가 힘들었습니다. 물론 다른 건축물의 예를 들어 가정에 근거한 임의의 크기를 제안하고 이를 추후에 바로잡아 갈 수도 있었지만, 전체 캐노피의 크기와 형태로 인해 중요한 시각적 요소가 될 수밖에 없기에 건축가이자 디자이너로서 막연한 가정에 의해 비현실적일 수도 있는 제안을 하기보다는 가능한 한 합리적인 이유와 근거를 바탕으로 현실적인 제안을 하고자 했습니다.

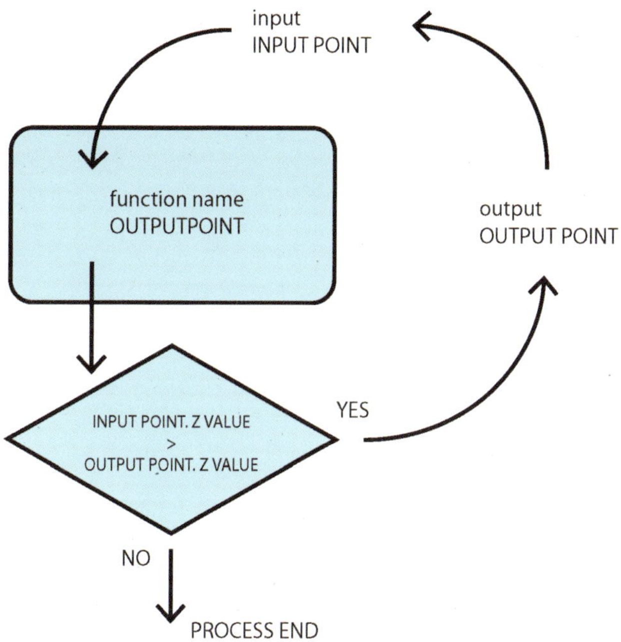

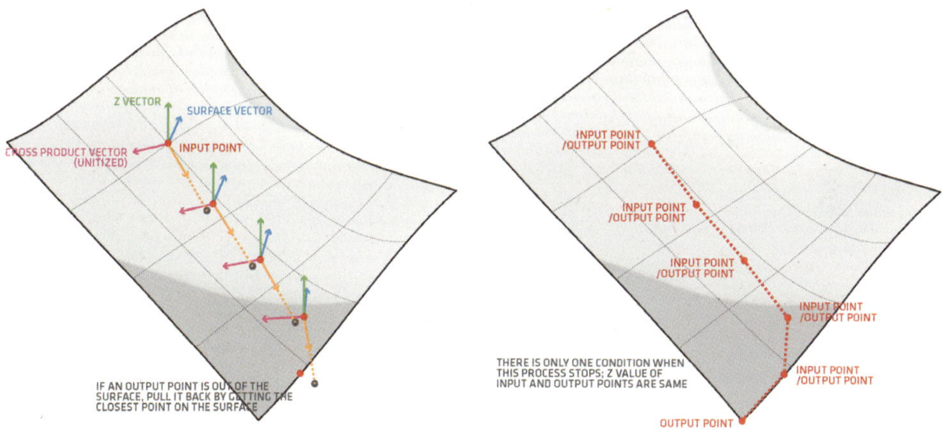

그림 6
경사 벡터를 이용하여 점을 다음 순간의 위치로 이동시킨 후 이 점이 원래의 점보다 높은 곳에 위치하는지, 즉 경사면을 역행하여 올라가는 것이 아닌지를 판단하여 다음 과정으로 진행할지 여부를 결정한다.

```
117 /**/
118
119 Private Function outputpoint(ByVal base_srf As Surface, ByVal input_pt As Point3d, ByVal distance_factor As D
120                                                      ouble, ByRef A As Object) As Boolean
121   Dim u, v As Double
122
123   base_srf.ClosestPoint(input_pt, u, v)
124
125   Dim normal_vector As New Vector3d(base_srf.NormalAt(u, v))
126
127   Dim drain_vector As vector3d = vector3d.CrossProduct(normal_vector, vector3d.ZAxis)
128
129   drain_vector.Unitize
130
131   drain_vector.Transform(Transform.Rotation(Math.PI * 0.5, normal_vector, input_pt))
132
133   Dim moved_pt As point3d = input_pt + distance_factor * drain_vector
134
135   base_srf.ClosestPoint(moved_pt, u, v)
136
137   Dim output_pt As Point3d = base_srf.PointAt(u, v)
138
139   If output_pt.Z >= input_pt.Z Then
140
141     outputpoint = False
142
143   Else
144
145     outputpoint = True
146
147   End If
148
149   A = output_pt
150
151 End Function
152
153 /**/
```

After copy and paste, we might need to change some part of the code.

Private Sub RunScript(..., ..., ..., ByRef A As Object)
119 Private Function outputpoint(..., ..., ..., ByRef output_pt As Object) As Boolean

Above red is the first line of the code that you've just paste. And we will change the code like in blue.

Private means this portion of code doesn't share any name with the rest of code. You also can make it **public** if you want. However we don't want any naming conflictions, so we keep it **private**.

Runscript is a name of this portion of code. We change the name to something meaningful, '**outputpoint**'.

We change **Sub** to **Function**. Both of them refer to segments of code that are separate from main code. The difference between the two is '**sub**' doesn't return a value, while '**function**' does. And we want this function, '**outputpoint**', to store a boolean value for validity check. Confused? I found this link very useful for reference. http://www.homeandlearn.co.uk/NET/vbNet.html

139 If output_pt.Z >= input_pt.Z Then
141 outputpoint = False
143 Else
145 outputpoint = True
147 End If

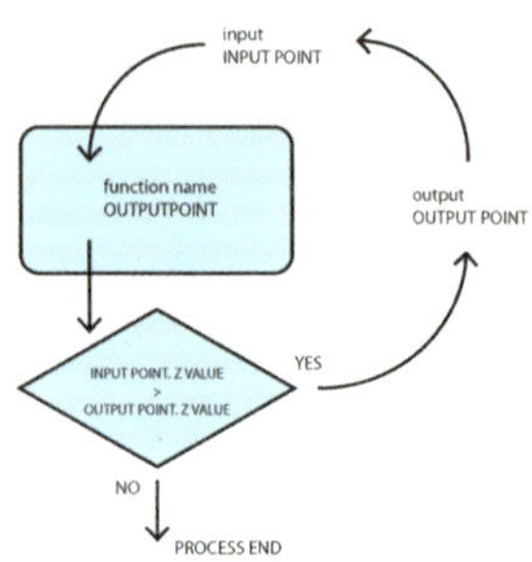

This portion of code is to check if we want to repeat the process again or stop. As we can see from the diagram on the right hand side, we want to quit finding '**output_point**' process when **input** and **output** points are on the same elevation. So when this happens, we want to tell the main part of the code to stop this sub process. And we obviously need a messenger that delivers the message. That is why we wanted to make this portion of code to be '**function**' instead of '**sub**'. So depending on the validity, it assigns '**True**' or '**False**' to the function, so the main part of the code can decide if it wants to keep going or not.

If (conditional statement) Then
    (do this)
Else
    (do that)
End If

This is how '**if statements**', one of conditional logic of VB works. For more information on VB, you can visit http://www.homeandlearn.co.uk/NET/vbNet.html

```
80  /**/
85  Private Sub RunScript(ByVal base_srf As Surface, ByVal input_pt As Point3d, ByVal distance_factor As Double,
86
87    Dim pt As point3d = input_pt
88
89    Dim output_pts As New List(Of Point3d)
90
91    output_pts.Add(pt)
92
93    Dim output_pt As point3d
94
95    Do
96
97      outputpoint(base_srf, pt, distance_factor, output_pt)
98
99      output_pts.add(output_pt)
100
101     pt = output_pt
102
103     If output_pts.Count > 100 Then
104
105       Exit Do
106
107     End If
108
109   Loop While outputpoint(base_srf, pt, distance_factor, output_pt) = True
110
111   Dim output_crv As New PolylineCurve(output_pts)
112
113   A = output_crv
114
115 End Sub
```

step 2 In step 1, we defined a funtion '**outputpoint**'. In step 2, we call the function and run it until the function returns '**false**'.

95 Do
109 Loop While outputpoint(base_srf, pt, distance_factor, output_pt) = True

First off, we want to repeat the sub portion of the code, **function** or '**outputpoint**' as long as its value is 'True'.

Do
(do this)
Loop While (conditional statement)

This is how '**Do ~ Loop**', one of loop logics in VB, works. Note that '**while ()**' part can be either after 'Do' or after 'Loop'. And also note that the way how we call the function '**outputpoint**'. It is pretty much same as the way we use **methods** in the previous steps.

97 outputpoint(base_srf, pt, distance_factor, output_pt)

In line 97, finally we call the function. We have to supply this function with 4 parameters; first three as inputs and the last one as an output. It is exactly the same as the way we did in Grasshopper canvas.

We put '**base_surface**' and '**distance_factor**' as they are since they are pretty solid during the process unless we want to change them for some reasons. However, due to its nature as a recursive process, points tend to change frequently as it repeat process over the time. So we can start with two temporary spaces for both input and output points.

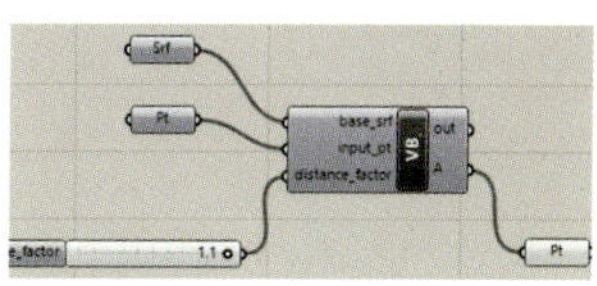

그림 7 상기의 과정이 Visual Basic으로 구현된 모습.

그림 8 Tron Canopy, Tomorrowland at Disney World in Shanghai, China.

이를 위해 가장 먼저 캐노피의 곡면에 일정한 간격으로 샘플링 포인트(sampling point)들을 설정하고 상기 기술한 과정을 통해 각 점에서 흘러내리는 물줄기의 궤적을 시뮬레이션합니다(그림 9). 시뮬레이션을 통해 캐노피의 곡면 상에 물줄기의 집중이 발생하는 영역을 찾을 수 있었습니다. 또한 캐노피의 경사도 및 곡률을 감안하여 물줄기가 분기되는 분기선들을 구해 내고 이를 통해 캐노피의 면들을 여러 개로 분할했습니다(그림 10).

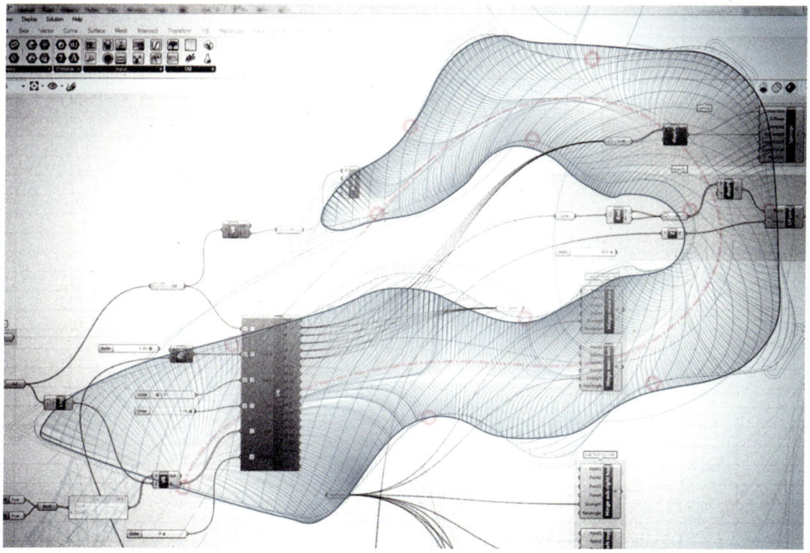

그림 9　캐노피 면 위의 강우에 의한 빗물의 궤적 및 이의 정량적인 분석을 통해 캐노피 외곽의 배수홈통의 크기를 결정하기 위한 과정.

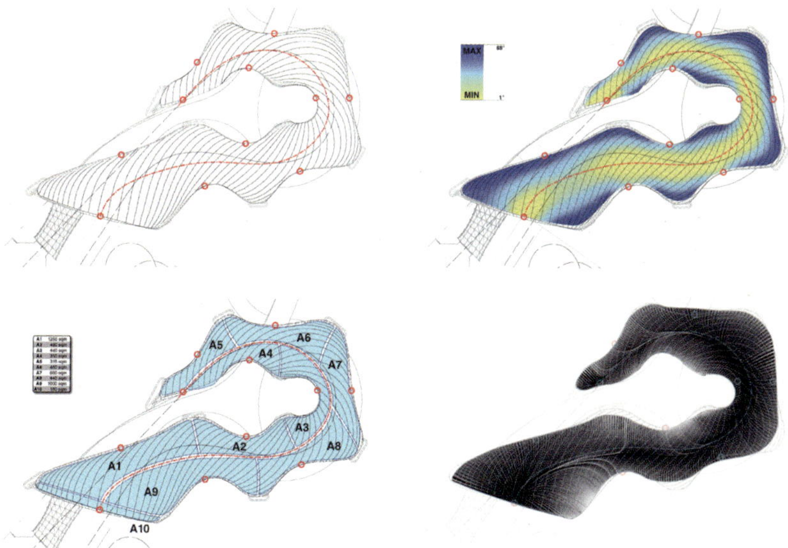

그림 10　곡면상의 골짜기와 등성이로 인해 빗물이 넘나들지 않는 경계를 설정하고 이를 통해 캐노피의 면을 복수의 작은 구역으로 나누는 과정.

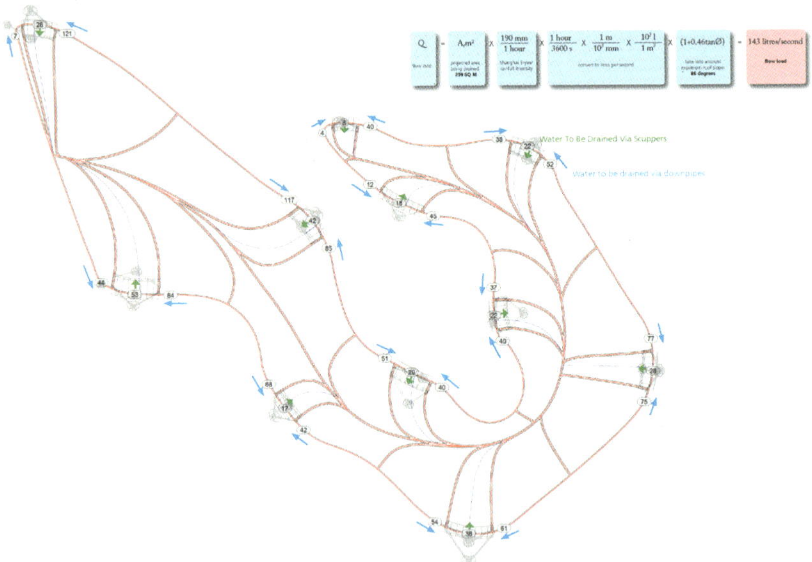

PROPOSING FLOW LOAD

그림 11 캐노피 외곽을 따라 생성되는 배수홈통의 크기를 결정하기 위하여 유량을 파악하는 과정.

이러한 과정의 반복을 통해 캐노피의 설계면(design surface)를 여러 개의 조각으로 나눈 뒤 이를 따라 흘러내리는 물의 양과 방향을 설정했고, 이는 곧 MEP engineer가 유량을 예측하는 데 큰 도움을 주게 됩니다(그림 11).

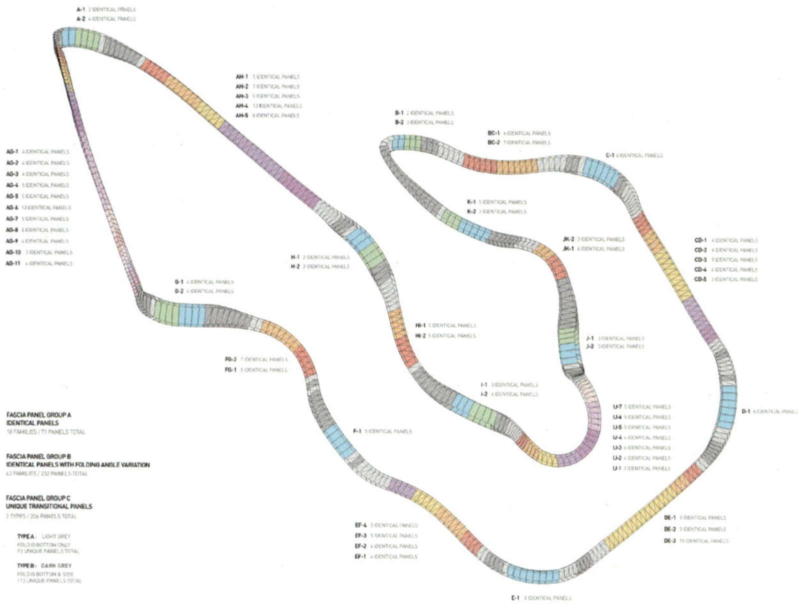

그림 12 해당 지점의 유량에 의해 배수홈통의 크기가 결정되고 이를 통해 배수홈통을 둘러싸는 facsia panel들의 크기 및 형태가 구현된 모습. 초기에는 모두 다른 크기의 패널(panel)들로 구성되었으나 몇 가지의 타입들로 value engineering이 되었음.

배수를 위한 배수관로(drain pipe)들의 위치와 배수홈통(gutter)의 크기를 결정했습니다. 이후 이는 다시 캐노피의 외곽을 따라 배수관로와 배수홈통들을 감싸는 fascia panel의 크기와 형태를 결정하는 데 사용됩니다. 배수관로의 크기 및 배수홈통들이 얼마나 집중되는지에 따라 fascia panel의 폭이 변하는 것을 살펴볼 수 있습니다(그림 12, 그림 13, 그림 14, 그림 15).

그림 13 개장 후의 야경.

그림 14 개장 후의 야경.

그림 15 개장 후의 전경.

007

단순한 논리로 만들어지는 복잡함

Complex Without Being Complicated

마이애미(Miami)에 위치한 고급 주거 빌딩은 local architect에 의해 zoning과 법규 검토 및 이에 근거한 건축 계획이 끝난 상황이었습니다. 저층부의 포디엄(podium)에는 리테일과 커뮤니티 시설 그리고 주차장이 계획되었고 주거(residential tower) 부분은 저층부의 one bed unit들과 중층부의 two bed unit들 그리고 고층부의 three bed unit들 및 penthouse들로 계획되었습니다(그림 1). 대부분의 건축 계획이 local architect에 의해 완료된 후였으므로 design architect인 우리에게 주어진 질문은 어떠한 외피를 설계할 것인가였습니다. 마이애미의 기후적인 특성(tropical monsoon climate zone), 수변지역(water front area)인 대지의 지리적인 특성 및 기존 주변 건물의 배치를 고려하여 중층 및 고층부의 주거 유닛에서는 주변 공간 및 주변 도시를 향해 가능한 한 많이 열려 있게 해 조망과 환기를 확보하고자 했습니다. 저층부의 커뮤니티 시설에서는 적정 레벨의 조망과 프라이버시를 동시에 염두에 두었으며, 주차장에는 지역 법규에 지정되어 있는 차단 스크린(screen)을 제공하여 환기와 지상층의

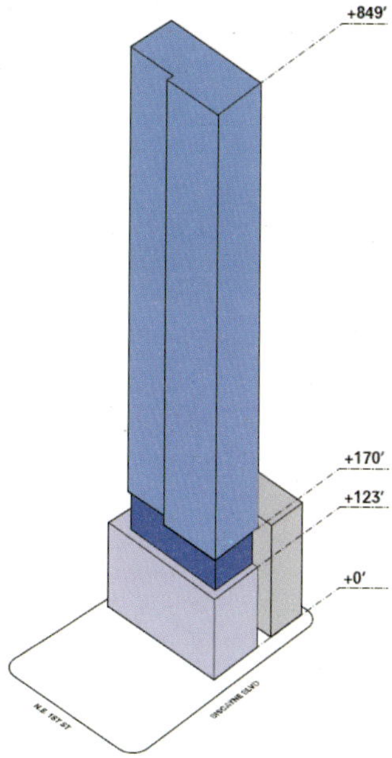

그림 1 건물의 매싱 다이어그램(massing diagram). 주거(밝은 파랑), 공용 및 편의시설(짙은 파랑), 주차장(보라).

거리로부터의 시각적인 차단을 도모하고자 했습니다. 또한 이러한 기능적인 면 이외에 고급 주거 빌딩의 특성상 건물 자체가 가지는 시각적인 아름다움과 독창성이 추후 건물의 부동산 가격에 큰 영향을 미친다는 점을 고려해야 했습니다.

바다 물결의 부드럽고 미묘한 표면의 움직임과 텍스처(texture), 그물의 강하지만 유연한 구조, 그리고 연중 강렬한 태양 아래 시시각각 변화하는 섬세한 그림자를 드리우는 나뭇잎의 잔 줄기(leaf vein pattern)를 큰 그림 삼아 각기 다른 스케일을 가지는 패턴들이 적층되는 형식으로 구성된 건물의 외피를 생각하게 되었고, 이는 indoor/outdoor living을 위해 주거 유닛 최외측에 계획된 로지아(loggia)를 감싸게 됩니다(그림 2, 그림 3).

그림 2　마이애미의 지리적인 위치로 인해 쉽게 찾아볼 수 있는 다양한 스케일의 패턴들.

그림 3　건물의 외측에 위치한 로지아는 뜨거운 햇살을 피할 수 있는 외부 공간을 제공해 준다.

적층의 결과로 인해 발생하는 외피의 투명도/불투명도가 외피 이면에 존재하는 실들과 어떠한 관계를 맺는지를 정의하고 이를 파라메트릭 모델(parametric model)로 풀어내기로 했습니다. 좀 더 구체적으로 말하자면, 외피의 투명도/불투명도는 서로 다른 형상의 패턴을 가진 레이어(layer)의 적층을 통해 만들어지며 어느 정도의 투명도/불투명도가 요구되는지는 위치하고 있는 실의 수직적인 위치의 함수로 정의될 수 있습니다. 실의 높이에 따른 투명도를 달리하는 몇 가지 기본적인 패턴들이 파라메트릭 툴을 사용하여 실험됩니다(그림 4).

이 중 두 번째와 세 번째의 패턴이 가지는 개방과 차폐의 극적이면서도 부드러운 전이가 가장 적합하다고 판단되었으며 이 두 패턴을 응용한 4개의 레이어를 고안하게 됩니다. 첫 번째 레이어는 건물의 슬래브(slab)와 기둥(column)에 직접 연결이 되어 전체적인 외피를 지지하는 back born으로 작동하게 됩니다. 건물의 아래 부분에서는 대각선 형상을 띄어서 구조적인 안전성 및 시각적

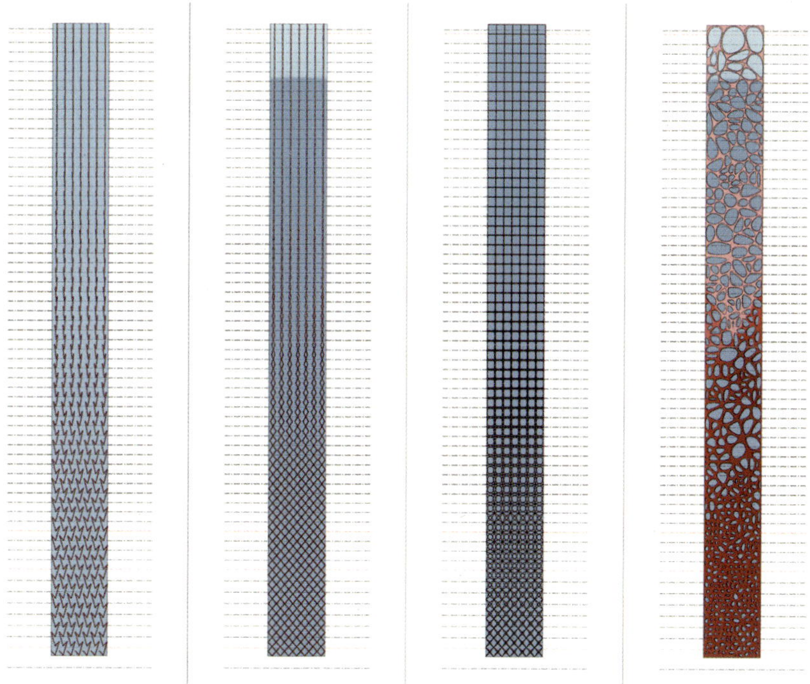

그림 4 수직적인 높이에 따라 변화하는 패턴 스터디.

인 차폐 요소가 되며 위로 올라갈수록 시각적인 개방감을 가지는 육각형으로 변화하다가 최상층에 접근할수록 구조체인 기둥과 슬래브에 정렬하는 사각형으로 변화하여 시각적인 개방감을 가지게 됩니다. 두 번째 레이어는 슬래브 커버(slab cover) 역할을 하게 되는데 마찬가지로 저층부에서는 시각적인 차폐를 위해 대각선 형태로 슬래브에 부착되며 위로 올라갈수록 슬래브에 정렬되어 시각적인 개방감을 가지게 됩니다. 세 번째 레이어는 기둥 커버(column cover)로 고안되었고 마찬가지로 저층부에서는 대각선 형태로 시각적 차폐를 하게 되며, 고층부에서는 기둥에 정렬되어 시각적 투명성을 확보하게 됩니다. 마지막 레이어는 주차장의 차폐 규정을 맞추기 위한 좀 더 섬세한 수준의 와이어 메쉬 스크린(wire mesh screen)이 계획되었으며 이는 커뮤니티 시설에 이르러서는 조금 더 개방적이고 열려 있는 메쉬 스크린(mesh screen)으로 바뀌게 됩니다(그림 5).

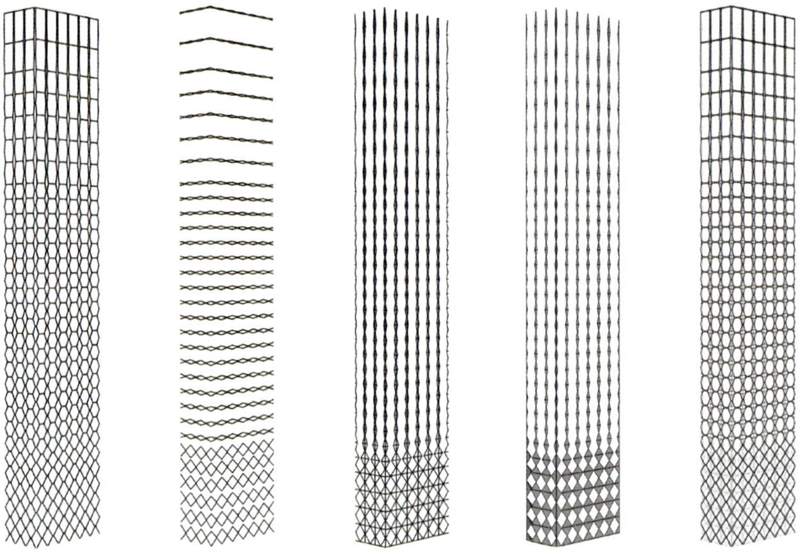

그림 5 여러 개의 층으로 적층되어 구성되는 패턴. 왼쪽부터 수직+수평 패턴의 조합, 수평 패턴, 수직 패턴, mesh screen, 최종적인 적층(overlay).

네 가지 패턴들은 파라메트릭 모델링을 하는 과정에서 슬래브 커버의 역할을 하는 안쪽 레이어와 기둥 커버 역할을 하는 바깥쪽 레이어, 그리고 보다 적극적이고 섬세한 수준의 차폐를 위한 메쉬 스크린(mesh screen) 레이어로 나뉘게 됩니다. 메쉬 스크린 레이어를 제외한 두 가지의 주 레이어들은 높이에 따라 형태가 변하지만 각 패턴을 구성하는 요소들 간의 관계는 동일합니다(그림 6). 즉 단 두 개의 패턴만을 정의한 후 높이에 따른 다른 변수 값, 예를 들어 특정 높이에서 패턴의 가로 부재의 너비 등을 다르게 하여 형태상의 변화를 꾀합니다. 두 개의 단순한 패턴은 높이에 따른 변화 및 두 레이어의 중첩을 통해 복잡하지 않은 요소들을 통한 복잡함을 완성하게 됩니다.

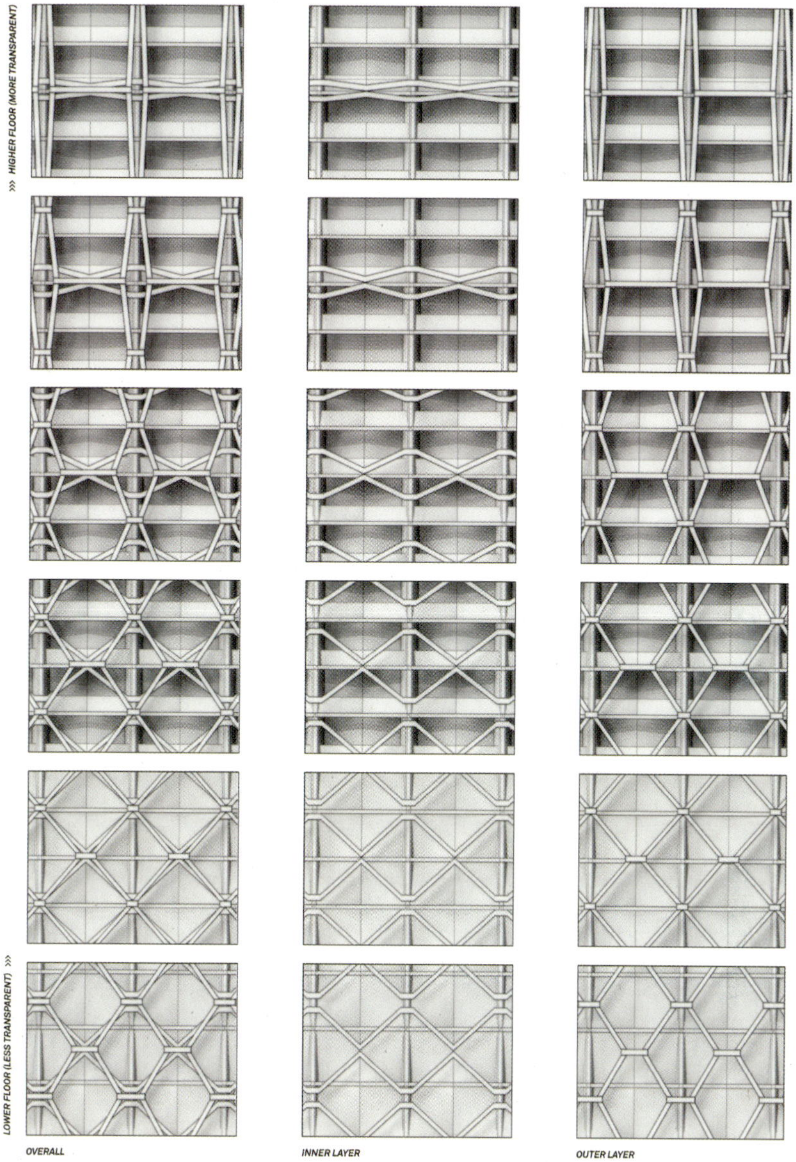

그림 6　전체적인 입면은 크게 두 가지 패턴의 중첩으로 구성된다. 왼쪽부터 중첩된 패턴의 최종 형상, 수평 패턴, 수직 패턴. 각 패턴은 동일한 구성의 논리를 가지고 있으나 높이에 따라 부재의 길이와 각도가 변화하면서 시각적인 다채로움을 만들어 내며 이들의 중첩을 통해 단순한 논리에서 시작하여 복잡한 형태를 생성하게 된다.

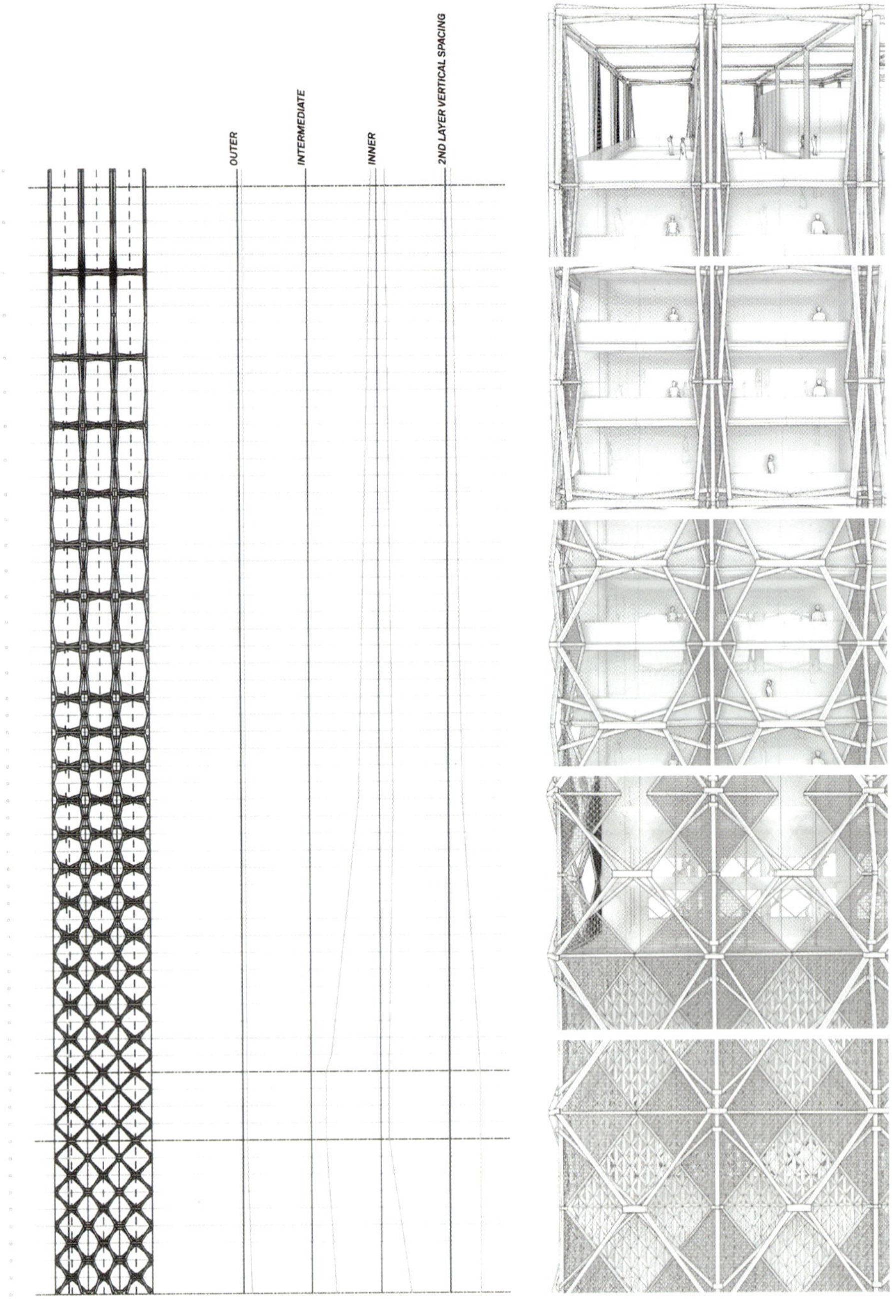

그림 7 높이에 반응하는 네 가지 변수를 통해 전체 파사드 시스템이 구현되는 모습.

외피의 디자인은 투명도/불투명도의 함수로 정의될 수 있으며, 투명도/불투명도는 외피 이면의 프로그램이 가진 특성(주거, 커뮤니티, 주차장)의 함수가 되며, 또다시 프로그램이 가진 특성은 높이의 함수(프로그램은 높이에 의해 배치되었으므로)로 정의됩니다. 결국 함수 속의 함수를 통해 얻어지는 외피 디자인의 가장 중요한 변수는 결국 높이가 되는 것입니다. 레이어별로 높이에 의한 변화의 정도를 조절하고자 각 레이어별로 높이를 변수로 하는 그래프(graph)들을 설정하였고, 이는 모든 레이어가 적층되어 있는 상황에서 개별 레이어 및 높이라는 변수가 전체 디자인에 어떠한 영향을 미치는지 실시간으로 확인하며 디자인을 다듬어 가는 데 많은 도움이 되었습니다(그림 7).

굉장히 복잡해 보이는 패턴의 이면에는 살펴보았던 바와 같이 아주 단순한 하나의 변수만이 존재하고 이러한 변수를 함수화하고 추가적인 변수화를 하는 과정을 통해 전체적인 디자인을 다듬어 가는 과정이 파라메트릭 디자인이 가지는 '복잡한 것을 만들어 내는 단순한 논리'라는 미학을 잘 보여 준다고 생각합니다(그림 8, 그림 9, 그림 10, 그림 11, 그림 12).

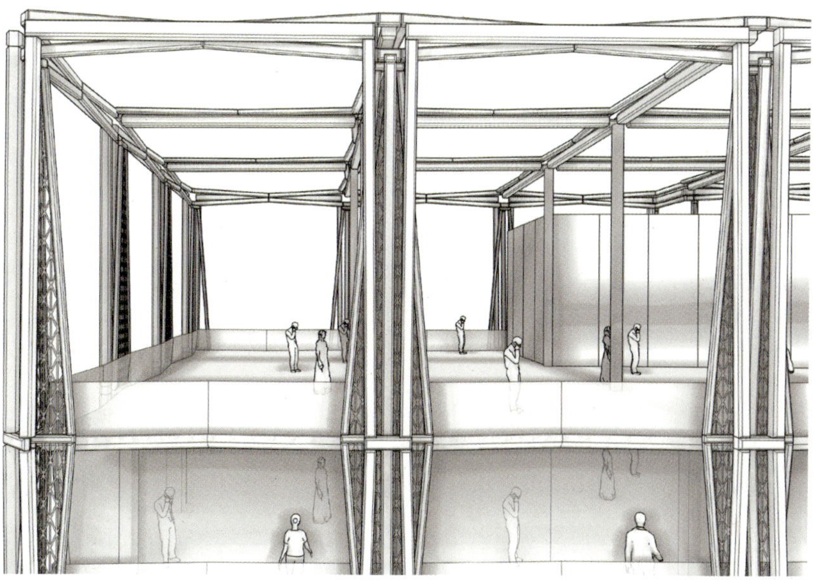

그림 8 고층 주거 유닛(pent-house/large units).

그림 9　중층 주거 유닛(mid rise/medium units).

그림 10　저층 주거 유닛(lower/small units).

그림 11　공용 공간(amenity) 부분의 메쉬 스크린.

그림 12　주차장 부분의 메쉬 스크린.

008

디자인에서 생산으로

Design to Fabrication

기존의 경기장 건물은 전면에 작은 광장을 면하고 있으나 연중 기온이 낮고 겨울철 눈이 많이 내리는 기후적인 이유와 낙후된 시설로 인해 계획 단계에서 생각했던 것만큼 효과적으로 사용되지 못하고 있습니다(그림 1). 새로운 디자인은 이러한 점을 보완하기 위하여 기존의 건물과 외부 광장을 둘러싸는 인테리어 아트리움(interior atrium)을 제안하기로 하였습니다. 이 과정에서 가장 중요한 요소 중 하나는 새로 제안하는 아트리움(atrium)과 기존 건물이 만나는 면, 즉 기존 건물의 파사드(facade) 처리였습니다. 기존 건물의 파사드가 새로운 제안에 있어서 그다지 매력적인 디자인 요소로 작용하지 못한다는 판단하에 이를 시각적으로 가리되 기존 건물이 가지고 있던 기능적인 요소(창문, 개구부 등)를 충족시키는 면(curtain)을 제안하게 됩니다. 다시 말해 기존 건물과 아트리움의 접점에 있는 설계면(design surface)를 제안하되 기존 건물의 파사드의 개구부 및 창문에 해당하는 영역에 채광과 시각적인 개방을 위한 물리적인 개구부가 위치하게 합니다(그림 2).

그림 1 기존 Quickenloan Arena의 전경. Designed by AECOM.

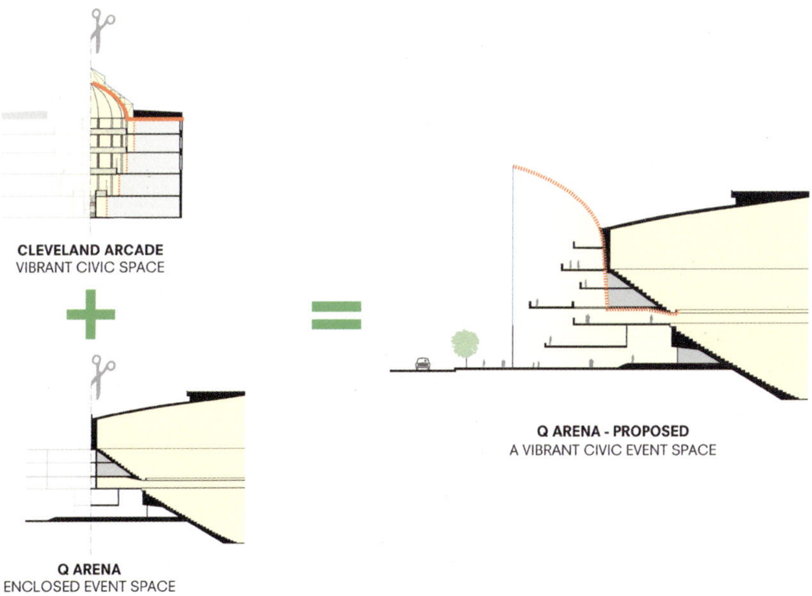

그림 2 경기장의 외부 공간에 아트리움을 이식하는 과정에 대한 도식화.

그림 3 Richard Serra(왼쪽), Issey Miyake(오른쪽).

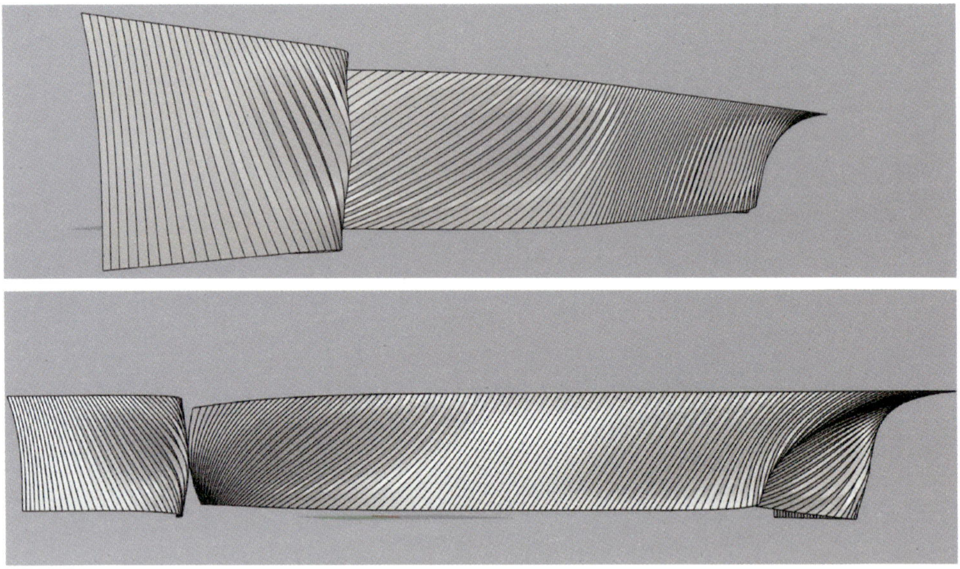

그림 4 바람에 날리는 커튼을 형상화한 주름 잡힌 패턴으로 구성된 설계면.

설계면은 기존 건물 내부의 기능적인 요소 및 외부에서의 차폐를 목적으로 한다는 점에서 커튼(curtain)과 유사한 성격을 지니고 있으며, 디자인 팀 내부에서는 이를 거대한 커튼(giant curtain)이라 불렀습니다. 거대한 스케일의 기존 건물 입면을 감싸야 하는 시각적인 강력함과 커튼이 지닌 직물(fabric)로서의 부드

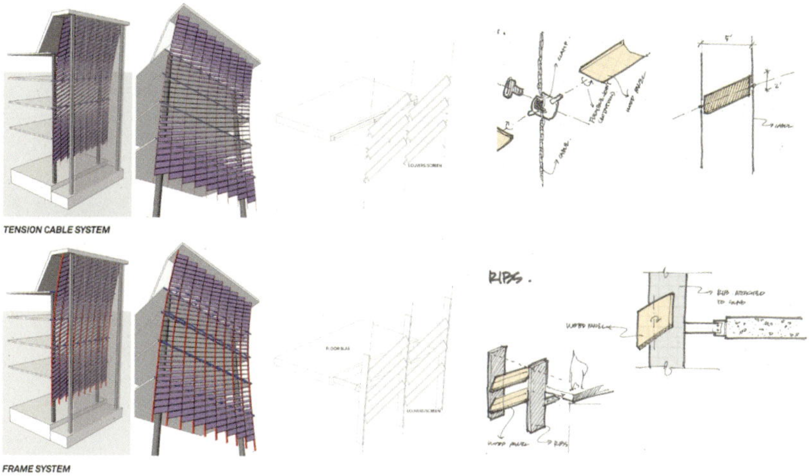

그림 5 chevron pattern이 설계면의 주름을 따라 자리 잡은 모습.

럽고 유연한 이중적인 성격은 마치 리처드 세라(Richard Serra)의 강한 형태와 이세이 미야케(Issey Miyake)의 섬세함을 동시에 지니고 있다고 생각되었습니다(그림 3). 두 가지의 상반된 성격의 콘셉트를 통하여 바람에 날리는 듯한 주름 잡힌 패턴(pleating pattern)을 지닌 설계면이 설정되었습니다(그림 4).

커튼은 기존 건물 내부의 기능적인 요소를 위한 물리적인 개구부를 가져야 함과 동시에 아트리움의 내부에서 혹은 건물의 외부에서 보았을 때는 하나의 연속적인 면으로 읽혀야 하는 상반된 특성을 지녔다고 할 수 있습니다. 이를 위해 설계면의 주름 패턴(pleating pattern)을 이루는 각 주름에 개별적으로 회전이 가능한 chevron panel들을 고안했고, 이는 각 패널의 회전각과 바라보는 각도에 따라 각기 다른 투명도를 만들어 냅니다(그림 5).

우선 설계면상에서 시각적인 투명성을 위해 열려야 할 부분과 그렇지 않아도 되는 부분을 정의하고 이를 흑백의 이미지 맵(grey scale image map)으로 구성합니다. 이제 이 맵을 통하여 설계면상의 특정 점에서 개폐 정도를 정의하는 흑백의 정도 값(grey scale value)을 정할 수 있게 되며 이 값이 전체 디자인을

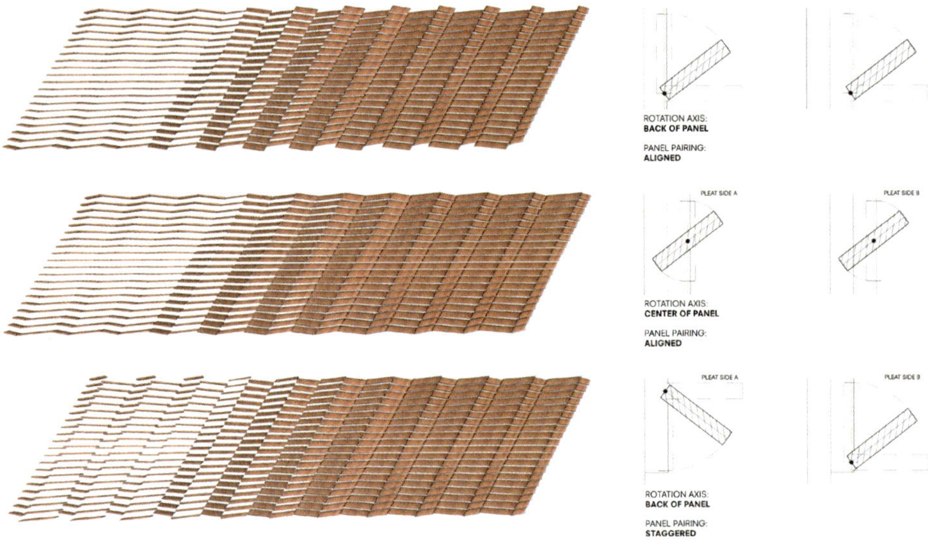

그림 6 각각의 chevron pattern들이 회전하는 방식에 따른 개폐의 시각적인 차이를 알아보기 위한 스터디.

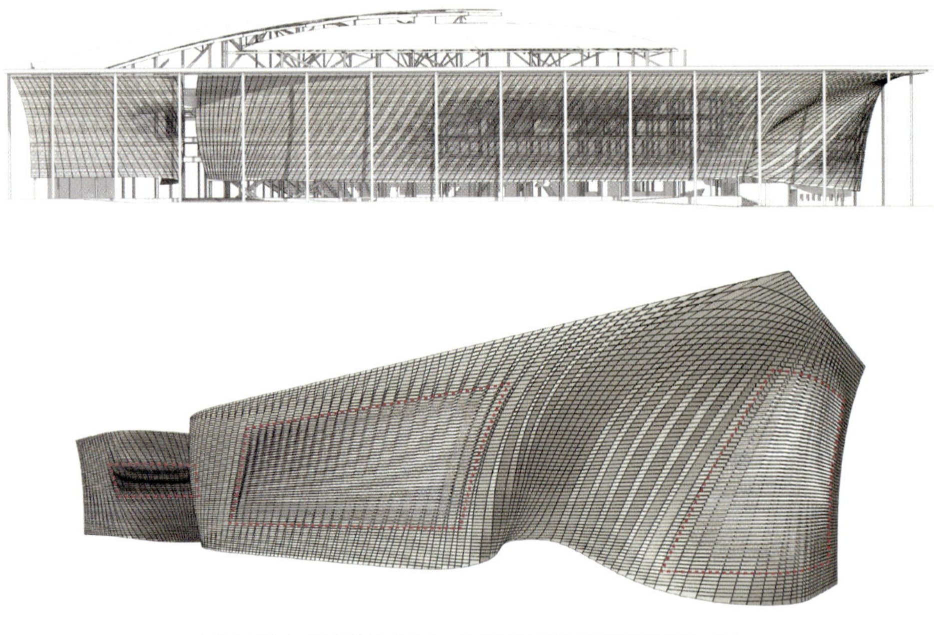

그림 7 chevron pattern이 열린 부분과 닫힌 부분의 경계가 그래디언트를 통해 부드럽게 전이하는 모습.

그림 8 기능적 요구 조건에 충실한 흑백의 이미지 맵(위)과 둘 간의 경계를 부드럽게 흐린 이미지 맵(아래).

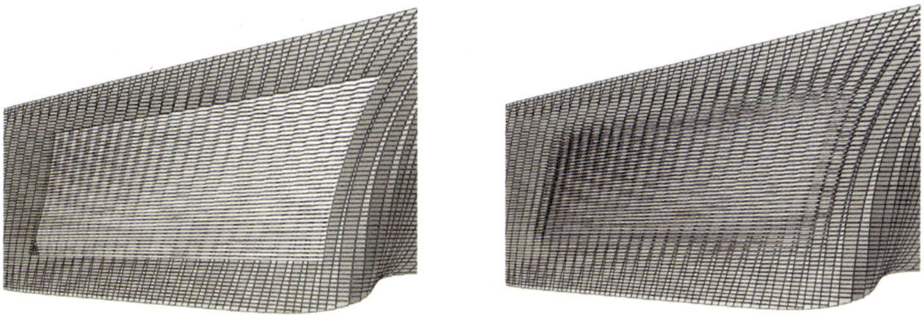

그림 9 두 가지의 이미지 맵이 적용된 chevron pattern의 모습.

아우르는 단 하나의 변수가 됩니다. 개구부와 개구부가 없는 면의 영역들이 명과 암으로 명확히 구분되기보다는 그래디언트(gradient)를 통해 부드럽고 자연스럽게 연결되도록 합니다(그림 6, 그림 7).

이를 위해서 커튼의 면 위에 기능적인 요구를 만족시켜 주는 흑과 백의 이미지 맵(image map)을 생성한 후 이들의 경계를 흐려 주게 됩니다(그림 8, 그림 9). 이러한 맵은 파라메트릭 툴의 입력 값이 되어 흑백의 정도(grey scale)의 값을 샘플링(sampling)하여 해당 위치에 놓여 있는 chevron panel의 회전각을 설정하

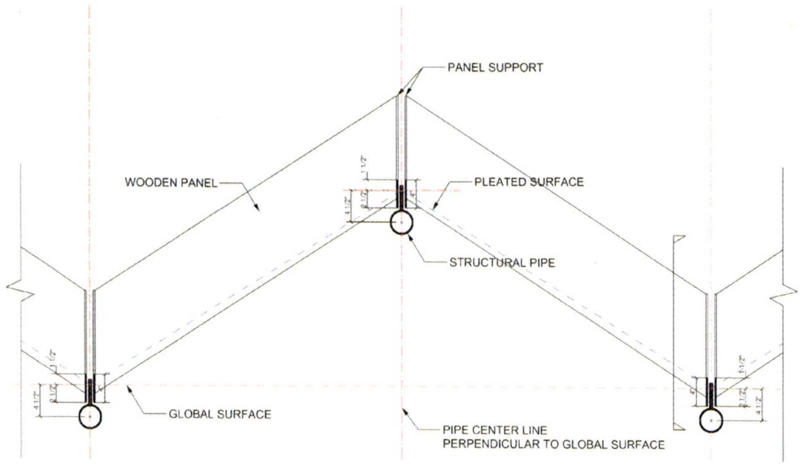

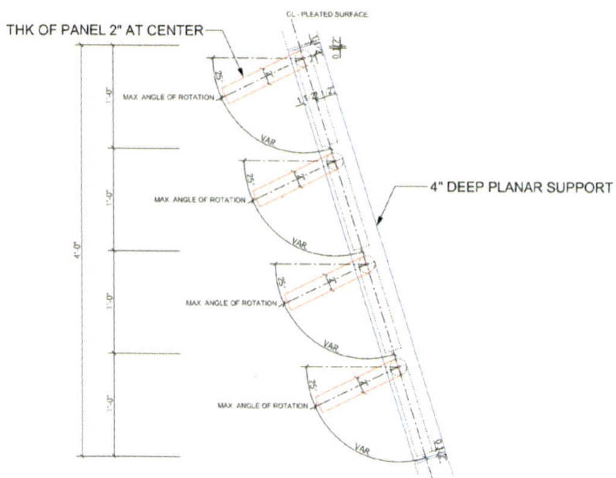

그림 10

chevron pattern의 평면(왼쪽)과 단면(오른쪽). 회전축(pivot point)을 따라 각 패턴은 해당 위치의 흑백 정도의 값에 따라 설계면으로부터 최대 90도, 최소 0도의 각도로 회전하며 투명도와 불투명도에 기여하게 된다.

게 됩니다. 완전히 닫혀야 하는 부분에서는 패널이 설계면에 평행하게 위치하게 됩니다. 반대로 완전히 열려야 하는 부분에서는 패널이 설계면과 거의 수직이 되도록 회전하게 됩니다(그림 10).

파라메트릭 툴로 이러한 과정을 설정해 놓은 이후, 다양한 그래디언트 맵을 적용해 보면서 기능적으로 만족시키면서도 가장 시각적으로 아름다운 매핑(mapping)의 가능성을 시험해 보게 됩니다(그림 11, 그림 12, 그림 13).

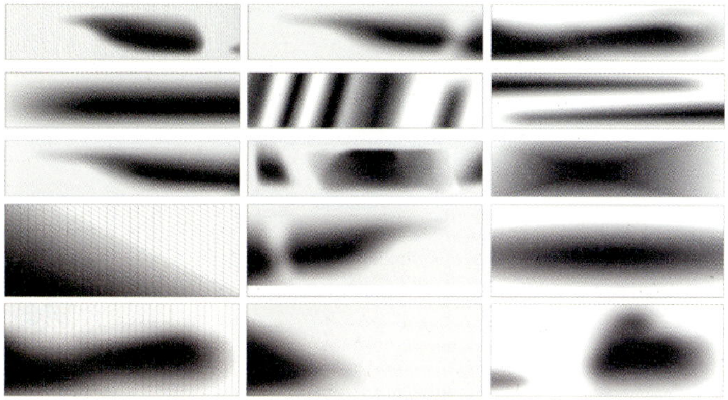

그림 11　다양한 그래디언트 맵을 통한 chevron pattern의 실험 과정.

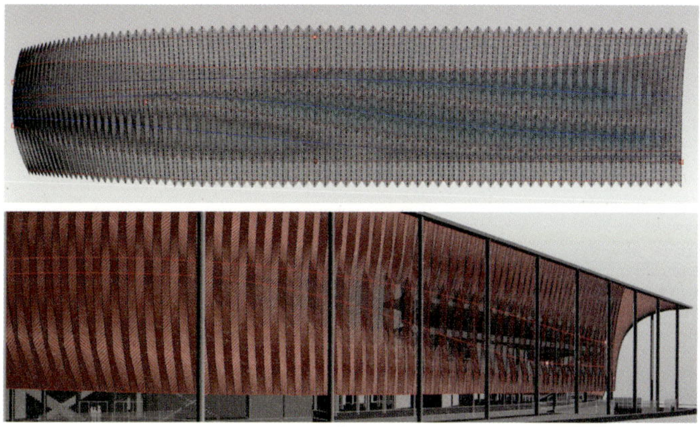

그림 12　chevron pattern 테스트 이미지.

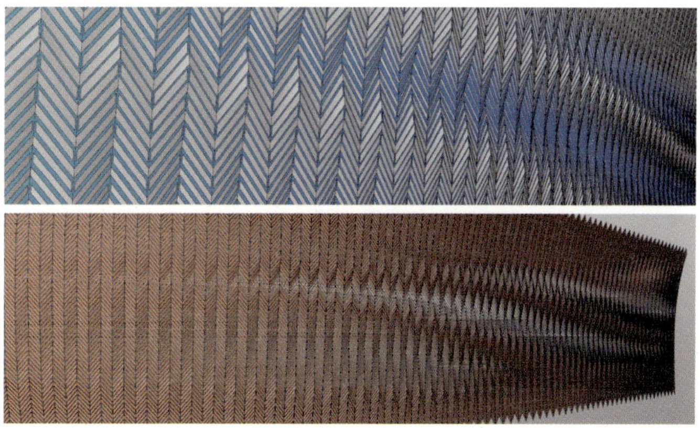

그림 13　chevron pattern 테스트 이미지.

그림 14 3D printing을 통한 모형의 생성.

만족할 만한 패턴이 나오면 rapid prototype(3D printing)을 통해 스케일 모델(scale model)을 생성하고 검증하는 과정을 거치게 됩니다(그림 14).

커튼의 면은 기본적으로 비정형의 양방향 곡면(double curved surface)을 포함하게 됩니다. 이를 정형의 평평한 면의 조각(flat surface patch)들로 구현하기 위해, 작은 평면의 조각(flat patch)들과 이들 간의 틈과 간격을 이용하여 비정형 곡면이 가지고 있는 부드러운 곡률을 근사화(approximate)합니다. 이러한 모듈(module)을 구성하기 위해서는 가장 먼저 기준이 되는 면을 작은 단위의 면으로 나누는 과정이 필요합니다. 면이 가지는 비정형적인 특성으로 인해 면을 면 기준 수직 수평으로 같은 수로 나누었을 때 어떤 면은 트럭을 통해 운반하고 설치하기 힘든 크기가 되곤 합니다. 이러한 특정의 조각(patch)들은 Visual Basic Scripting을 통해 충분히 작은 크기가 될 때까지 다시 나누는 과정을 반복합니다(그림 15).

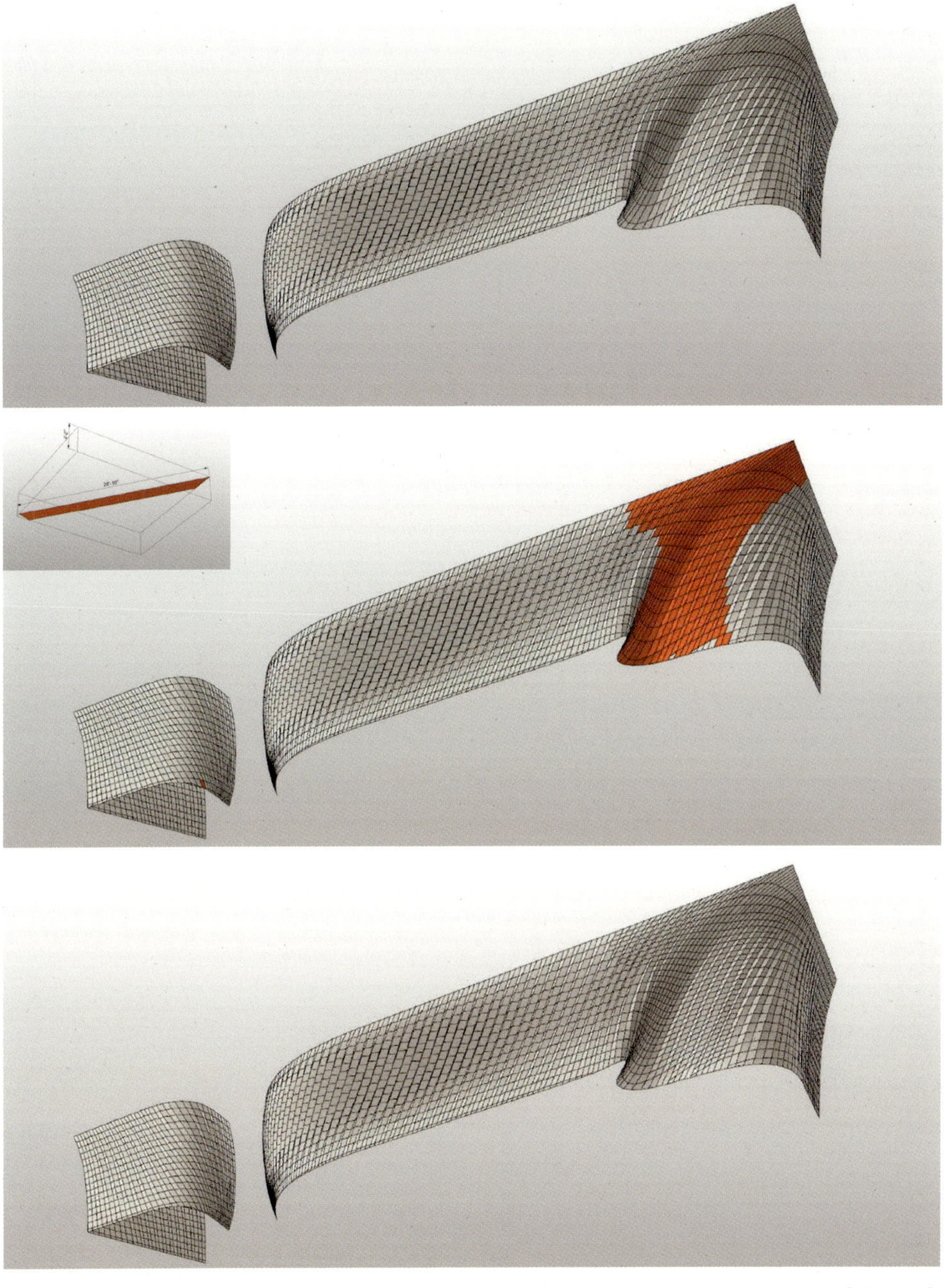

그림 15 설계면이 동일한 수직 높이로 나뉜 모습(위). 트럭으로 운송이 불가능한 크기의 면들이 붉은색으로 표현된 모습(가운데). 이러한 면들이 다시 나뉘어 운송이 가능한 크기로 변환되는 모습(아래).

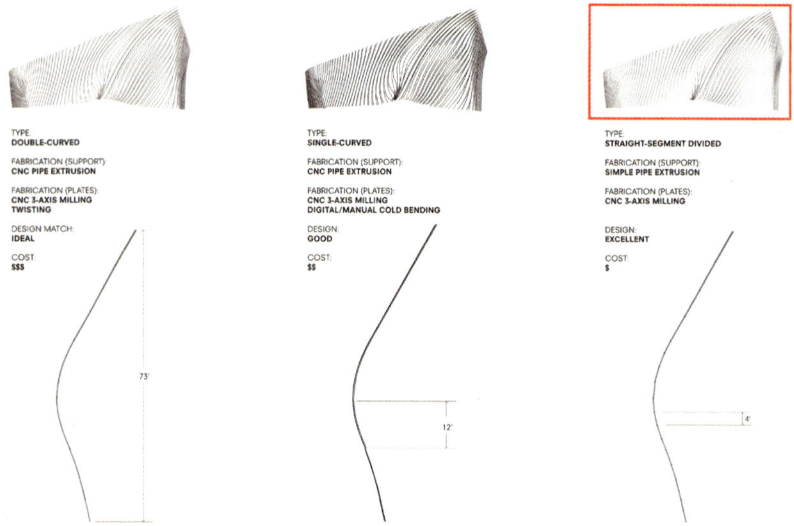

그림 16　양방향 곡면의 설계면 위에 놓인 패널링 커브(paneling curve)(왼쪽). 단방향 곡면으로 전환 시의 패널링 커브(가운데). 세그먼트로 근사화된 패널링 커브(오른쪽).

이와 동시에 양방향 곡면에 기반을 두고 있는 기본 형상(base geometry)을 value engineering을 통해 생산 단가 및 시공상의 어려움과 오차를 줄일 수 있는 방법에 대해 생각해 봅니다. 기준이 되는 양방향의 설계면이 일방향이 되거나, 아니면 직선의 세그먼트(segment)들에 의해 구성될 때 어떻게 보일지에 대한 예측도 rationalization/optimization의 큰 목적 중 하나입니다(그림 16).

위의 두 단계를 거쳐서 제작비가 적게 들고 설치가 용이하며 공장에서 현장으로 운반이 가능한 크기의 패널들을 가지는 몇 가지 옵션을 도출하게 됩니다(그림 17).

이제 주어진 설계면이 공장에서 선(先)제작(prefabricate)되어 트럭을 통해 현장에 운반되고 설치 가능한 작은 크기의 평평한 패널들로 분해되었습니다. 이제 각각의 패널들은 설계면상의 흑백의 맵을 통하여 얻어지는 회전각도들을 통해 주어진 만큼 회전을 하여 하나의 통일성 있는 큰 면으로 읽힘과 동시에 필요한 영역에서 열리고 그렇지 않은 영역에서 닫히는 주어진 기능에 충실하게 됩니다(그림 18).

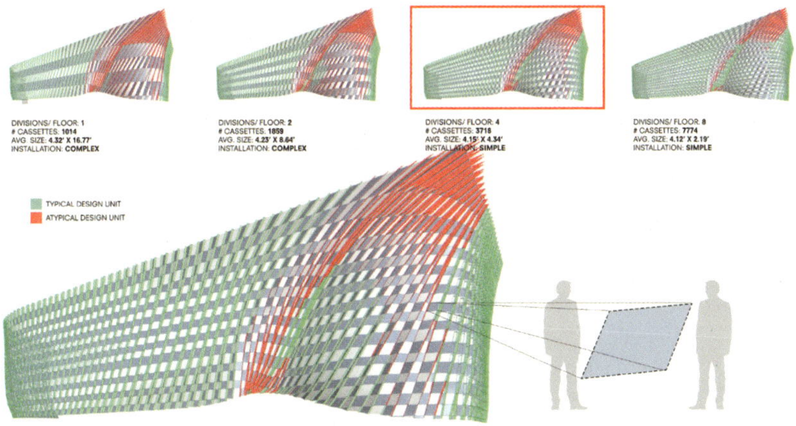

그림 17 패널의 분화 정도에 따른 정형 유닛(typical unit)과 이형 유닛(atypical unit)의 개수에 대한 비교 분석.

그림 18 최종적인 이미지 맵이 적용된 전체 파사드의 모형.

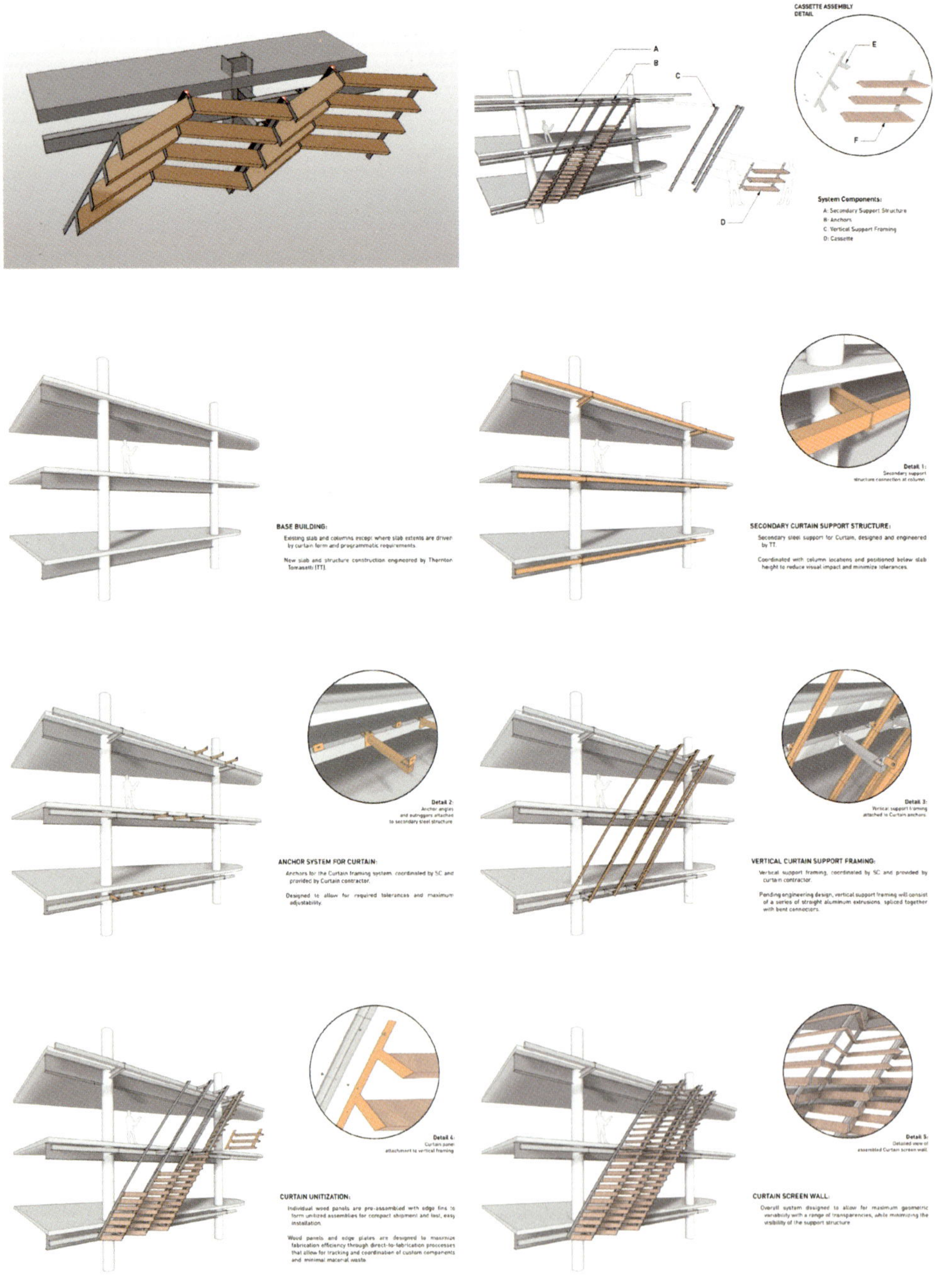

그림 19　기존의 건물 슬래브에 카세트 모듈을 설치하는 과정에 대한 도해.

다음으로 생각해야 했던 부분은 어떻게 수많은 작은 패널들을 계획된 데로 설치할 것인가였습니다. 대부분의 면들은 크기가 다르고 회전각이 다르기 때문에 전통적인 현장 설치로는 의도된 설계의도(design intention)를 성취하기 어렵다고 판단했습니다. 그리하여 서로 다른 몇 개의 패널을 하나의 카세트 모듈(cassette module)로 엮어서 이를 공장에서 생산 및 가공(fabricate)한 뒤 이를 현장으로 운반하여 기존 건물의 슬래브에 이미 설치된 구조물에 부착하는 방법을 선택했습니다(그림 19).

패널들이 설치되는 부분이 실내이고 방화 규정을 만족시켜야 하기에 방화처리가 된 wood veneer sheet을 전개도에 따라 가공하고 이를 조립하기로 합니다. 전개도에 따라 재단된 veneer sheet들은 전개선에 따라 접히고 접합되어 양측 끝단에 위치한 카세트 프레임(cassette frame)에 부착되어 계획된 회전각과 크기를 정확하게 구현하는 모듈이 됩니다(그림 20, 그림 21).

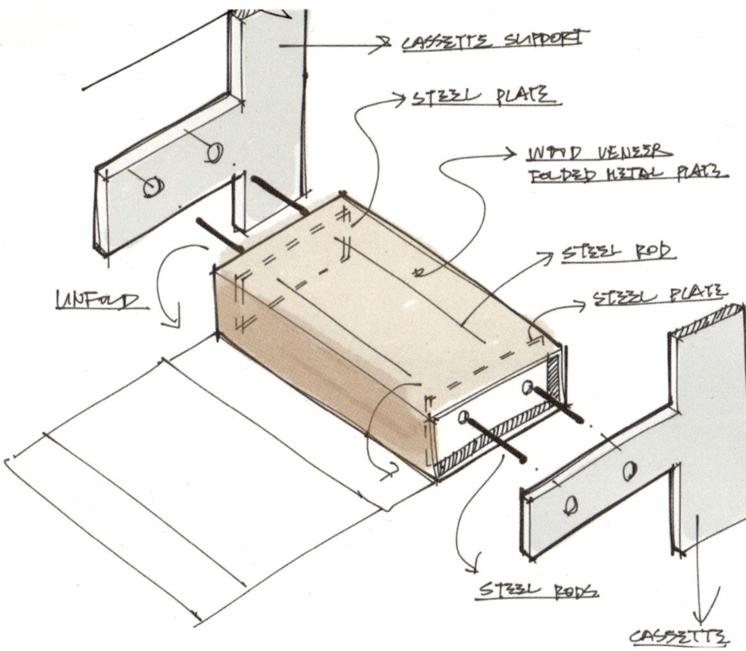

그림 20 카세트 모듈 중 wood veneer sheet의 도해.

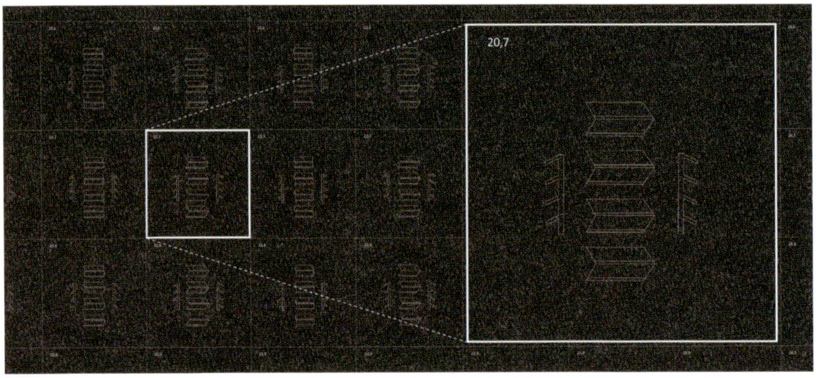

그림 21　Grasshopper에서 자동으로 생성된 카세트 모듈의 전개도.

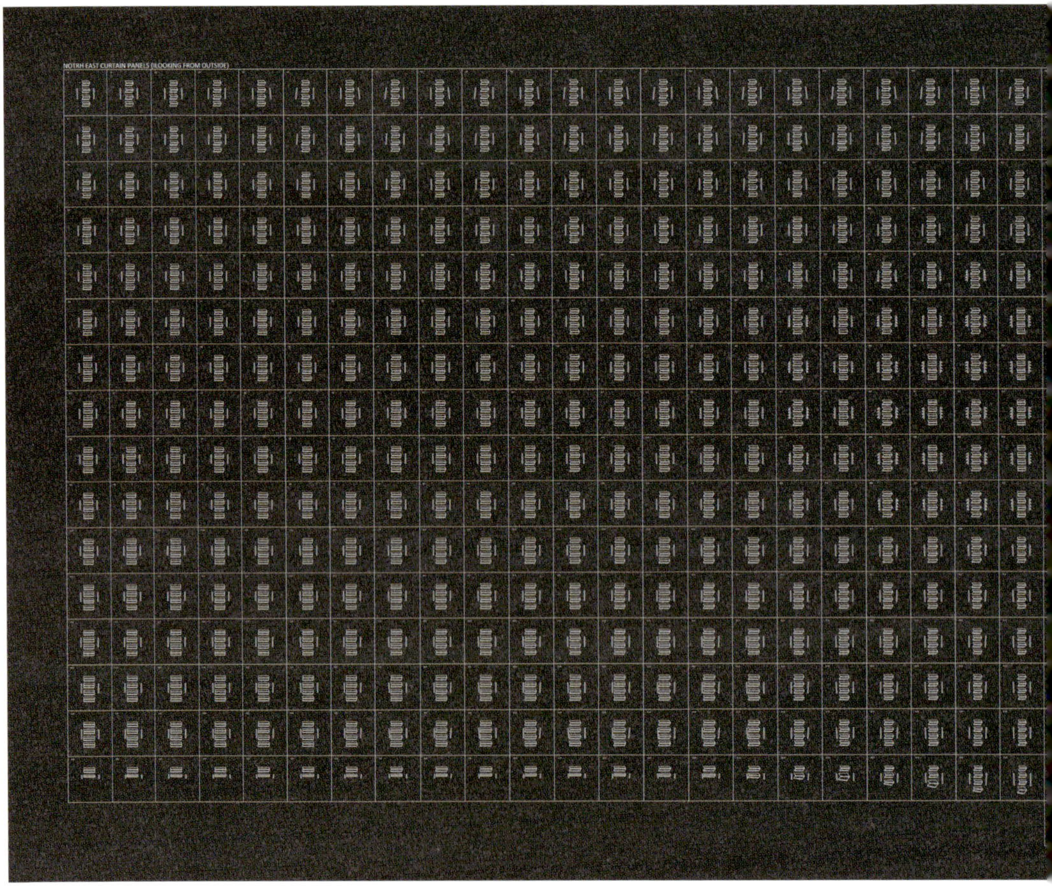

전체적인 커튼은 무수히 많은 수의 개별 패널들로 이루어지기에 상기의 전개도를 생성하는 과정 역시 파라메트릭 툴을 이용하여 자동화하였습니다(그림 22, 그림 23, 그림 24, 그림 25).

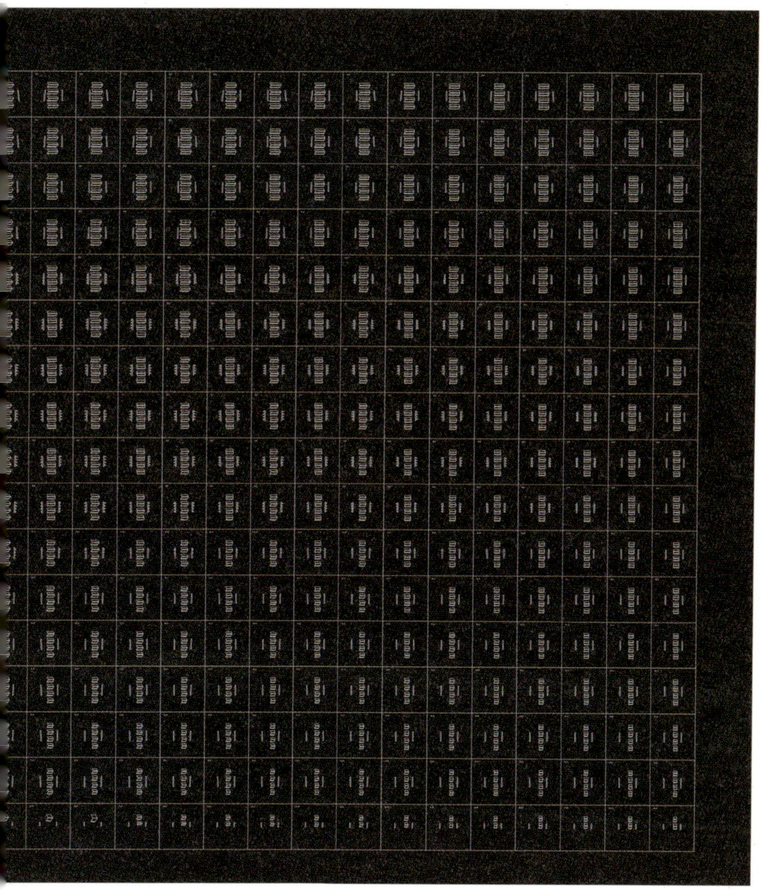

그림 22
전체 chevron pattern을 Grasshopper를 이용하여 자동으로 전개한 모습.
확대 시 그림 21과 같은 전개도들로 구성된다.

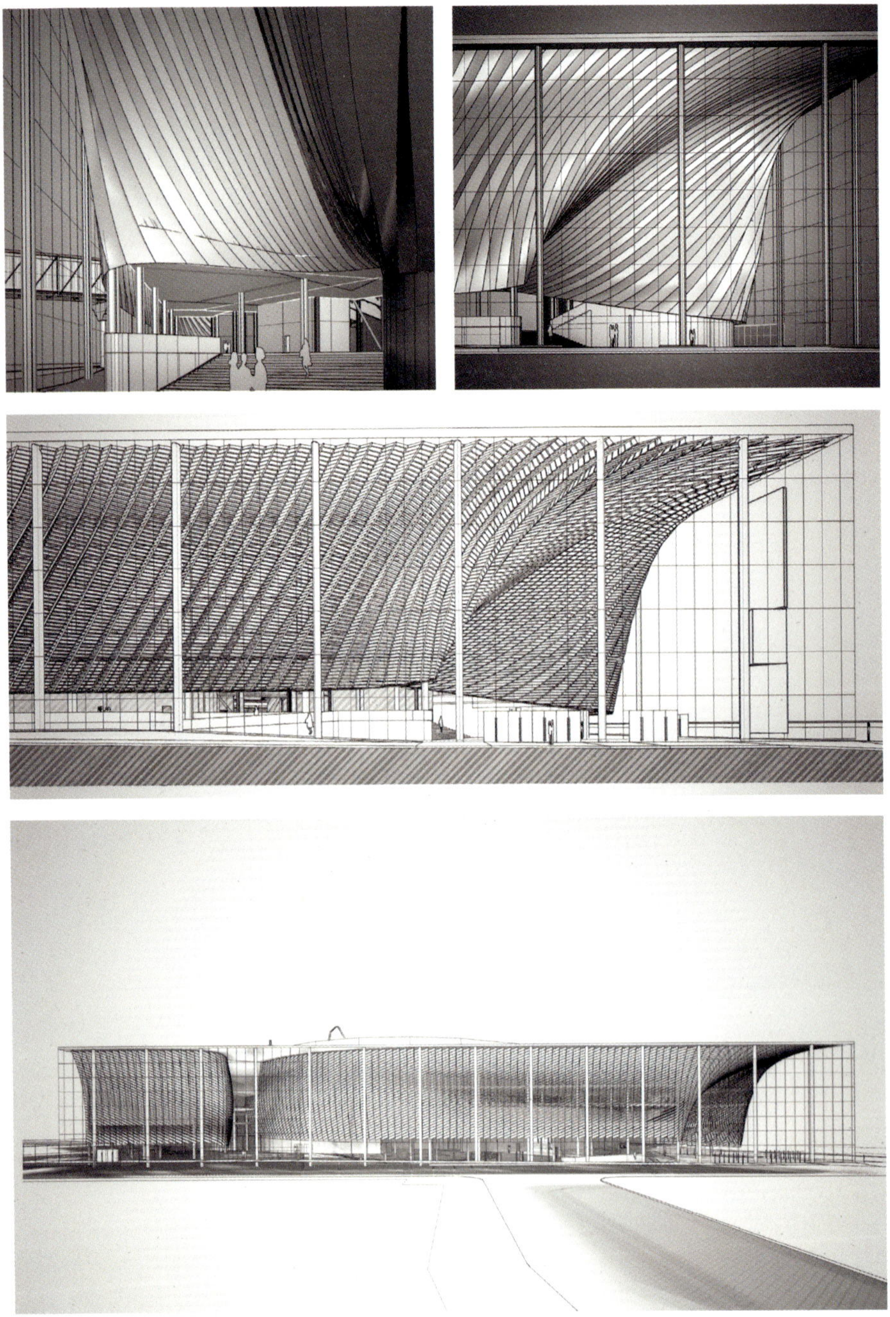

그림 23 다양한 각도에서 바라본 커튼의 모습.

그림 24　다양한 각도에서 바라본 커튼의 모습.

그림 25 파사드 야경 렌더링

009

부분에서 전체로

Parts to Whole

이번 장에서 살펴볼 내용은 홍익대학교 건축학과 홍규선 교수(www.ksharch.com)와 함께 한 설치 작품을 위한 작업입니다(그림 1).

우리 주변에서 흔히 찾아볼 수 있는 재료의 성질을 이해하고 그 재료에 가해지는 물리적인 변화와 외부에서 작용하는 힘들이 그 재료의 물리적 특성을 어떻게 변화시키는지에 대한 이해를 바탕으로 (물리적인 특성에의 변화와 외부에서 작용하는 힘을 변수로 삼는) 파라메트릭 모듈(parametric module)을 생성합니다. 그리고 이러한 모듈(module)들로 구성된 시스템을 설정한 후 각 모듈들을 변화시키는 변수를 적용하여 모듈들에 변화를 주고, 이러한 모듈들의 변화가 전체 시스템 내의 인접한 모듈과 상호작용을 통해서 전체 시스템의 형상에 어떠한 영향을 미치는지 예측해 보고자 했습니다. 이렇게 구성된 시스템에 다양한 변수를 적용하는 일련의 실험을 통해서 가장 극적인 형상을 지니게 될 변수의 조합을 찾아내었습니다. 정리하자면 작은 부분들이 유기적으로 연결되어 이루어진 시스

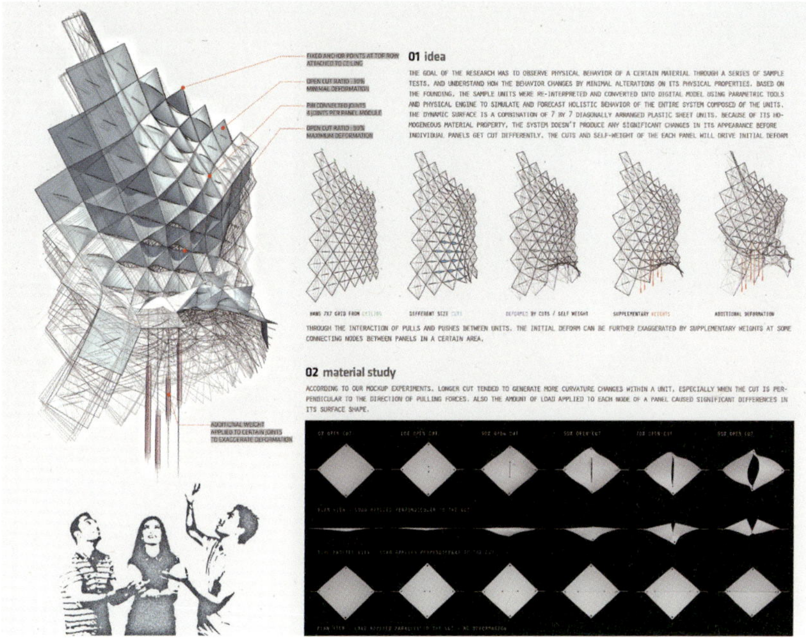

그림 1 설치 작업의 전체 도해 패널.

템에서 작은 부분들에 발생하는 변화가 전체 시스템에 어떠한 영향을 미치는지를 파라메트릭 모델링을 통해 살펴보는 실험이었습니다.

재료의 물성과 재료에 가해지는 변화와 외부의 자극에 의한 변화를 예측하는 것은 쉬운 일이 아닙니다. 합성재료(composite material)나 나무 패널과 같은 재료들은 재료의 특성상 거동을 예측하기 어렵다는 단점이 있습니다. 이런 이유로 재료의 특성을 이해하고 이를 파라메트릭 모델로 전환하기 위해서 균질한 성질을 가진 재료인 Mylar를 선택했습니다. 이제 정사각형으로 재단한 이 모듈(module)에 물리적인 변화를 주기 위해서 대각선 방향으로 자르기 시작했습니다. 전혀 자르지 않은 모듈과 대각선 변 길이의 10%에서 90%까지 이르는 총 6개의 변이(variation)를 가지는 패널을 물리적으로 재단하고 이를 자른 방향과 직각이 되는 방향으로, 그리고 자른 방향과 평행한 방향으로 잡아당기는 실험을

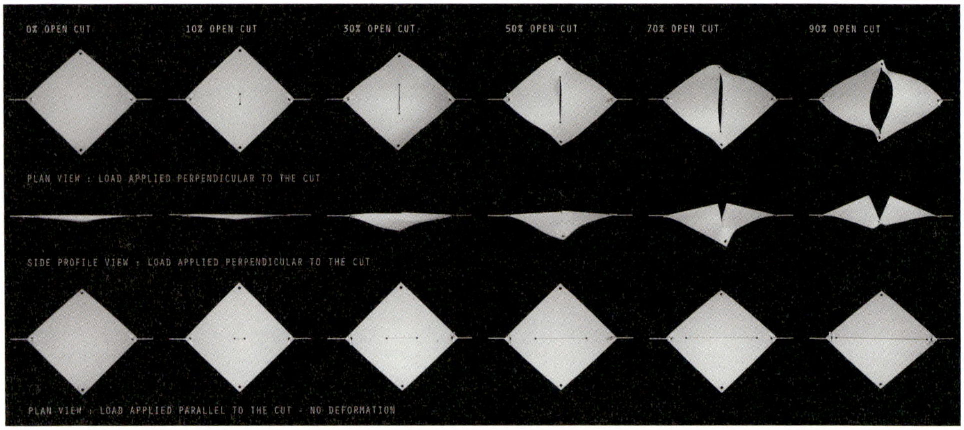

그림 2 Mylar 조각을 대각선 방향으로 자르고 이를 잡아당기는 실험을 통해 자르는 방향과 힘의 크기, 그리고 당기는 방향 간의 상관관계를 설정함.

했습니다. 직관적으로 알 수 있는 결과를 도출했지만 이는 모듈의 특성을 파라메트릭 툴로 전환하는 데 결정적인 도움을 주었습니다. 자른 방향과 수평으로 잡아당기는 경우는 자른 길이에 상관없이 같은 물리적 거동을 보여 주었습니다. 자른 방향과 수직으로 잡아당기는 경우는 잘린 변의 중심점들이 잘리지 않은 면 기준으로 면의 법선(normal) 방향으로 솟구치고 재단선상의 잘리지 않은 변들을 포함한 모듈상의 변들이 미묘한 비틀림(twisting)을 통해 일종의 스프링(spring) 역할을 하며 힘이 제거되었을 때 원래의 상태로 돌아가는 데 도움을 주었습니다(그림 2).

이를 바탕으로 생성된 파라메트릭 모델은 두 가지 변수(variable)와 두 가지 구속 조건(constraint)을 가지게 됩니다.

1. 당기는 힘의 크기 및 방향, 그리고 재단의 길이는 사용자가 해당 모듈에 가하는 외부적인 변수가 됩니다. 두 가지 변수에 비례하여 모듈의 변화가 발생하고 이는 이어서 힘이 가해지지 않는 두 점(magenta arrow)의 변위를 유발합니다(그림 3). 이러한 변위는 바로 옆에 붙어 있는 모듈에 추가적인 힘으로 작용하며 해당 모듈을 끌어당김으로써 전체 시스템의 형상의 변화에 일조를 하게 됩니다(그림 4).

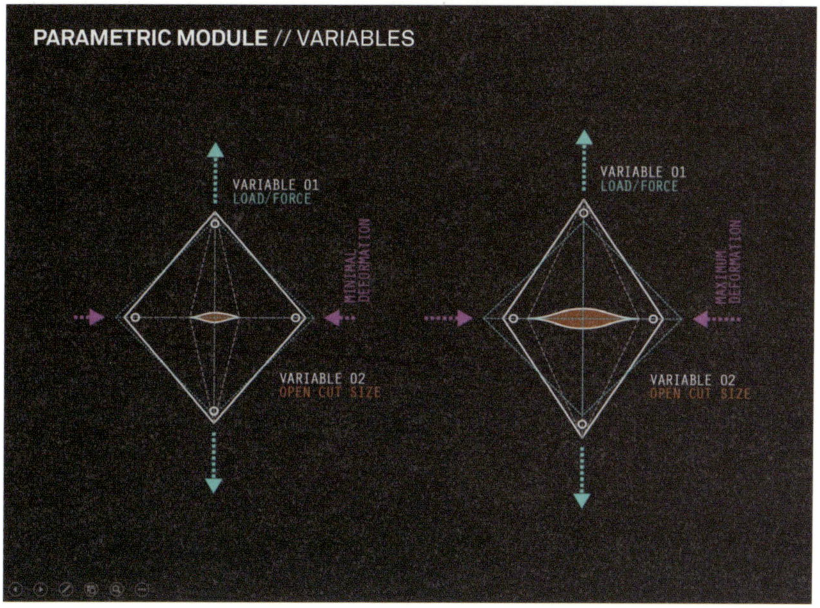

그림 3 두 가지의 변수에 대한 도해. 당기는 힘과 잘려진 길이에 따라 모듈의 높이와 폭의 변화 정도가 달라지게 된다.

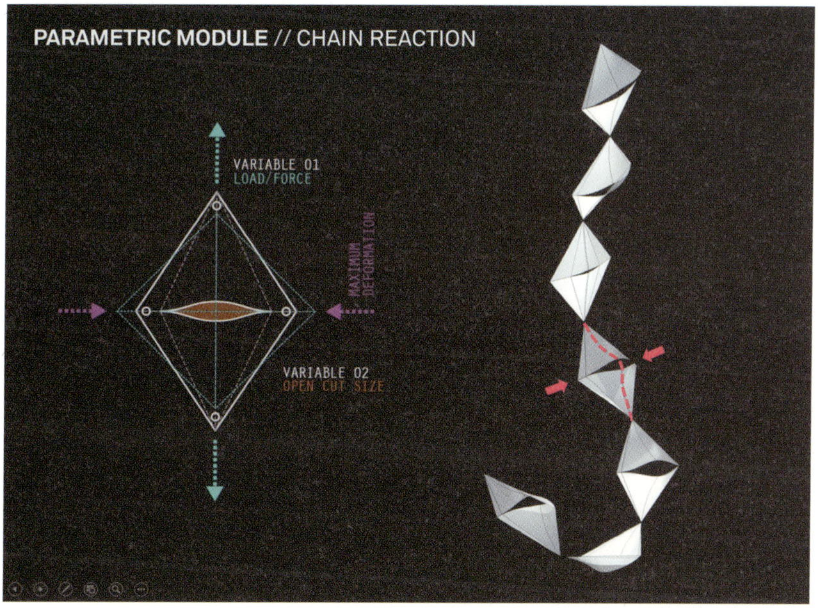

그림 4 폭의 변화는 인접해 있는 다른 모듈에 추가적인 수평 방향의 힘으로 작용하여 전체 시스템의 형상의 변화에 일조하게 된다.

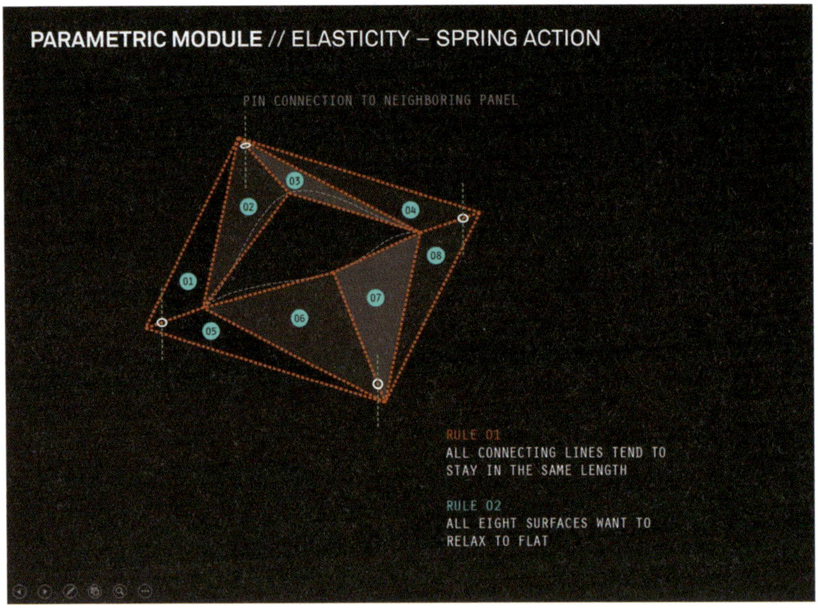

그림 5 두 가지 구속 조건에 대한 도해. 힘이 제거되었을 때 원상태로 돌아가려는 탄성의 거동은 모든 변의 길이는 항상 일정하고(주황색 점선), 모듈 내의 모든 면들은 같은 평면상에 위치하려는 경향을 가진다(하늘색 점으로 표기된 면들)는 사실로 설명할 수 있다.

2. 또한 물리적 거동의 예측을 위한 시뮬레이션을 위해 두 가지 구속 조건을 설정하였는데 이는 쉽게 말해 힘을 가했을 때 변형되고 힘을 제거했을 때 혹은 힘의 크기가 작아졌을 때 원상태로 회복하려는 스프링 액션(spring action)을 시뮬레이션하기 위함입니다. 모듈의 각 변들(주황색 점선)이 항상 직선이고 같은 길이를 유지하려는 특성, 그리고 각 면들(하늘색 점으로 표현된 영역들)이 항상 평평한 면으로 돌아가려는 특성을 이용하여 Mylar라는 재료의 탄성 거동을 디지털 모형(digital model)화하고자 합니다 (그림 5).

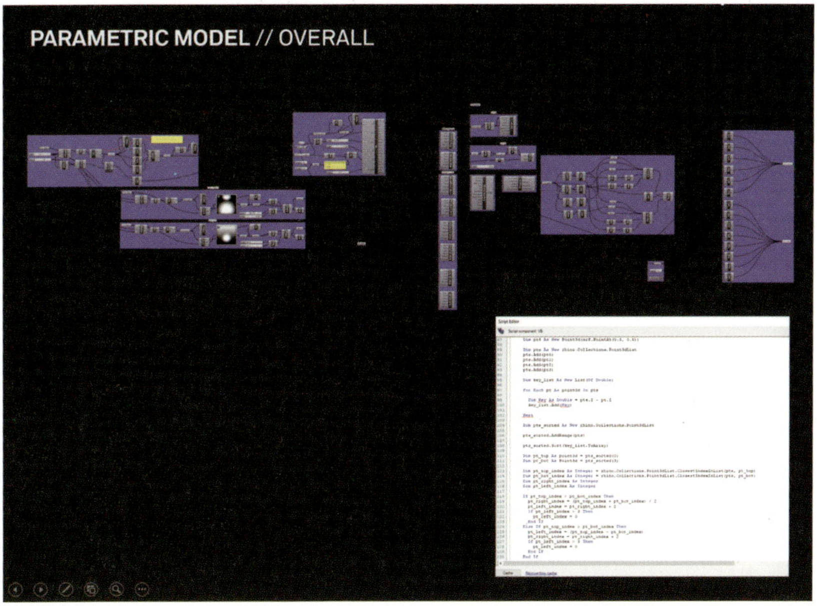

그림 6 Grasshopper definition의 모습.

이제 이렇게 생성된 모듈들을 정사각형 그리드(grid)에 배치하고 서로를 연결한 후 이를 가장 윗부분에 위치한 모듈의 꼭짓점들을 이용해 천장에 매달게 됩니다. 절단의 길이(cutting length)와 각 모듈에 가해지는 힘[자중 및 추가적인 점하중(point load)], 이 두 가지 변수를 이용해서 파라메트릭 모델을 생성합니다(그림 6).

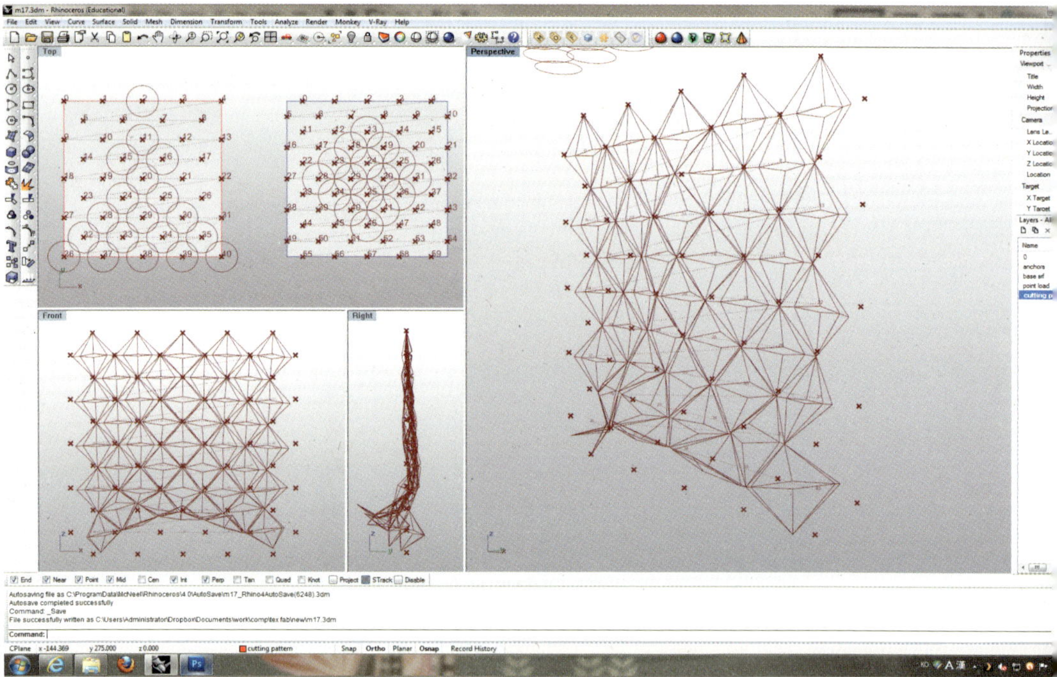
m17.3dm - Rhinoceros (Educational)
Autosaving file as C:\ProgramData\McNeel\Rhinoceros\4.0\AutoSave\m17_Rhino4AutoSave(6248).3dm
Autosave completed successfully
Command: _Save
File successfully written as C:\Users\Administrator\Dropbox\Documents\work\comp\tex fab\new\m17.3dm

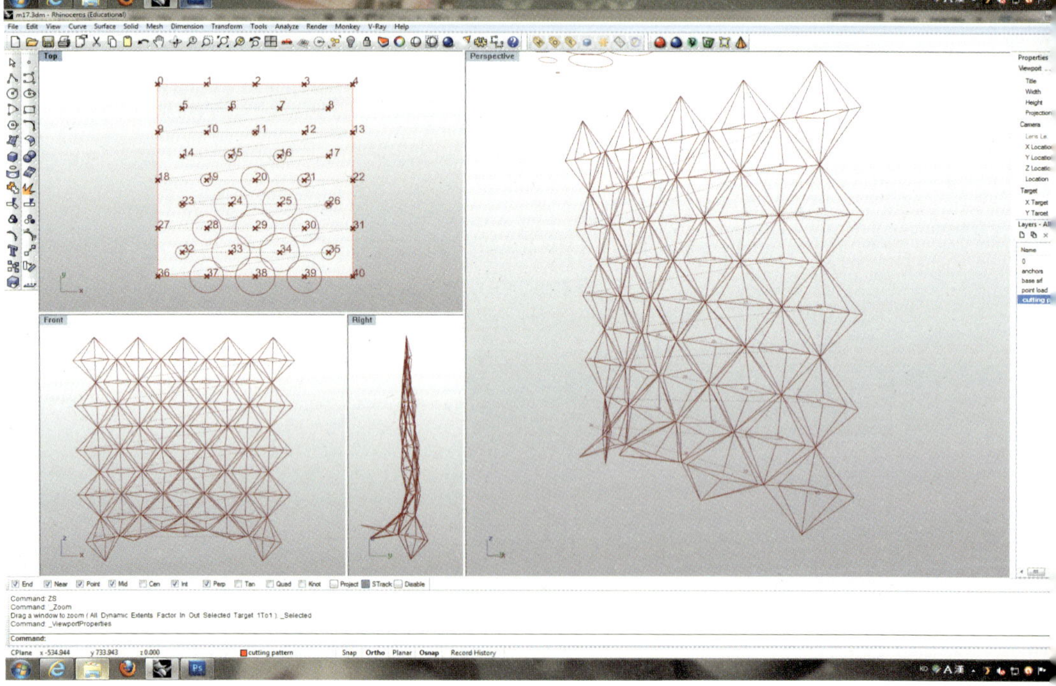
m17.3dm - Rhinoceros (Educational)
Command: ZS
Command: _Zoom
Drag a window to zoom (All Dynamic Extents Factor In Out Selected Target 1To1): _Selected
Command: _ViewportProperties

이러한 시뮬레이션은 Grasshopper의 플러그인(plug-in) 중 하나인 Kangaroo라는 물리 시뮬레이션 엔진(physical simulation engine)을 통해 구현되었으며 두 가지 변수를 의미하는 그래디언트 맵(gradient map)들로 실시간으로 그 변화의 폭을 시각화할 수 있습니다(그림 7).

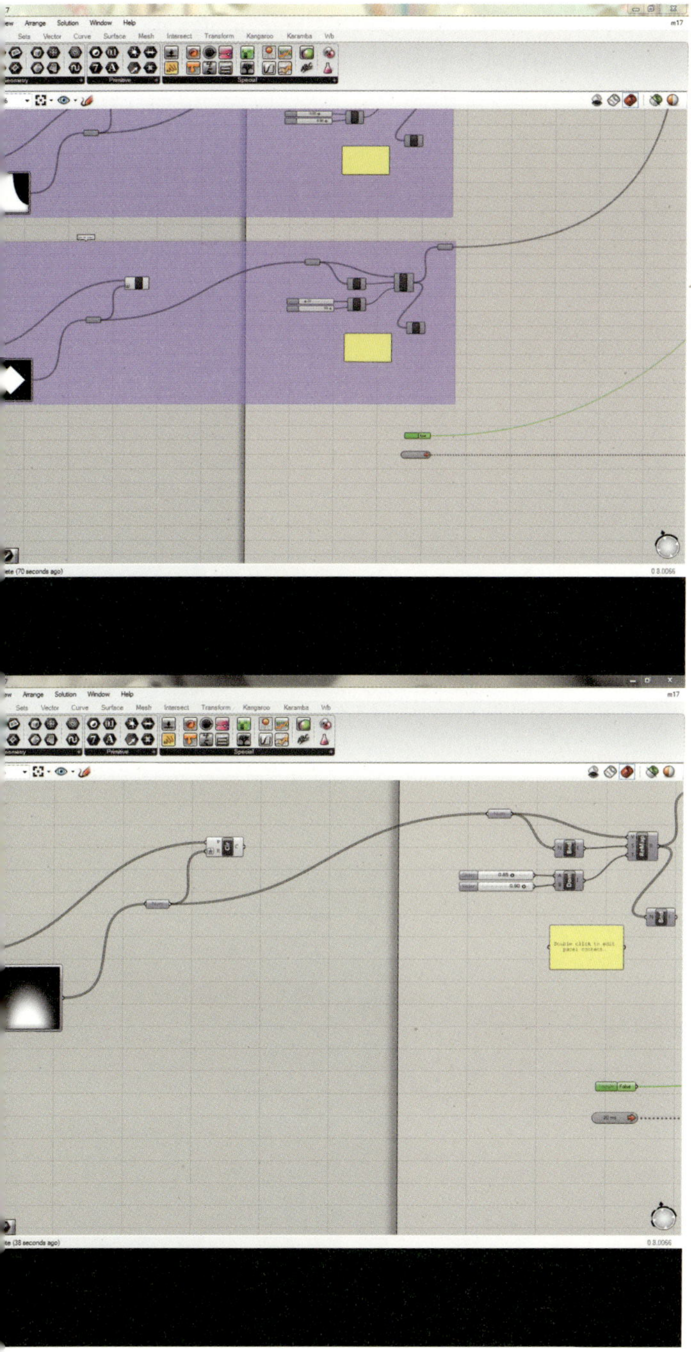

그림 7
절단의 길이 및 모듈에 가해지는 점하중을 의미하는 두 개의 그래디언트 맵으로 개별 모듈의 형상 및 전체 시스템의 형상이 변화하는 과정을 실시간으로 확인한다.

49개의 모듈로 형성된 시스템은 시스템 상부에 위치한 앵커(anchor)를 통해 매달리게 되고 절단 패턴(cutting pattern)과 자중에 의해서 초기 평형(equilibrium) 상태에 도달하게 됩니다. 이후 추가적인 점하중(point load per module)을 제공함으로써 추가적인 변형과 최종 평형 상태에 도달하게 됩니다(그림 8, 그림 9, 그림 10, 그림 11, 그림 12).

각 모듈의 절단 길이를 결정하는 절단 패턴(붉은색)과 각 모듈의 하단에 가해지는 점하중의 패턴(푸른색)이 전체적인 시스템의 형상에 영향을 미치는 것을 보여 줍니다(그림 13).

무수히 많은 수의 절단 패턴과 점하중 패턴을 통한 시뮬레이션 중 가장 극적인 변화를 가져오는 패턴을 최종적으로 선택하게 되었습니다(그림 14, 그림 15, 그림 16, 그림 17).

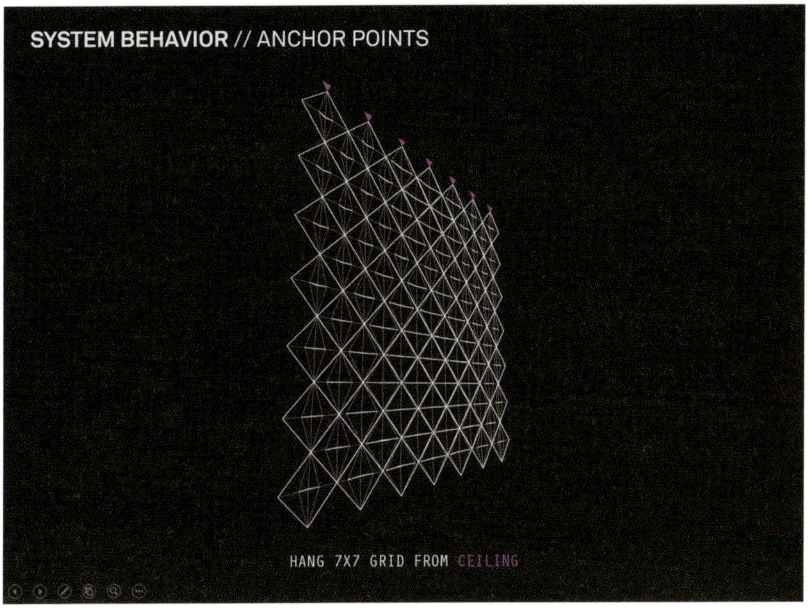

그림 8　　시뮬레이션의 준비 단계. 각 모듈들이 위치하고 앵커를 통해 천장에 매달리게 된다.

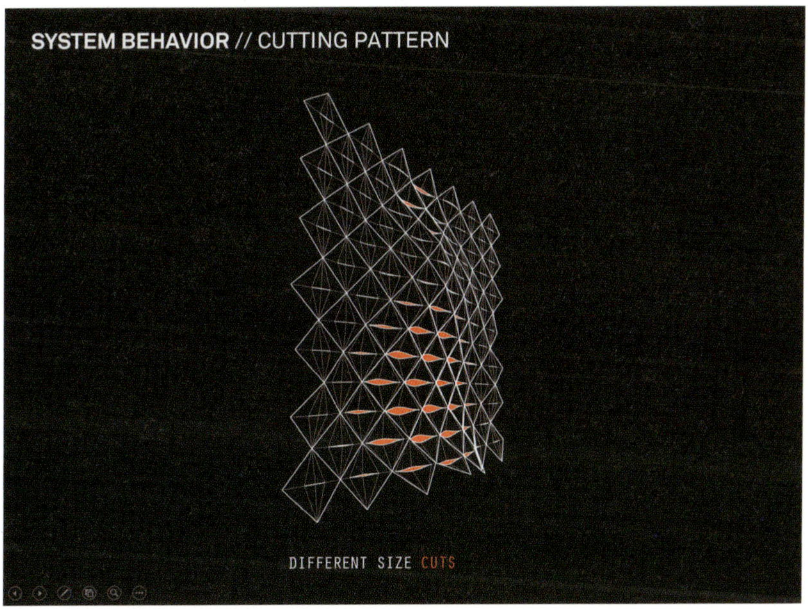

그림 9　　절단 패턴 및 자중에 의해 시뮬레이션을 시작한다.

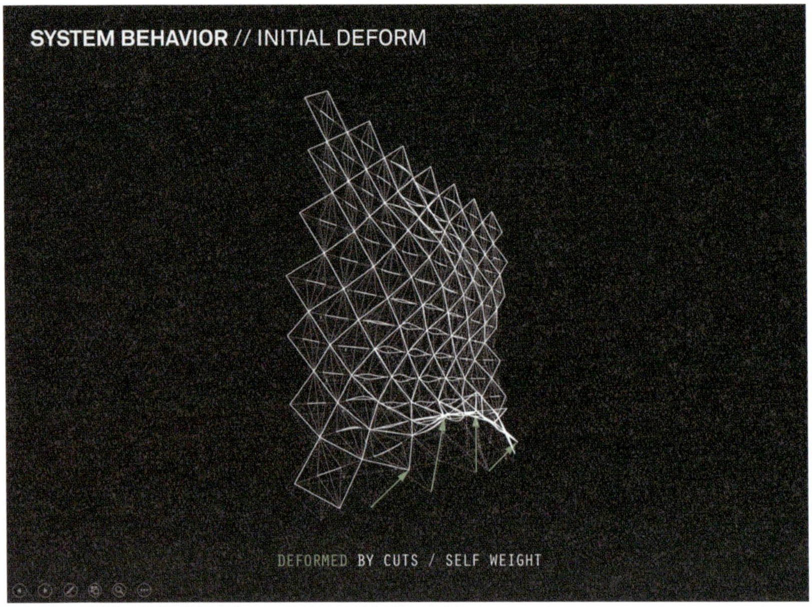

그림 10 초기 평형 상태에 도달하게 된다.

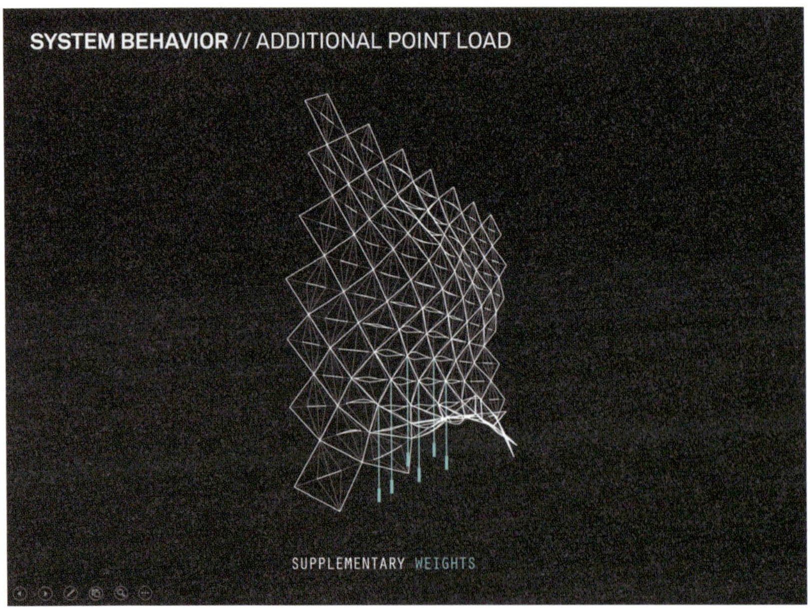

그림 11 각 모듈의 하부에 점하중이 가해짐으로써 추가적인 변형이 발생한다.

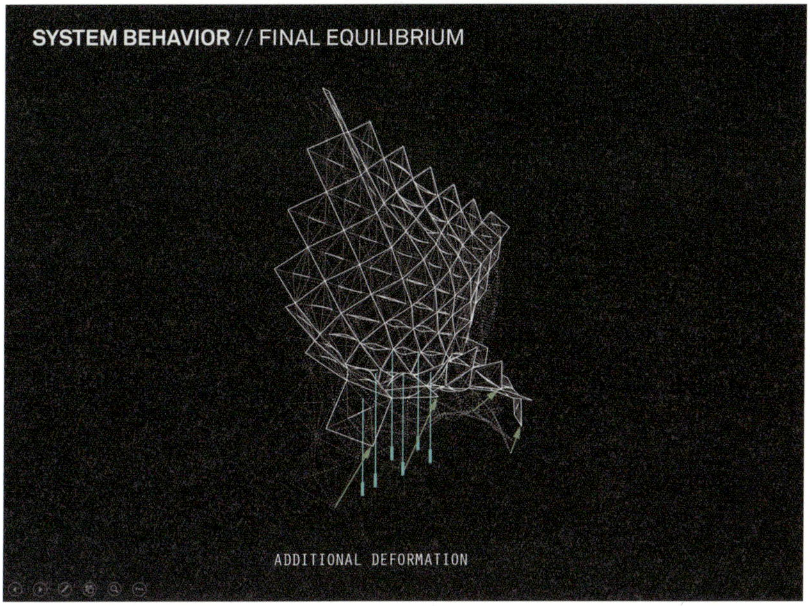

그림 12　최종적인 평형 상태에 도달한다.

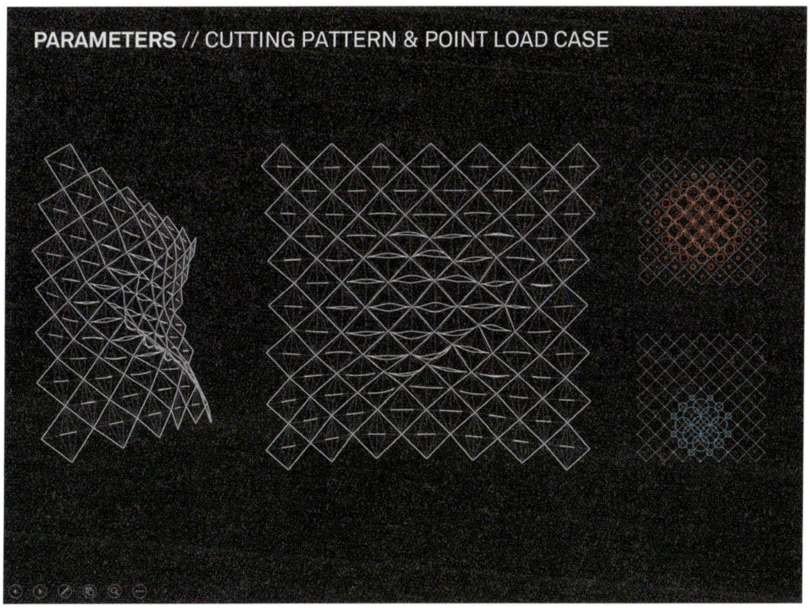

그림 13　절단 패턴과 점하중 패턴으로 인한 각 모듈의 변형 및 이를 통한 전체 시스템의 형상의 변화.

그림 14　패턴 스터디

그림 15　패턴 스터디

그림 16 패턴 스터디

그림 17 패턴 스터디

010

컴포넌트로 구성된 벽

Component Wall

오랜만에 지난 작업들을 되돌아볼 기회가 생겼습니다. 누구에게나 인생의 큰 흐름에 영향을 미치는 사건이 일어나기 마련인데요, 저의 경우는 지난 근 십 년간 함께해 온 파라메트릭 디자인을 접하게 된 일이 그러한 사건들 중 하나였습니다. 그런 의미에서 트레이싱지 위에 로트링펜으로 처음 선을 그었던 그 강렬했던 기억 이후로 건축 설계를 해 오면서 가장 기억에 남는 한 사건을 꼽으라면 단연히 코넬(Cornell) 건축대학원 재학 당시 처음 접했던 GenerativeComponents 수업을 이야기하고 싶습니다.

글을 시작하면서 잠시 언급한 것 같은데요, 파라메트릭 디자인이라는 미지의 영역을 알게 해 준 것이 바로 Bentley 사에서 만든 GenerativeComponents 라는 파라메트릭 디자인 툴(parametric design tool)입니다. Microstation은 Autocad와 함께 건축설계 시장에서 많은 사용자층을 확보한 CAD 툴 중 하나였으며 자체적으로 BIM 및 파라메트릭 툴을 위한 패키지(package)가 Rhino의

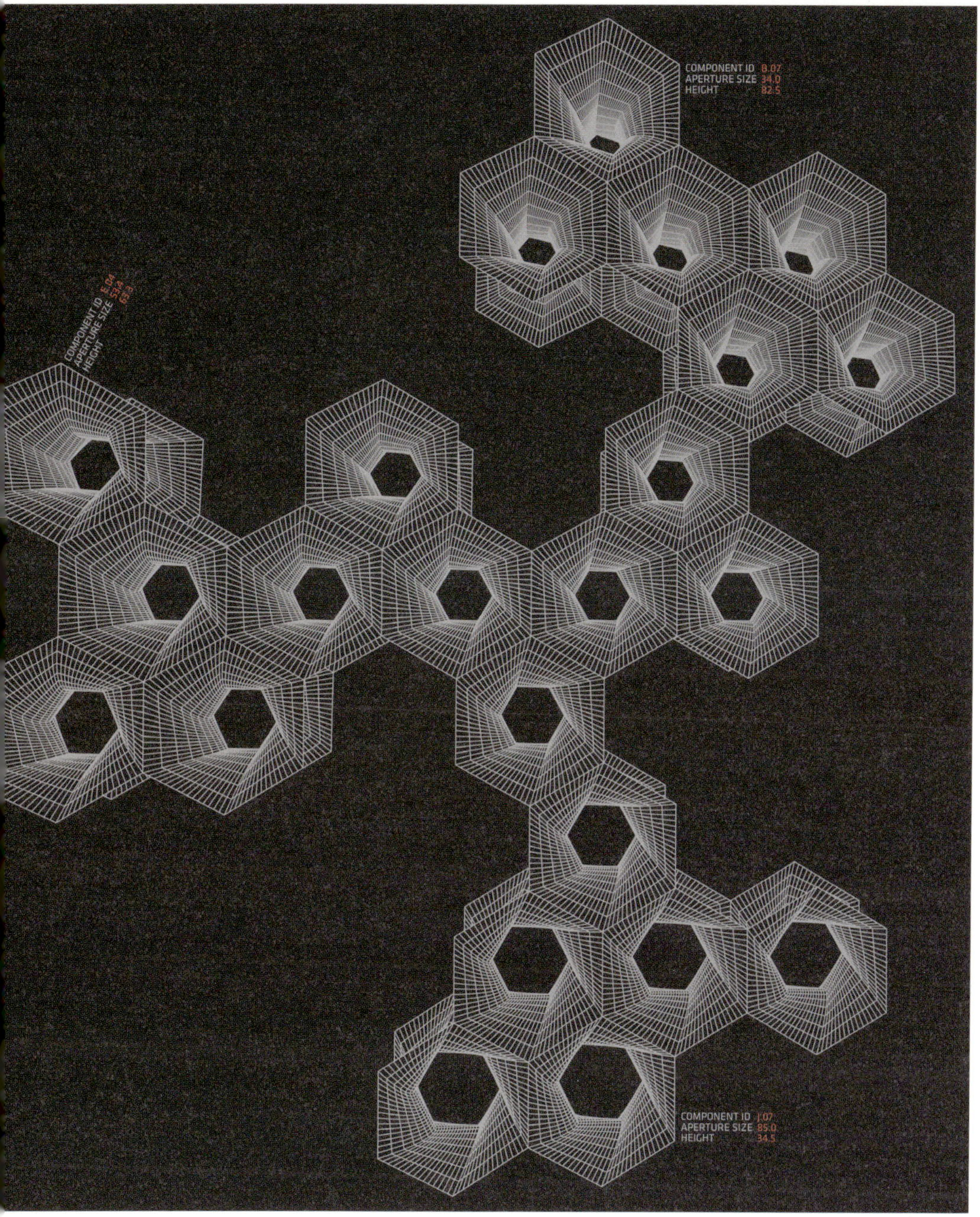

그림 1 컴포넌트 월(Component Wall)의 전체적인 도해.

Grasshopper의 출현 이전부터 존재해 왔을 정도로 발전된 자동화 설계 플랫폼(platform)이었습니다. 현재도 특정 건축 설계 사무실에서 Microstation을 꾸준히 사용하고 있으며 특히 infra structure, plant나 civil engineering 등의 건축 외 설계 분야에서는 여전히 폭넓은 사용자층을 확보하고 있습니다. 하지만 건축 시장에서는 Rhino를 바탕으로 하는 다양한 플러그인(plug-in) 및 Autodesk의 건축설계 통합 패키지 등에 밀려서 사용자층이 얇아진 편입니다.

이야기에 앞서, 본 내용은 2008년 코넬 건축대학원의 컴포넌트 아키텍처(Component Architecture)라는 수업의 일환으로 진행되었던 작업이며, 뉴욕 KPA Studio의 design director인 박철민 씨와 공동 작업하였으며 추후 Bentley Systems에서 현재까지 매년 진행되고 있는 Be Inspired Award in Computational Design에서 Honorable Mention을 수상했던 작업입니다(그림 1).

처음 수업을 시작하기 앞서서 그 당시 워크숍을 진행하셨던 분이 했던 말이 아직도 기억에 남습니다. "This (GenerativeComponents or Parametric tools in general) is a very stupid program." 그 당시에는 너무도 새로운 경험을 하게 해 준 GenerativeComponents가 바보 같은 툴이라는 말을 이해하지 못했고 그냥 하는 말 정도로 생각했습니다. 그러나 파라메트릭 툴이 설계자가 구현하고자 하는 확실한 목적을 가지고 정확한 알고리즘을 제공해 주지 않는 이상 그 어떤 창의적인 결과물도 도출하지 못한다는 것을 정확히 짚은 말임을 한 학기 수업이 끝나 가는 과정에서 뒤늦게 수긍했던 기억이 납니다.

GenerativeComponents에 대한 기본적인 사용법을 배우고 이를 바탕으로 사용자의 요구에 반응하는 설치물을 제안하는 과목이었습니다. 가장 먼저 정의해야 했던 것은 사용자의 요구가 무엇이 될지를 최대한 간단하게 정의하고 정의된 요구 사항에 반응하는 가장 간단한 물리적인 장치를 설정하는 것이었습니다. 저희는 사용자의 눈의 위치에 반응하는 카메라의 조리개를 닮은 육각형 모듈(module)과 이로 이루어진 일종의 벽을 생각했습니다. 사용자가 벽 너머로 시선을 이동시켜야 하는 부분에서는 육각형 모듈의 조리개가 크게 열리고 동시에 육각형 모듈의 깊이가 짧아져서 개방감을 느낄 수 있도록 하고 반대로 시선의 이동

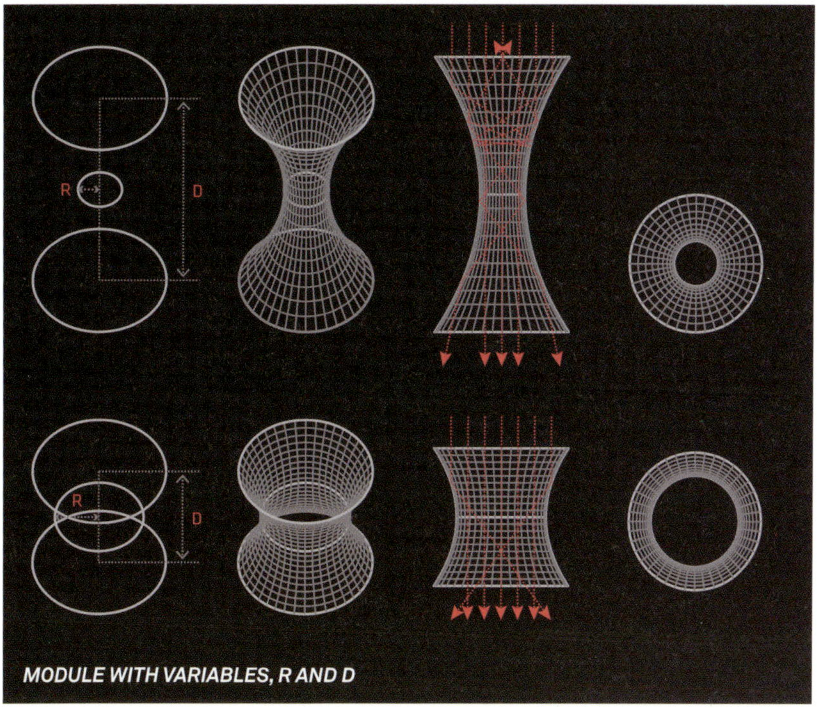

그림 2 단위 높이와 조리개의 크기라는 두 개의 변수를 가진 모듈의 설정.

을 제한해야 하는 부분에서는 조리개가 조여지고 모듈의 길이도 길어져서 시선을 차단하는 효과를 가져올 수 있도록 모듈을 정의하도록 했습니다(그림 2).

위의 정의에서 가장 주가 되는 변수는 사용자의 눈의 위치, 즉 개방과 단절을 결정하는 벽상의 위치이지만 실제로 파라메트릭 모델로 변환 시 주요한 변수는 각 모듈의 조리개의 크기와 깊이(높이)가 될 것입니다. 이 두 가지 변수는 이미 모듈의 정의에서처럼 서로 반비례하는 관계가 됩니다. 즉 조리개의 크기가 크면 모듈의 높이는 작아지고 조리개의 크기가 작으면 모듈의 높이는 높아지게 됩니다. 두 가지 변수 중에 어떠한 변수를 주 변수로 잡느냐에 따라 두 가지 상이한 파라메트릭 모델이 생성되게 됩니다. 즉 조리개의 크기를 주 변수로 잡고 모듈의 깊이를 종속 변수로 잡는다고 하면 가상의 벽면에 사용자의 눈의 위치를 바탕으

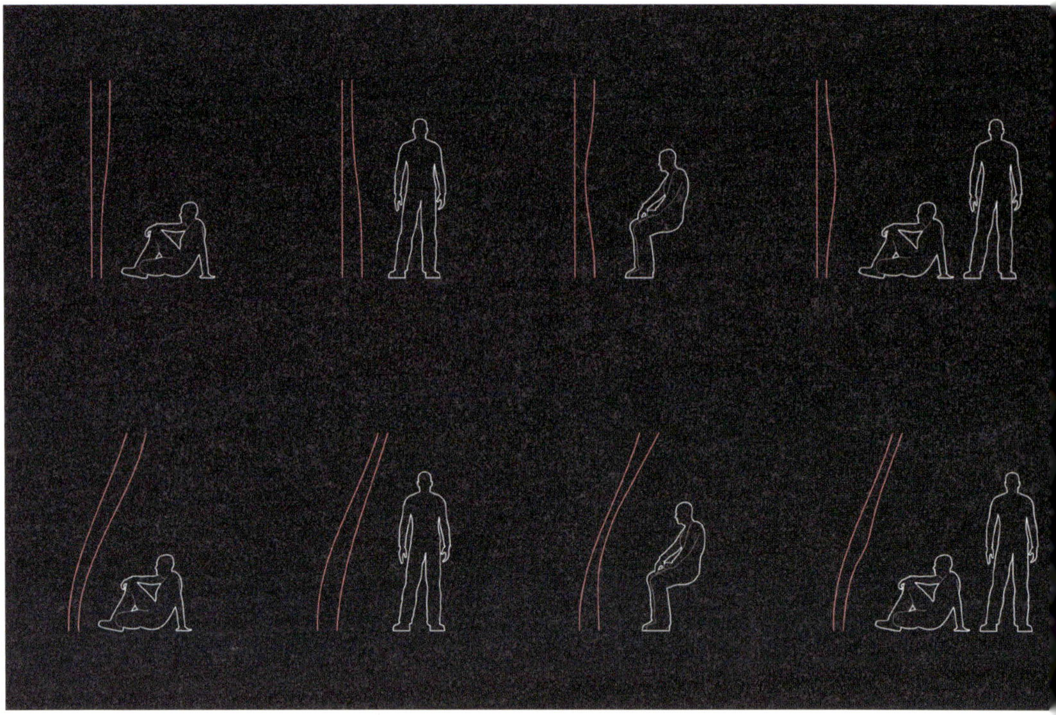

그림 3 사용자의 눈의 위치에 따른 벽 두께의 변화.

로 하여 조리개의 값을 그래디언트(gradient)로 맵핑(mapping) 후 이 값을 바탕으로 모듈의 높이를 결정하게 될 것입니다. 반대로 모듈의 높이를 주 변수로 사용하고 조리개의 값이 종속 변수가 된다면, 사용자의 눈의 위치에 바탕을 둔 두께가 변하는 벽의 형태로 설계 과정을 시작할 수 있게 됩니다(그림 3).

저희는 좀 더 직관적인 물리적 형태의 예측을 위해 후자의 접근법을 사용하기로 하였고 GenerativeComponents를 이용하여 모듈의 높이가 주 변수가 되는 모듈을 작성했습니다. 주 변수인 모듈의 높이는 위의 그림에서 볼 수 있듯 가상의 두 면 사이의 거리 값으로 치환이 가능합니다. 이를 위해 먼저 두께를 가지는 벽을 상징하는 두 개의 부드러운 면을 정의하고(그림 4) 이 두 개의 면 위에 육각형의 그리드(hexagonal grid)를 배치합니다(그림 5).

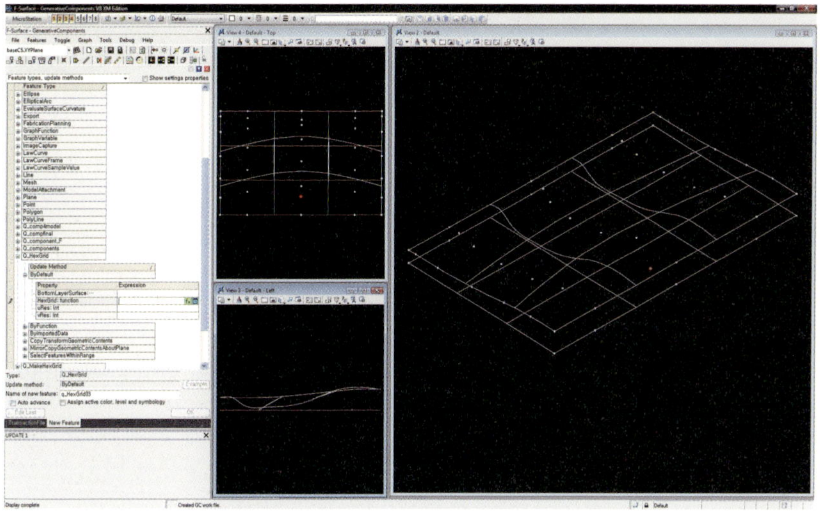

그림 4　벽면의 내측과 외측을 나타내는 두 개의 면으로 변화하는 두께를 가진 벽면을 구성한다.

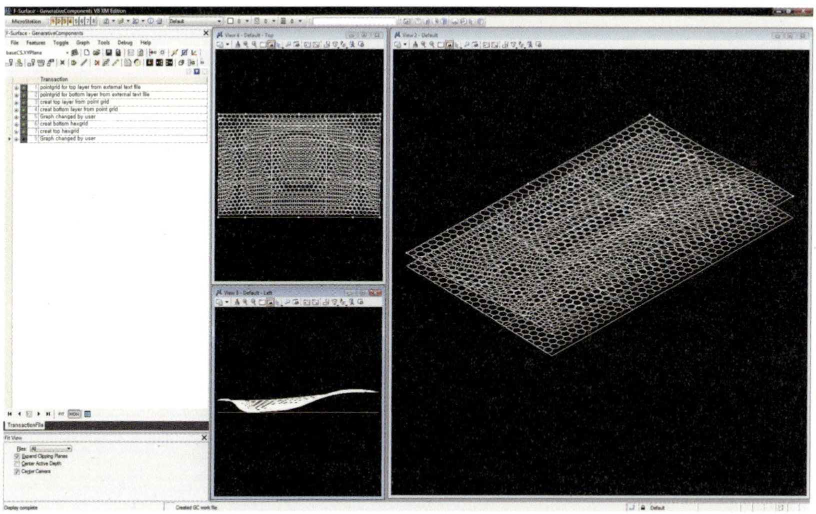

그림 5　두 개의 면에 육각형의 그리드를 배치한 모습.

두 면상의 위치한 육각형들의 중심점(centroid) 간의 거리가 모듈의 높이와 치환되므로 각각의 육각형의 중심점 간 거리를 산출합니다(그림 6). 이제 각 모듈에 공급해야 할 변수의 값들이 정의되었으므로, 모듈을 설계하기로 합니다. 두 면상에 위치한 한 쌍의 육각형을 설정하고, 각 육각형의 중심점을 구하고 이 둘을 연결하는 선을 구합니다(그림 7).

주 변수인 모듈의 높이는 일단 임의의 값으로 설정합니다. 이는 곧 역수관계인 모듈 조리개의 값을 결정하게 됩니다. 즉 벽의 두께를 상징하는 육각형의 중점 간 거리 값의 역수인 조리개 값을 통해 두 개의 육각형 사이에 위치하는 또 다른 육각형을 정의 내리게 됩니다(그림 8). 이제 모듈을 위에서 정의한 육각형의 그리드들에 대입하면 벽의 두께에 따라 다른 조리개 값을 가지는 모듈들이 벽을 정의하는 두 개의 부드러운 곡면 사이에 위치하게 됩니다(그림 9, 그림 10).

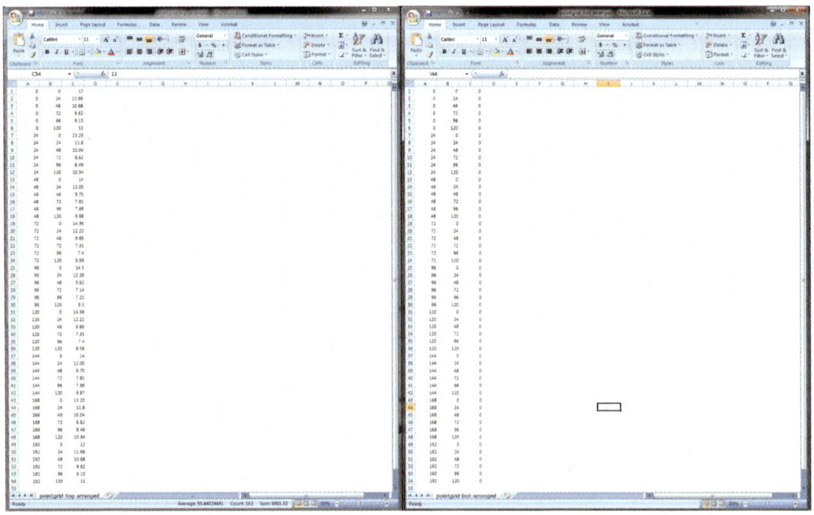

그림 6　두 개의 면 위에 위치한 육각형 그리드의 중심점 간의 거리를 엑셀(Excel spread sheet)로 출력한 모습. 점의 데이터는 GenerativeComponent상에서 두 개의 면을 구성하게 됨으로 이 데이터 값을 변경함으로써 전체 시스템의 형상을 손쉽게 변경할 수 있다.

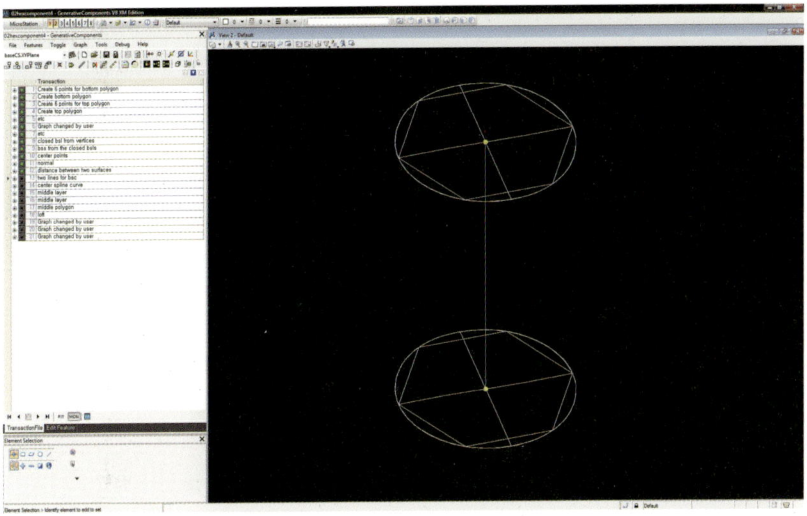

그림 7　전체적인 그리드와 별도로 하나의 단위 모듈을 설계하고 이를 추후 전체 그리드에 확대 적용하게 된다.

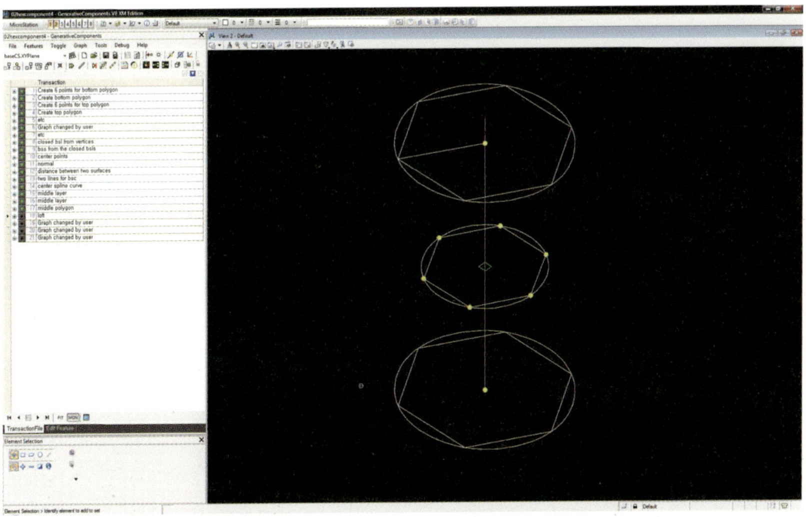

그림 8　모듈의 중간에 위치하는 조리개를 설정하는 과정. 모듈의 높이와 조리개의 반지름은 역수관계에 있어서 높이가 높을수록 조리개는 조여지고 높이가 낮을수록 조리개는 넓어진다.

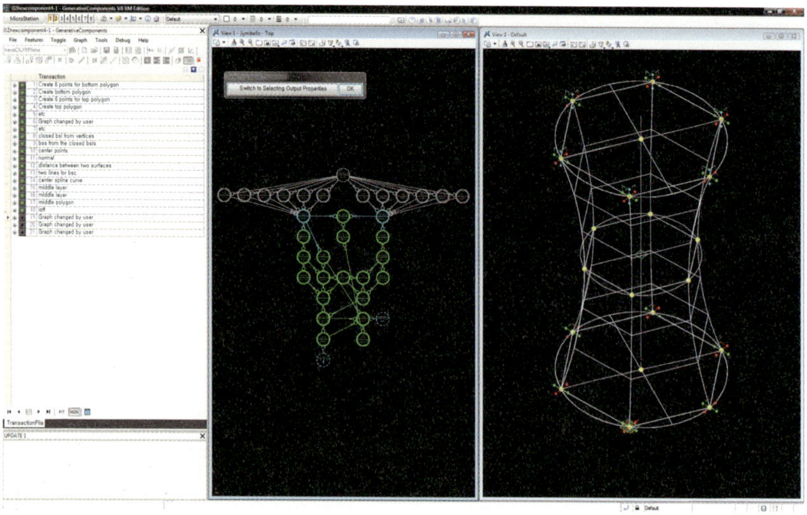

그림 9　모듈을 구성하는 요소들 간의 관계도(왼쪽) 및 이렇게 구성된 모듈의 3차원 형태(오른쪽).

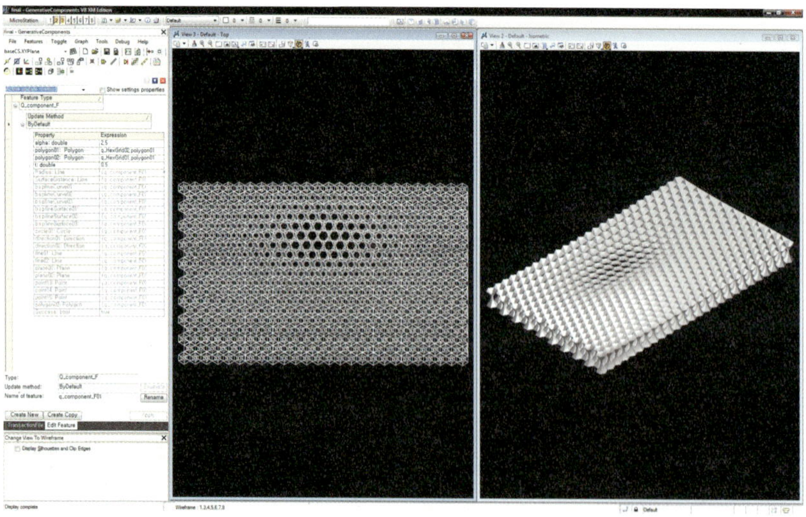

그림 10　모듈을 전체 그리드에 확대 적용시킨 모습. 모듈의 높이에 따른 조리개 크기의 변화를 읽을 수 있다.

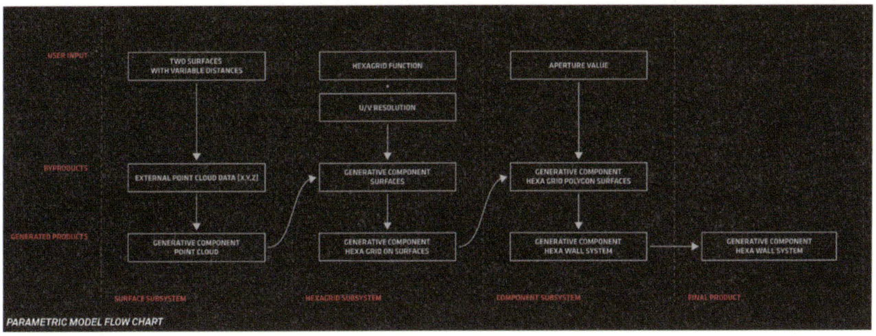

그림 11　전체적인 그리드 시스템, 개별 육각형 컴포넌트, 그리고 이들의 결합으로 구성된 전체 시스템의 도해.

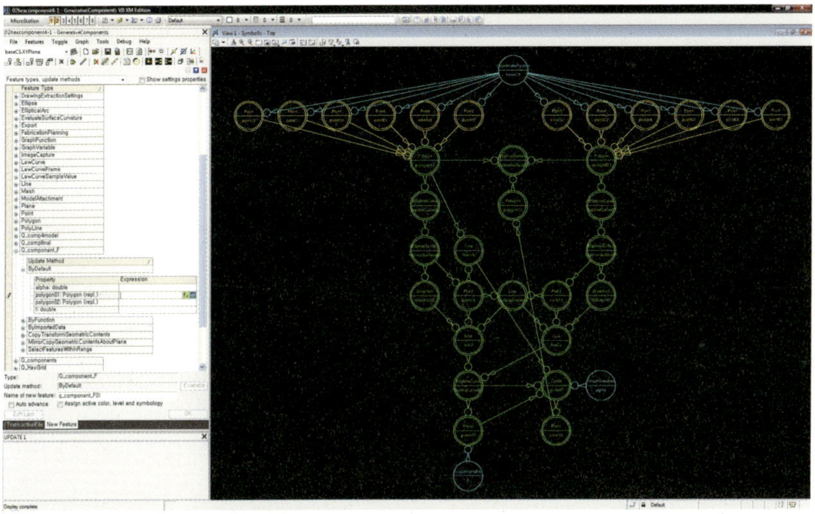

그림 12　GenerativeComponent상의 전체 시스템의 구성도.

정리하자면, 1) 첫 번째로 벽의 두께를 설정하는 두 개의 부드러운 면을 정의하고, 2) 두 면에 육각형의 그리드를 배치한 후 이들의 중점 간의 거리 값을 구하고, 3) 동시에 두 개의 육각형으로부터 출발하여 둘 간의 거리에 반비례해 크기가 변하는 제3의 육각형을 구하고, 이로부터 모듈을 정의하는 여섯 개의 면을 만들고, 4) 이를 2)에서 설정한 그리드에 적용하게 됩니다(그림 11, 그림 12).

이제 제작(fabrication)을 위해 생성된 3차원 모형을 다시 Rhino로 불러들인 후 각 모듈을 이루는 면들을 전개 후 레이저 컷(lasercut) 후 조립하는 과정을 통해 실제 모형을 생성하게 됩니다. 당시는 Grasshopper가 Explicit History라는 이름으로 초기 개발 단계였으며 활용이 제한적이었기에 아쉽게도 제작을 위한 과정은 상당한 수작업을 거쳐야 했습니다. 즉 GenerativeComponents에서 가지고 온 지오메트리를 레이저 컷을 위해 이차원 도면화하는 과정이 unroll surface라는 Rhino상의 명령을 통해 일일이 이루어지고 이를 모듈별로 분류하고 배치하여 섞이지 않도록 번호를 새기는 과정을 모두 수작업으로 해야 해서 조금은 고달픈 작업(labor intensive)이었습니다(그림 13).

이렇게 생성된 컴포넌트 월은 벽의 두께에 따라 다른 조리개 값을 가지며 시각적인 투명도의 그래디언트를 형성하게 됩니다(그림 14, 그림 15, 그림 16, 그림 17, 그림 18, 그림 19).

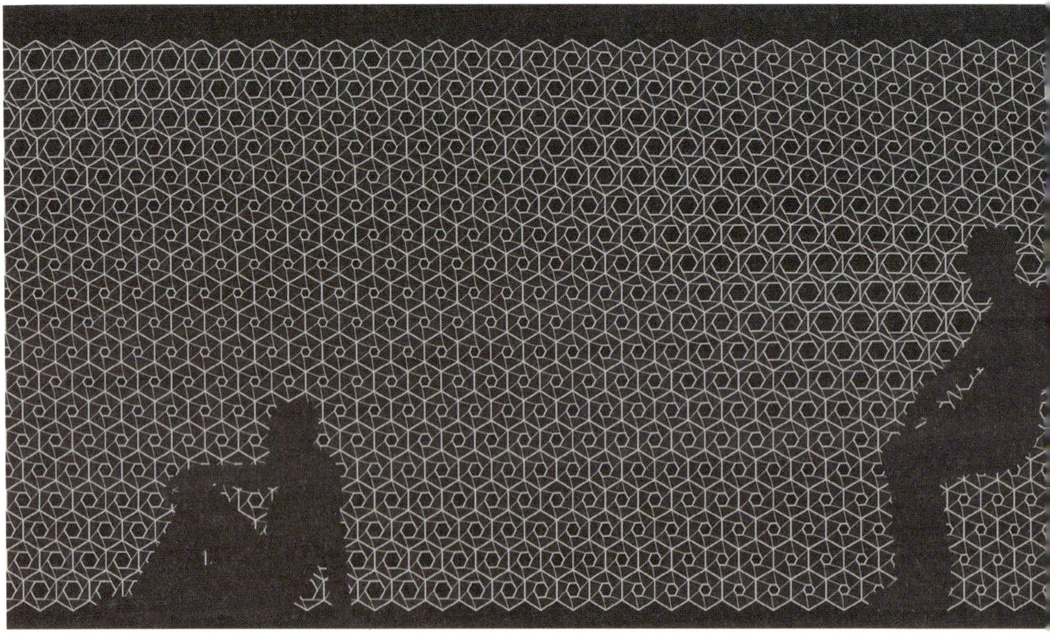

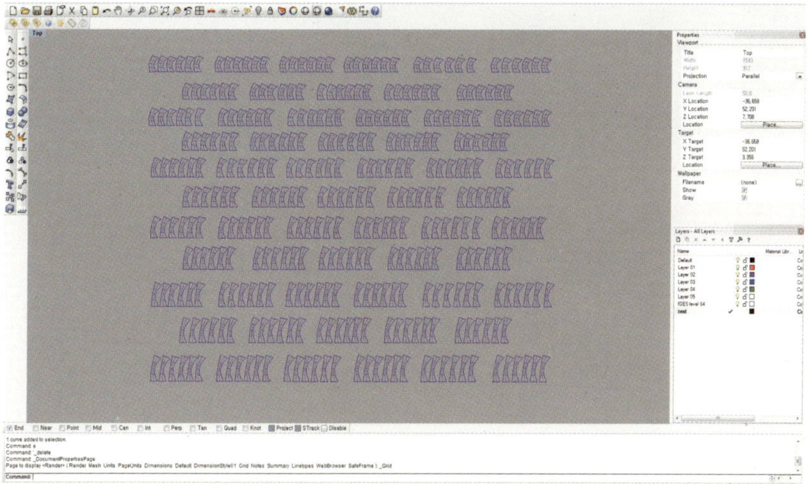

그림 13 Rhino상에서 시스템을 구성하는 모든 모듈들이 2차원의 평면에 전개된 모습.

그림 14 전체 입면도.

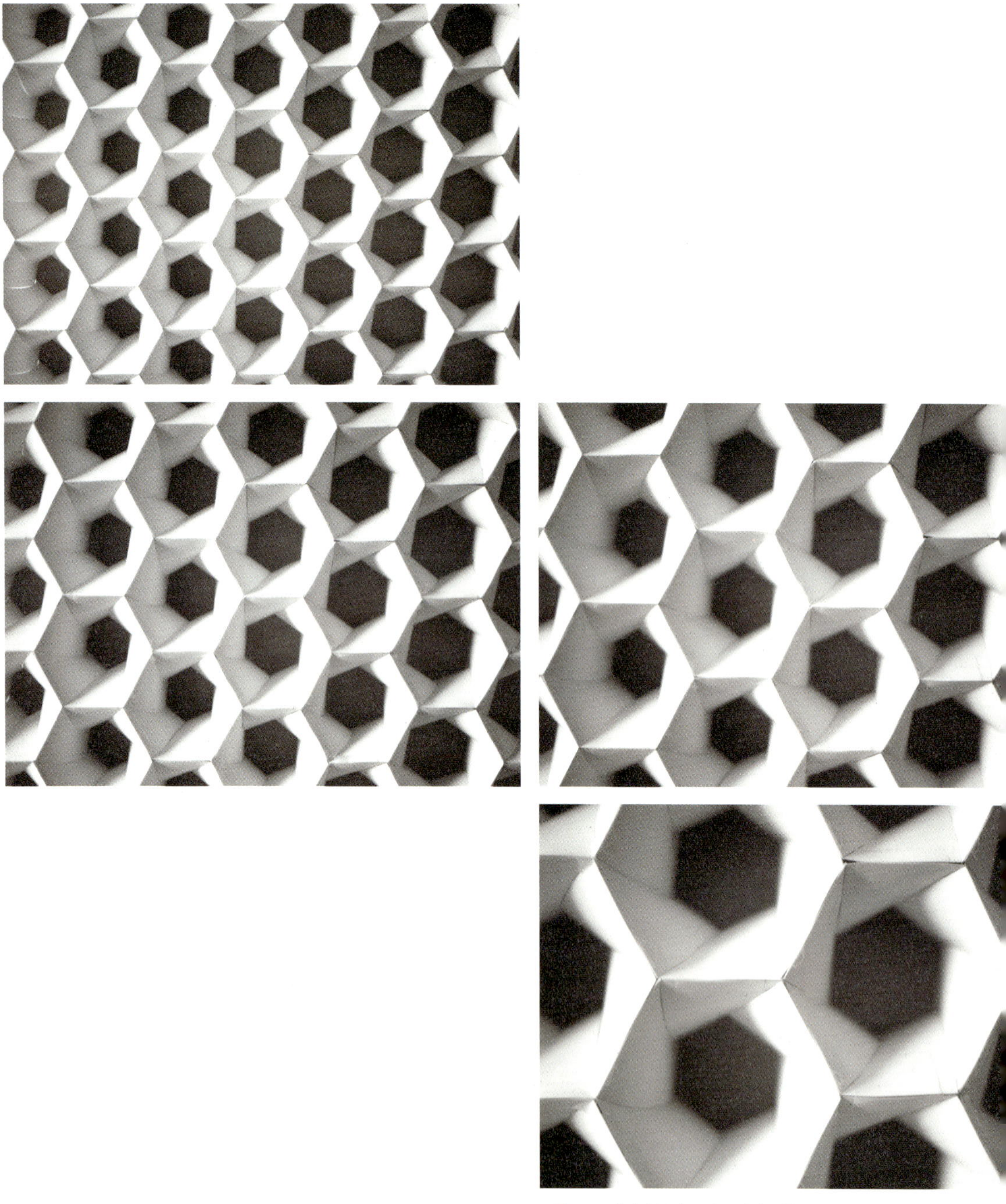

그림 15 재단된 종이로 만든 실제 모형.

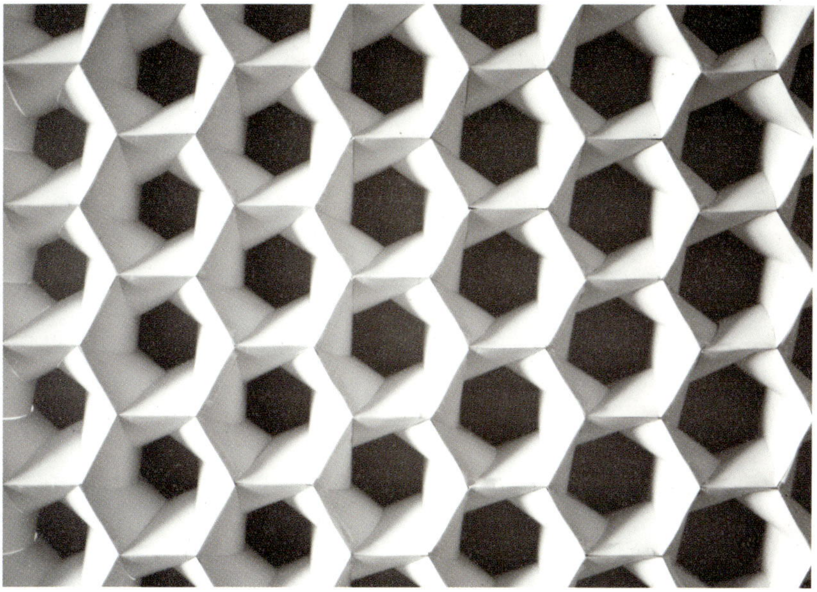

그림 16 재단된 종이로 만든 실제 모형.

그림 17 재단된 종이로 만든 실제 모형.

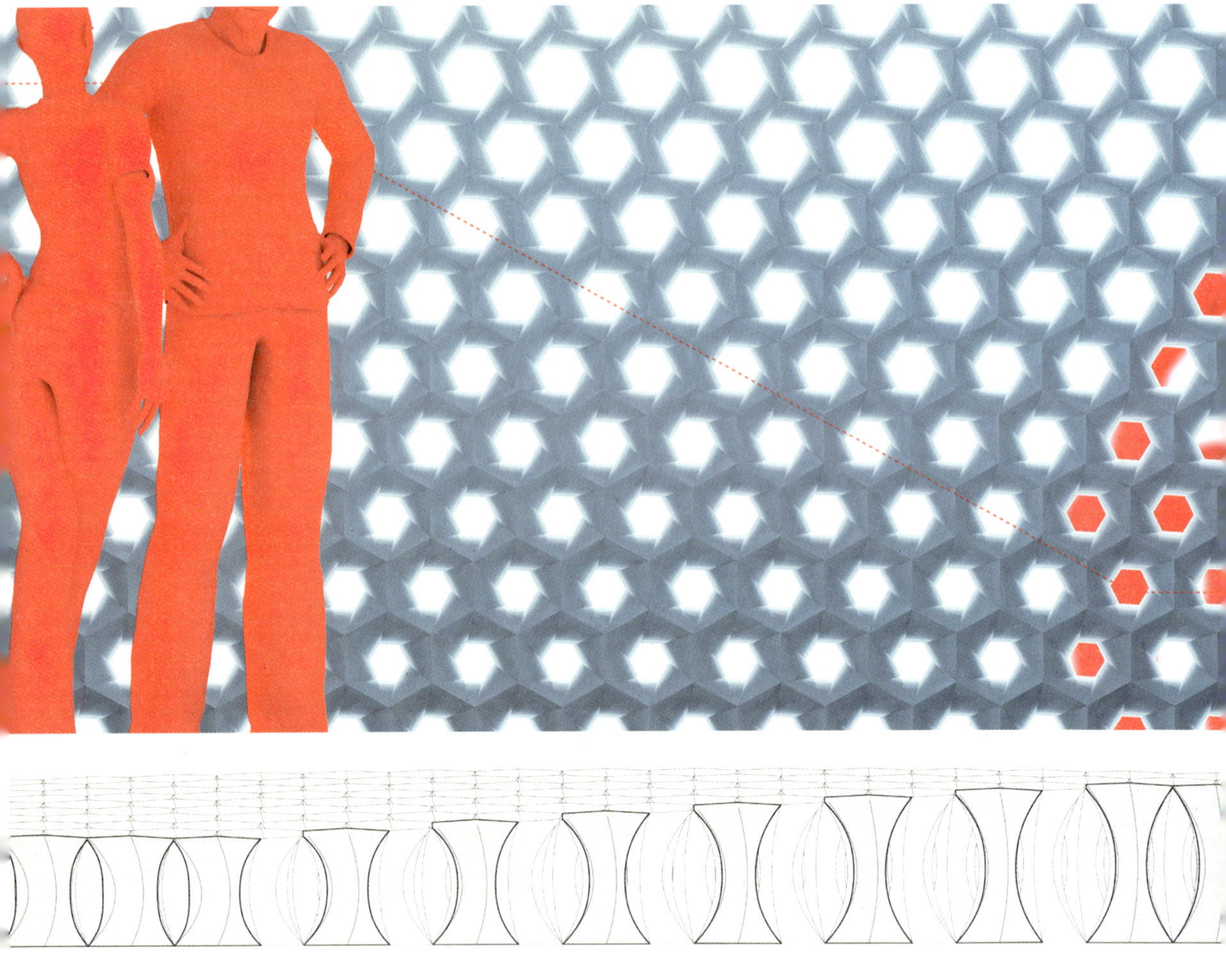

그림 18 모듈의 높이(벽의 두께)와 조리개의 열림의 정도를 알아보기 위한 도해 및 랜더링.

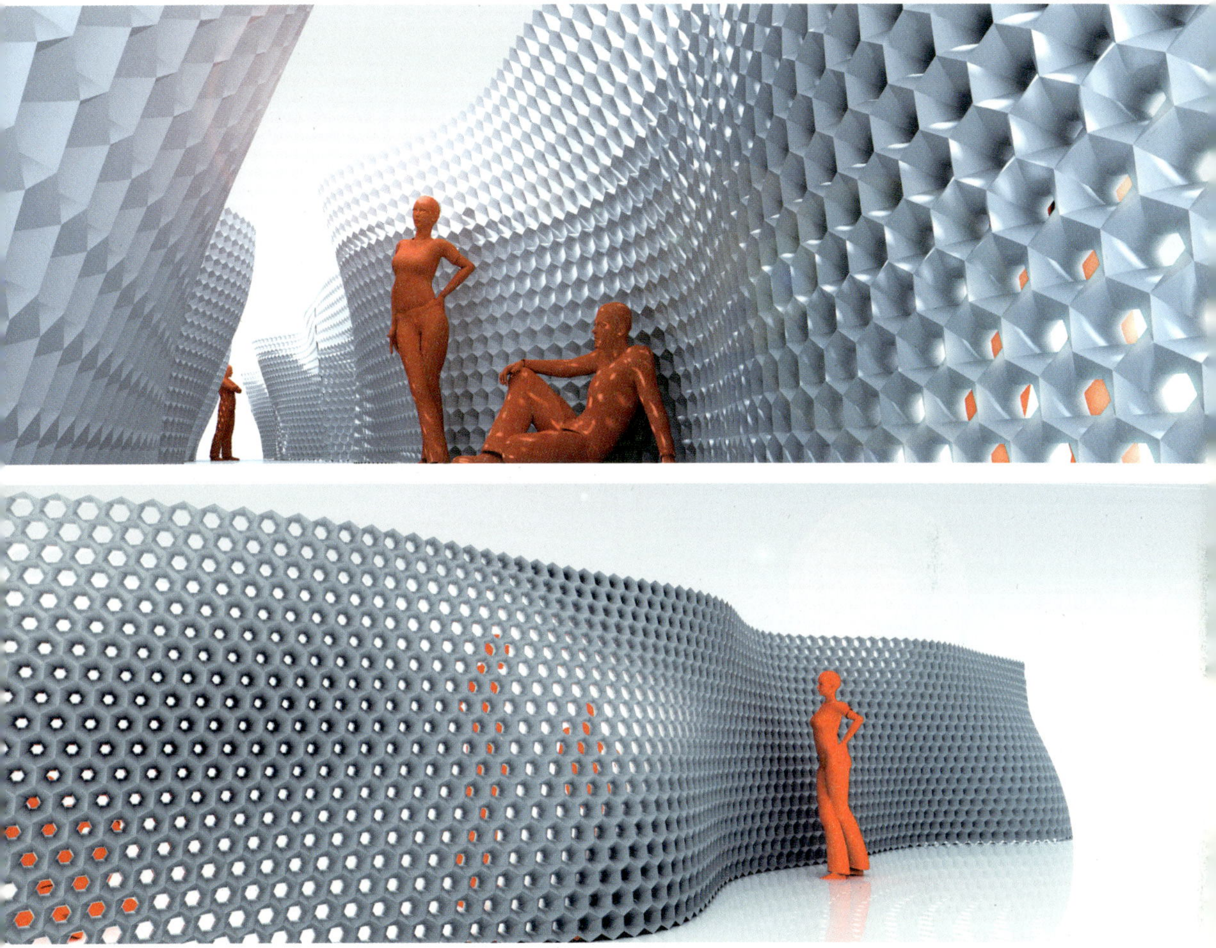

그림 19　복수의 면에 알고리즘이 적용된 모습.

011

모듈로 구성된 그린 루프

Modular Green Roof

브루클린(Brooklyn)의 명소가 되어 버린 Barclays Center를 처음 찾았을 때의 기억이 납니다. 주변의 분위기를 압도하는 weathering steel의 외장 패널 너머로 언뜻 보이는 밝은 회색의 방수층(water proofing membrane)이 노출된 지붕은 마치 보아서는 안 될 미완의 부분을 보는 듯했습니다. SHoP Architects에 출근한 첫날 Chris Sharples(SHoP Architects의 창업자)가 "너는 Brooklyn Arena 일을 할 거야"라고 말했을 때 귀를 의심했습니다. 비록 지붕이 덮이지 않았으나 완성이 된 프로젝트라고 생각했으니까요. 이번 장에서는 SHoP Architects에 재직 당시 설계했던 Barclays Center의 Green Roof를 중심으로 파라메트릭 툴이 초기 설계부터 시공 단계까지 다양한 방법으로 사용되는 것을 살펴보도록 하겠습니다.

경기장(Arena)은 과거 지하철 차량 기지가 있었던 Atlantic Yard에 위치하고 있으며, 브루클린의 새로운 활력소이자 명소가 되어 주변 개발의 핵심 역할을

그림 1　지붕 방수층이 노출된 기존의 Barcalys Center 항공사진.

해 오고 있습니다. 경기장과 같은 구역(block)에 3동의 고층 주거 건물들의 설계를 진행 중이며(2015년 기준), 주변 주거 지역으로 많은 인구를 유입하는 원동력이 되고 있습니다. Barclays Center의 Green Roof는 경기장 안 이벤트나 경기가 벌어질 경우 주변에 들어서는 고층 주거 건물 및 기존 주거 지역의 소음을 저감하기 위한 일차적 목적과, 기존의 방수층이 노출된 지붕의 미관상 개선을 이차 목적으로 기존 방수층이 노출된 지붕 위(그림 1)에 다른 한 겹의 지붕 층을 추가하는 프로젝트였습니다.

먼저 한 겹의 지붕을 더 추가한다는 가정하에 ARUP acoustics와의 협업을 거쳐 소음을 저감할 수 있는 두 가지 변수를 도출하게 되었습니다. 첫 번째는 새로운 지붕이 가지게 되는 중량(sound mass)이었고 두 번째는 새로운 지붕 면과 기존의 지붕 면 사이의 빈 공간의 깊이(cavity distance)였습니다. 첫 번째 변수인 중량을 만족시키기 위한 가장 친환경적인 방법으로 새로운 지붕을 지지하

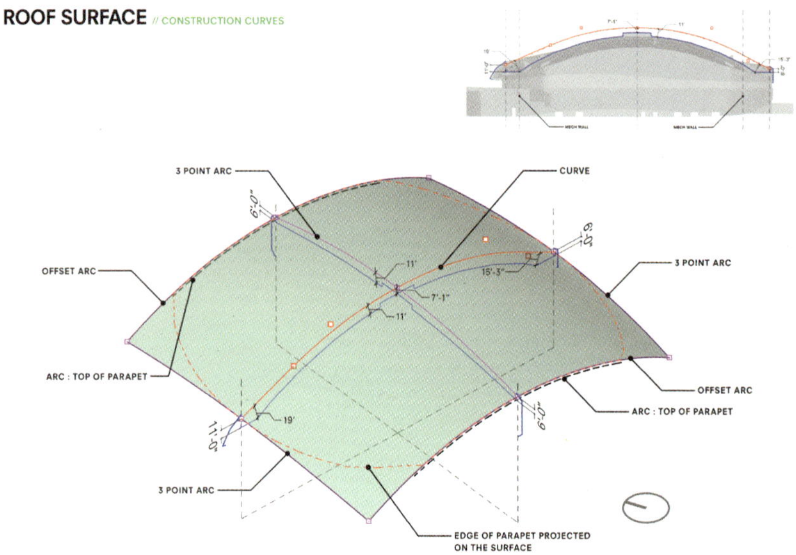

그림 2 설계면의 도해. 기존의 지붕 단면(푸른색)으로부터 최대 12' 떨어진 두 개의 프로파일(profile)(붉은색 및 진한 분홍색)로 구성된 양방향의 곡면.

기 위한 철골 트러스를 제외한 35psf(pound per square foot)에 달하는 단위 중량을 가지는 그린 루프 어셈블리(green roof assembly)를 제안하게 되었습니다. 두 번째 변수는 기존 지붕의 최외곽 면과 새로 만들어지는 지붕의 가장 안쪽 면이 형성하는 약 12'(3.65m) 정도의 공기층(cavity)이었습니다. 기존의 weathering steel skin이 올라오는 파라펫(parapet)의 외곽선이 기존의 지붕면보다 12' 이상 연장되어 있지 않기에, 설계면(design surface)은 지붕 중심점에서 약 12'를 유지하고 외곽으로 갈수록 그 깊이가 얕아지는 형식을 취하게 되었습니다(그림 2). 이를 시각화하고 추가적인 acoustic mass의 중량을 계산해 내기 위해 Grasshopper를 이용해 설계면상에 거리 값을 그래프 형식으로 표현하고, 추후 그린 루프 모듈(green roof module) 설계에 반영하게 됩니다(그림 3). 다이어그램상에 점선으로 표현된 부분은 경기장 안쪽의 관람석과 기타 그 외부로 배치된 공간을 분리하는 acoustic wall이며 이를 새로 제안하는 지붕의 아래쪽까지 연장함으로써 소음을 효과적으로 가둘 수 있도록 했습니다. 또한 지붕의

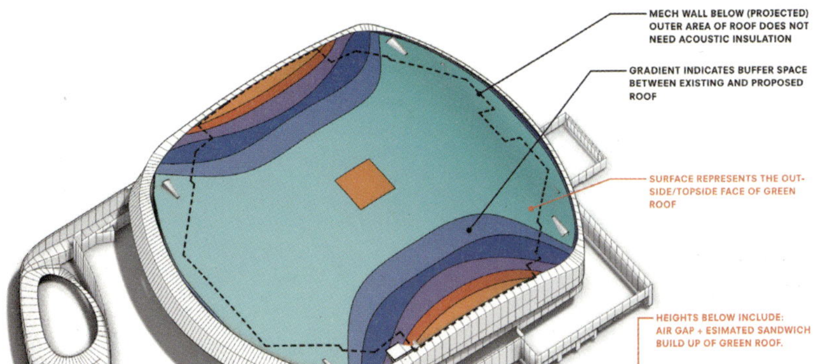

OFFSET FROM EXG	SURFACE AREA	%
+11	100,936	64%
10-11	19,721	12%
9-10	15,413	10%
8-9	10,355	7%
7-8	5,069	3%
<7	7,296	5%
total	158,791	100%

그림 3 기존의 지붕 면으로부터 새로 제안하는 설계면까지의 거리를 시각화. 이는 음향 엔지니어에게 전달되어 음향 차단의 효율성에 대해 검증을 받게 된다.

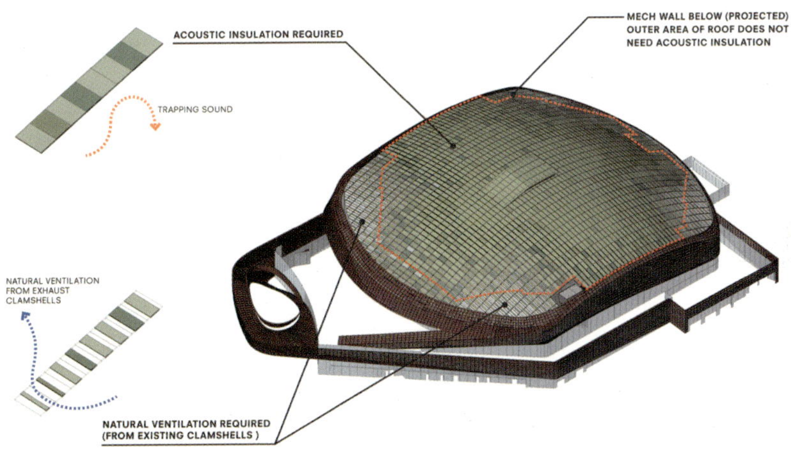

그림 4 지붕의 중심에는 소리가 빠져나오지 못하고 지붕의 모서리에서는 환기구를 통해 나온 배기들이 자유롭게 외부로 유출될 수 있도록 고안된 전체 지붕 구조의 도해.

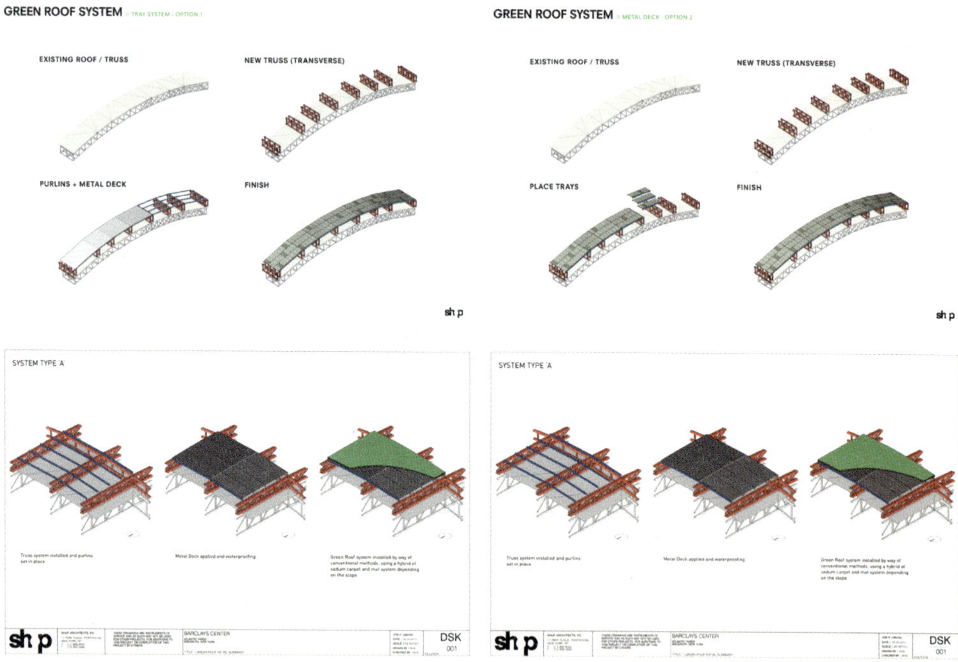

그림 5 sedum roll out 방식과 modular 방식의 비교.

네 모서리에 위치한 환기구(ventilation clamshell)가 새로 제안하는 지붕에 의해 공기의 방출을 방해하지 않도록 해당 영역에서 모듈(module)의 밀도와 크기가 작아지며 공기 순환이 자유로운 영역(open air area)을 형성합니다(그림 4).

지붕의 곡면이 가지는 양방향 곡면의 특성으로 인한 경사와 어느 그린 루프 보다 넓은 지붕 면적으로 인해 일반적으로 많이 사용되는 sedum roll out 방식(공장에서 생산된 잔디가 깔려 있는 얇은 카펫을 지붕 면에 풀어놓는 방식)이 적합하지 않다고 판단되었습니다. 이에 2'×2'의 플라스틱 컨테이너(plastic container) 18개로 이루어져 있는 12'×6'의 슈퍼 모듈(super module)을 선제작 후 현장설치(pre-fabrication) 방식으로 설치하도록 제안하게 됩니다(그림 5).

GreenGrid Module Fastening Options – Barclay's Center

Confidential and Proprietary

September 2013

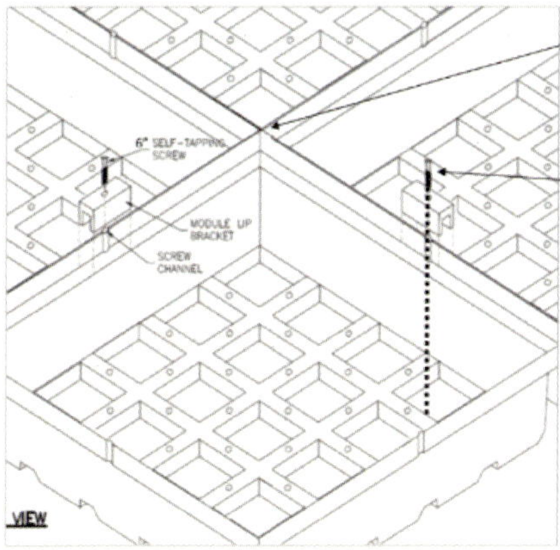

CONCEPTUAL MODULAR FASTENING OPTION A | NTS | 1

GreenGrid Module Fastening Options – Barclay's Center

Confidential and Proprietary

September 2013

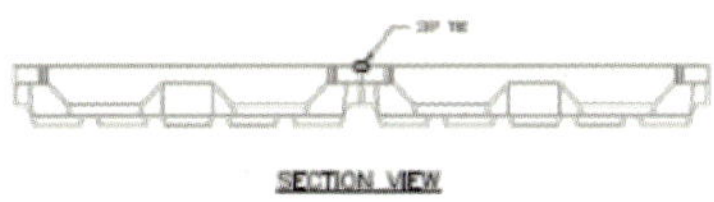

Cable ties (e.g., Zip-Ties) shall consist at a minimum of black, UV stabilized nylon, measuring 5/16" wide by 7.5" long, and have a break-strength of 120 lbs., or greater. Self-locking stainless steel cable ties of similar length and break-strength are also recommended and should be considered for demanding climate conditions.

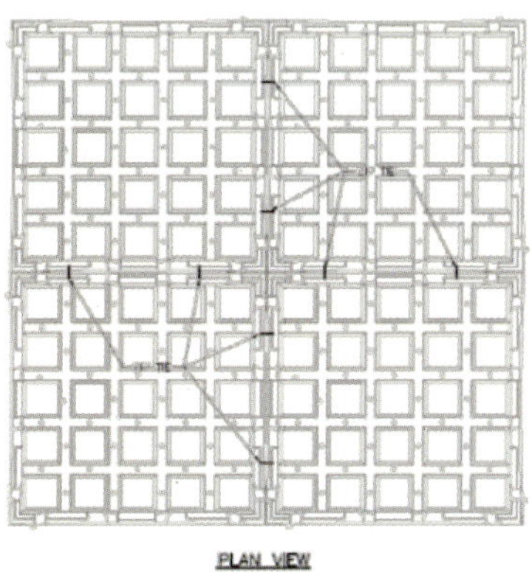

CONCEPTUAL MODULAR FASTENING OPTION B | NTS | 2

그림 6　　플라스틱 컨테이너로 구성된 그린 루프 모듈의 도해.

이러한 선제작 후 현장설치의 이점은 생산과 설치의 효율성 그리고 유지 관리의 용이성뿐 아니라, 각 모듈을 구성하는 컨테이너(container)와 가드넷(guard net)을 통해 경사가 심한 곳에서도 흙(soil media)을 안정적으로 유지시켜 준다는 것입니다. 모듈 설치 후 식물들의 안정화 작업이 별도로 필요 없어 그만큼 인력과 공기를 단축할 수 있다는 장점도 있습니다(그림 6).

새로운 지붕을 지탱하기 위한 트러스 구조물 위에 슈퍼 모듈을 얹기 위해 트러스 부재상을 직각으로 가로지르는 purlin과 그 위에 앉혀진 메탈 데크(metal deck), 그리고 슈퍼 모듈 설치 시 가이드가 되어 주는 purlin을 따르는 수직 핀(fin), 그리고 슈퍼 모듈이 경사로를 흘러내리지 않도록 위치를 잡아 주는 perforated steel panel들이 핀에 수직으로 접합이 되도록 제안했습니다(그림 7, 그림 8, 그림 9).

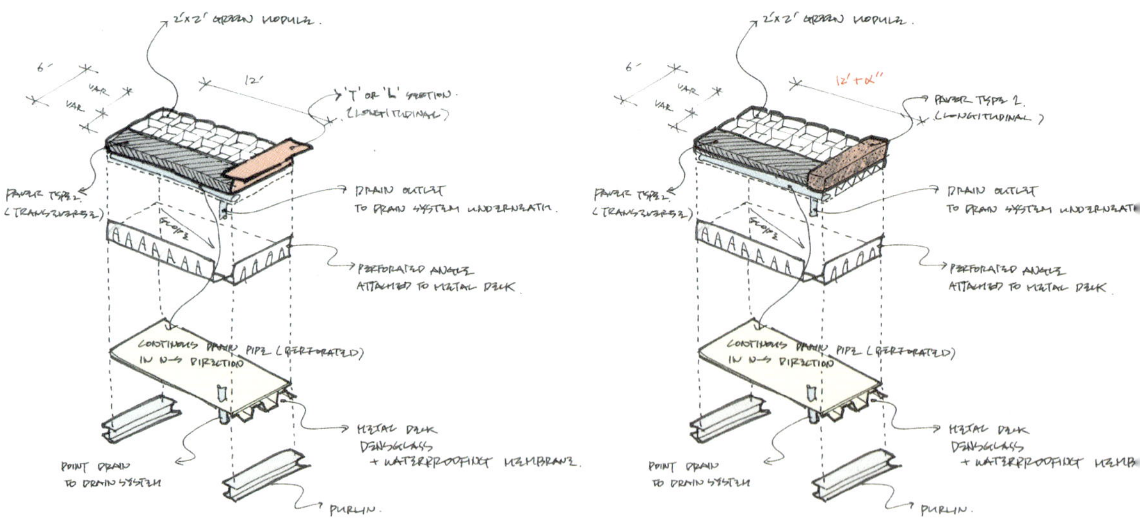

그림 7 슈퍼 모듈 어셈블리 도해.

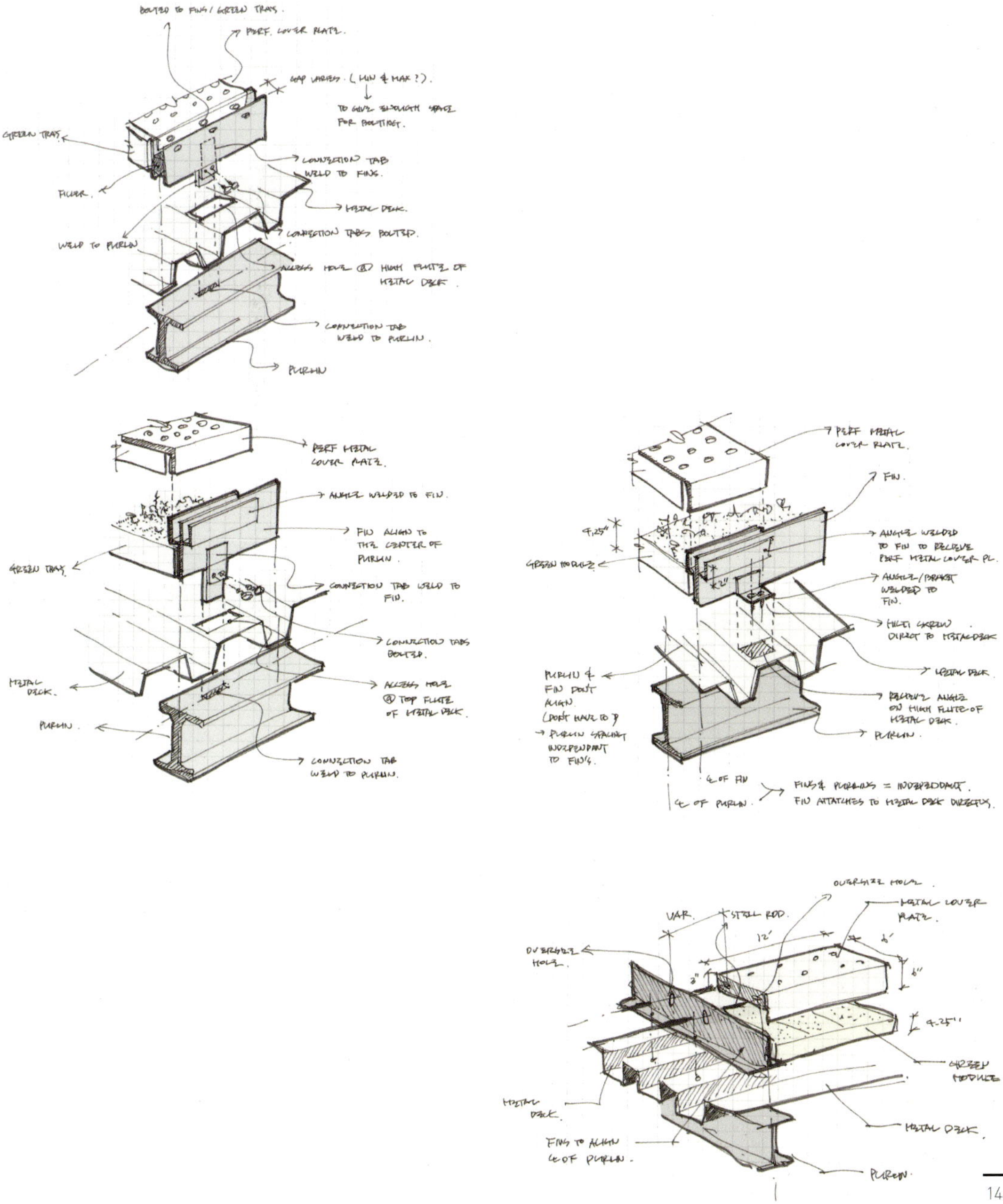

그림 8　슈퍼 모듈 어셈블리 도해.

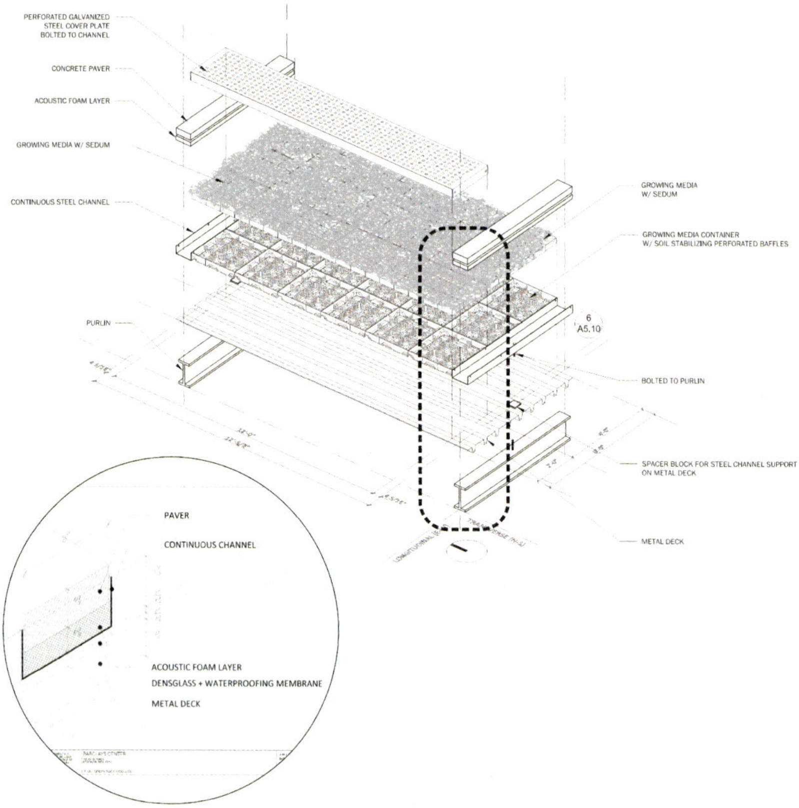

그림 9　슈퍼 모듈 어셈블리 도해.

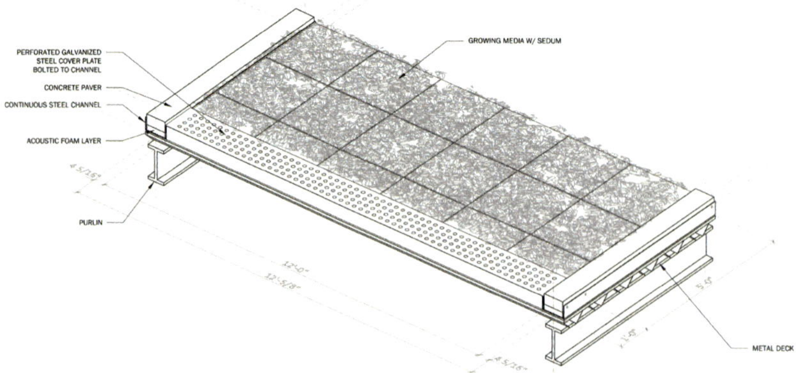

그림 10　슈퍼 모듈의 도해. perforated steel panel이 슈퍼 모듈의 경사 방향에서 모듈을 지지해 주고 있다.

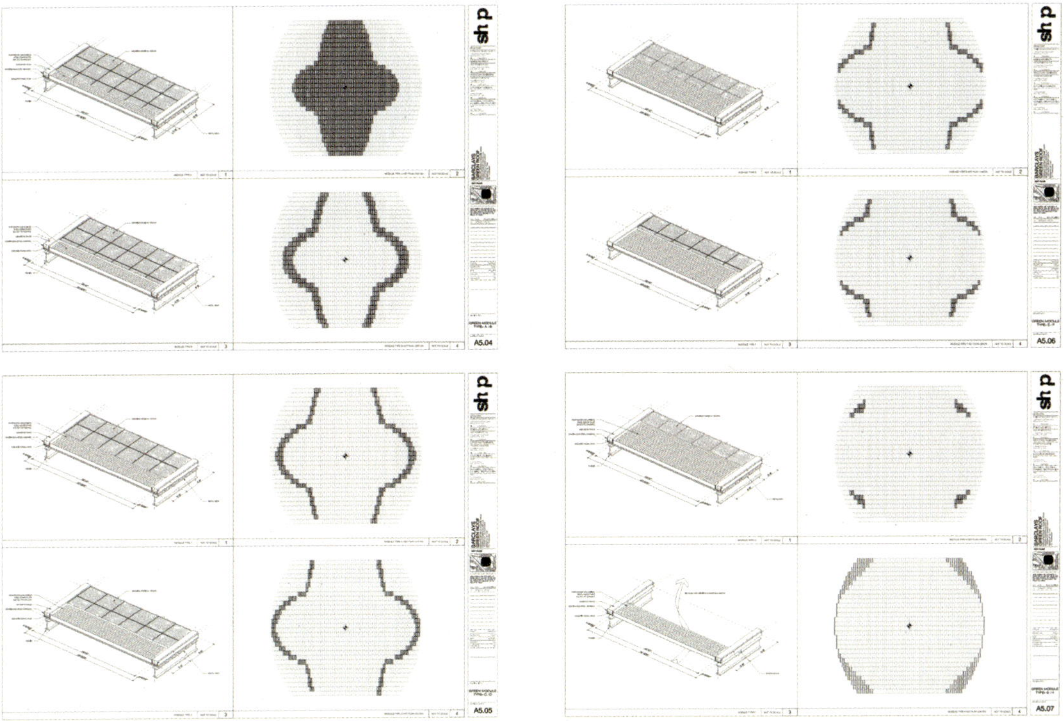

그림 11　perforated steel panel의 크기는 설계면의 경사에 비례하여 커짐으로써 경사가 심한 곳에서 더 견고하게 슈퍼 모듈을 고정시켜 준다.

하나의 슈퍼 모듈은 12'×6'의 크기이며 이는 다시 18개의 2'×2'의 잔디 모듈(sedum module)로 구성됩니다. 위에서 언급한 것처럼 각각의 잔디 모듈은 흙이 경사진 지형이나 과도한 강우로 인해 유실되는 것을 막기 위한 여러 가지 장치를 포함하는 플라스틱 컨테이너로 구성되어 있습니다. 각각의 잔디 모듈은 케이블 타이(cable tie)와 브라켓(bracket)으로 서로 긴밀히 연결되고, 경사가 내려가는 방향으로는 perforated steel panel로 덮여 있어 슈퍼 모듈이 위치를 이탈하지 않도록 해 줍니다(그림 10). perforated steel panel은 해당 슈퍼 모듈이 자리한 곳의 지붕 면 경사가 커질수록 그 깊이가 깊어져서 경사가 심한 곳에서는 더욱더 안전하게 슈퍼 모듈을 고정시켜 줍니다(그림 11).

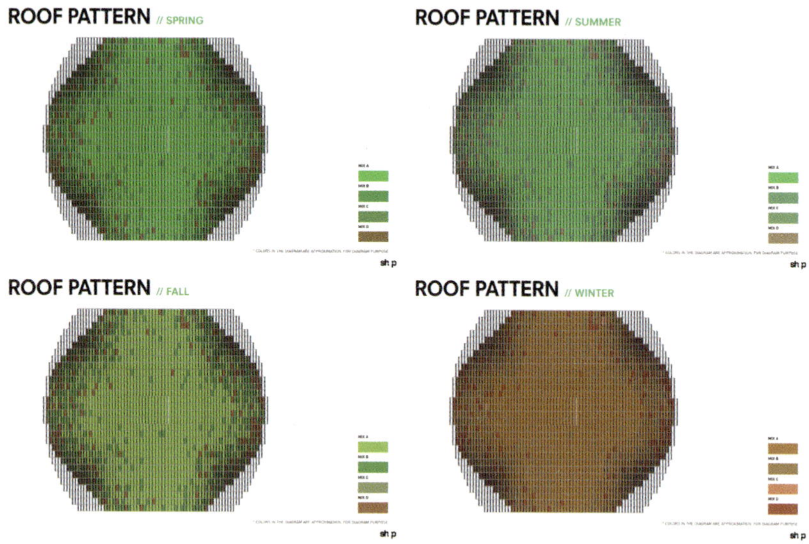

그림 12 네 가지 다른 식물의 배합을 flocking pattern으로 배치하여 계절에 따라 그린 루프의 전체적인 형상이 시간의 흐름을 표현해 준다.

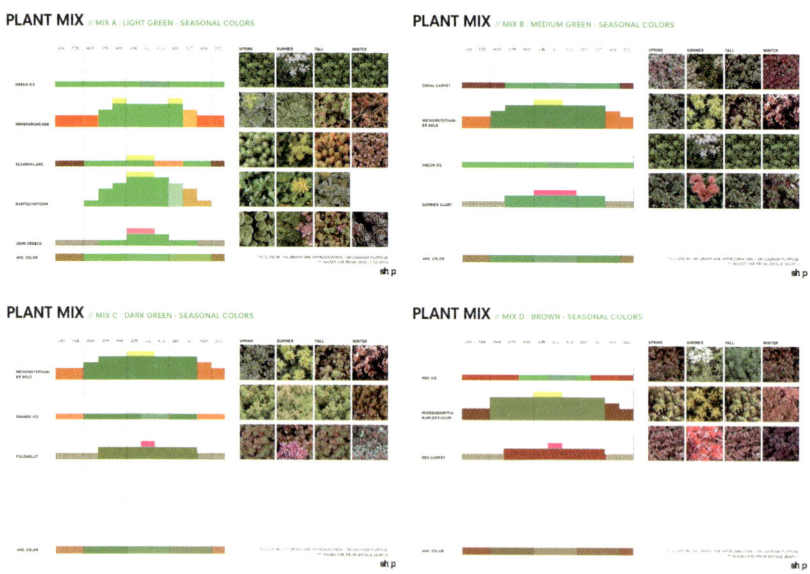

그림 13 식물 배합 스터디.

슈퍼 모듈들을 설계면상에 배치하면서 단조롭기보다는 계절이 바뀜에 따라 서로 다른 변화를 보이는 몇 가지 식물 조합을 구성하여 시간의 흐름을 느낄 수 있도록 디자인했습니다. 이는 지붕의 중심에서 거리가 멀어질수록 무작위로(random) 섞이는 flocking pattern을 따르도록 설계하였습니다. Flocking pattern은 지붕의 모서리에 위치한 공기의 순환이 자유로운 영역(open air area) 근처에서 막힌 부분과 열린 부분 간의 어색한 경계를 조금이나마 완화할 수 있는 시각적인 장치로도 작동합니다(그림 12, 그림 13).

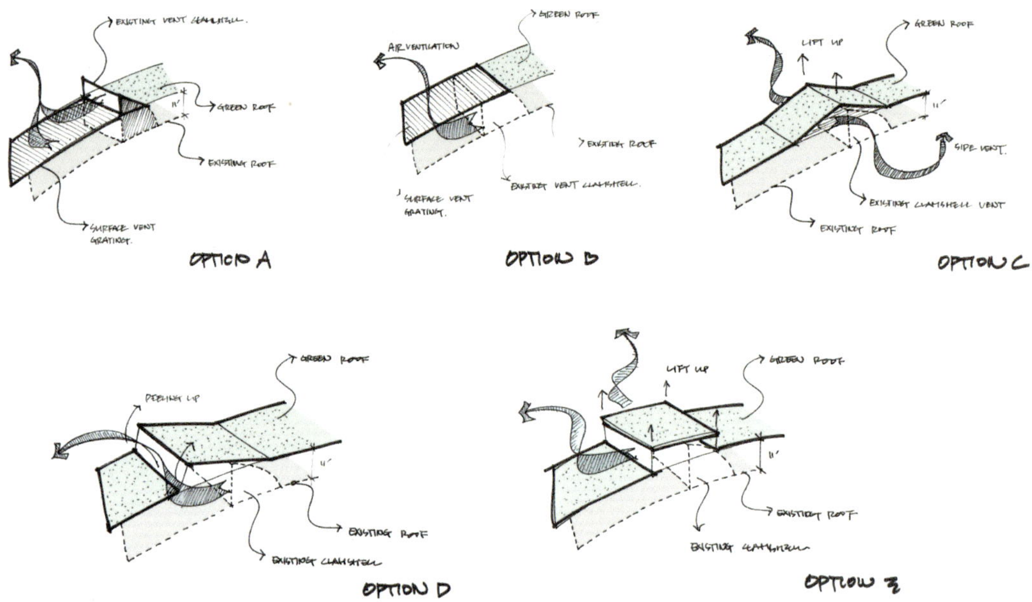

그림 14 환기구 근처로 공기의 흐름을 방해하지 않도록 하기 위한 다양한 방법에 대한 스터디.

농구경기장 및 대형 이벤트 공간으로 사용되는 Barclays Center의 특성상, 기존의 지붕에는 각 모서리별로 두 개씩 공조 시설에 연결된 환기구가 위치하고 있으며 정중앙에는 경기장 내부에서 이벤트로 인해 발생할 수 있는 연기 등의 환기를 위한 또 하나의 환기구가 위치하고 있었습니다. Sound mass로 작동하기 위한 35psf의 중량과 기존의 지붕과의 12’에 달하는 거리 조건을 통해서 설정된 설계면 위에 그린 루프를 덮어야 하기에, 환기구 주변의 공기의 흐름을 어떻게 확보하느냐가 중요한 기능상의 요구 조건이었습니다. 초기 디자인 단계에서 이러한 설비 요소를 고려하여 공기의 흐름을 원활히 할 수 있는 다양한 방법을 검토하였습니다(그림 14).

그림 15　초기 설계안들의 도해.

전체적인 설계면의 시각적인 연결성을 확보함과 동시에 환기구가 집중적으로 위치해 있는 네 모서리를 가능하면 많이 열어 주어야 한다는 점에서 왼쪽 아래의 안이 설득력을 가지게 되었습니다(그림 15). 환기구가 위치한 각 모서리로 가까워질수록 모듈의 밀도와 빈도가 줄어들고 소음의 억제가 필요해지는 중앙으로 갈수록 모듈이 밀집하여 소리가 새어 나가는 것을 방지해야 하는 간단한 원리를 통해 중심으로부터 모서리로 부드럽게 이어지는 점진적인 모듈의 배치를 확정하였습니다(그림 16).

앞서 잠깐 언급했듯이 기능적으로는 소음을 가두는 영역을 표시하는 acoustic wall의 위치를 기준으로 내측으로는 sound mass인 그린 루프 모듈이 위치하여야 하고 외측으로는 환기구로부터의 배기가 경기장 외부로 잘 흘러 나갈 수 있도록 그린 루프 모듈이 삭제되어야 합니다. 하지만 그 시각적인 대비가 어색하기에 서로 다른 성격을 가지는 두 영역 간의 경계를 흐리는 방법을 모색하게 됩니다. 경계를 흐리는 방법의 하나로 flocking pattern이라는 조류의 움직임을 본뜬 패턴(각각의 객체가 가장 인접한 또 다른 객체의 움직임을 따르는 행동으로, 결과적으로 어떠한 특정 중심점을 향하여 높은 객체의 밀도를 보이며 그 중

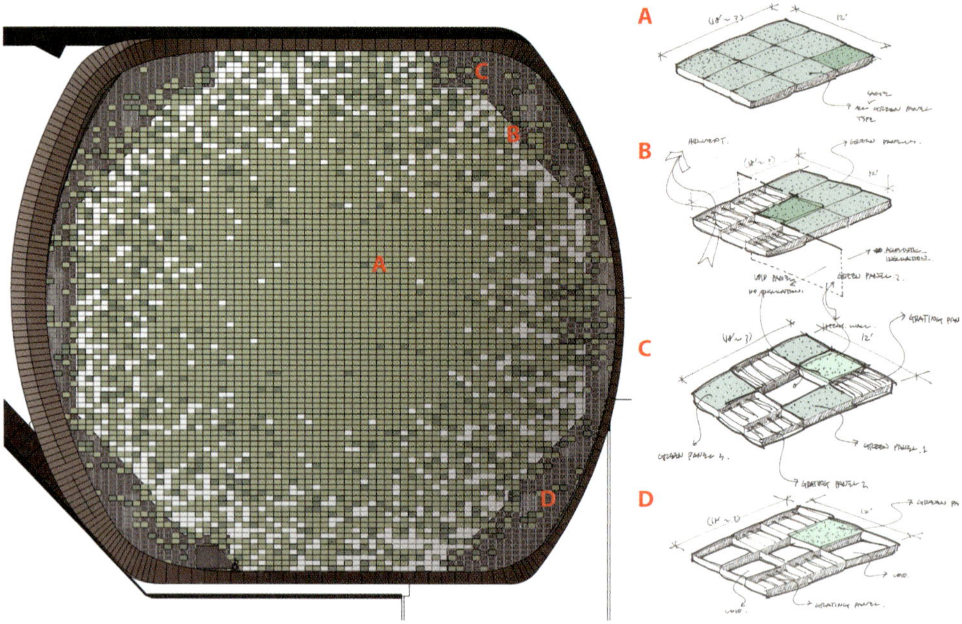

그림 16 최종 선택된 아이디어 도해.

심으로부터 멀어질수록 밀도가 낮아져서 점진적인 gradient를 형성하는 현상)을 생각하게 되었습니다. 그림 16에서 그린 루프 모듈 뒤로 보이는 밝은 회색 영역은 acoustic wall로 둘러싸이는 소음이 유출되어서는 안 되는 부분을, 짙은 회색 영역은 환기구가 위치해 있는 배기를 위해 열려 있는 공기의 순환이 자유로운(open air) 영역을 나타냅니다. 그 경계를 넘나드는 그린 루프 모듈은 가운데로 갈수록 단조로운 색을 띠고 경계 영역에 이르러서는 복수의 다른 색을 가진 슈퍼 모듈들이 무작위로 섞이면서 두 영역의 경계를 흐리며 자연스럽게 닫힘과 열림의 연결을 보여 주게 됩니다.

Agent System으로 대표되는 flocking pattern은 동적인 시스템이지만 어떤 특정 순간 시스템 내 각 객체들이 배치되어 있는 현상은 파라메트릭 툴의 랜덤(random) 함수를 이용하여 쉽게 구현할 수 있습니다.

1. 지붕의 중심에 기준이 되는 한 점을 설정하고 이 점으로부터 각 모듈의 중심점에 해당하는 거리를 측정하여 이를 하나의 data set으로 저장합니다.
2. data set으로부터 최장거리와 최단거리를 얻습니다.
3. 모듈의 전체 수만큼 최장거리과 최단거리 사이에 존재할 수 있는 랜덤 숫자들을 생성하여 이를 또 다른 data set으로 저장합니다. 물론 컴퓨터가 만들어 내는 랜덤은 실제로는 인간이 파악할 수 없는 아주 큰 패턴을 만들어 낸다는 점에서 진정한 랜덤이 아니지만 이는 종종 아주 유용하고 재미있는 디자인을 만들어 주곤 합니다.
4. 이제 두 가지의 data set을 이용하여 무작위로 만들어 낸 값과 실제의 측정된 거리 값을 비교하여 랜덤으로 얻은 숫자가 실제의 거리 값보다 작을 경우 해당하는 모듈을 제거하게 됩니다. 예를 들어 실측된 거리가 1-10 기준으로 2와 8이라고 할 경우, 1-10 사이에서 나올 수 있는 랜덤의 숫자가 2보다 작을 확률은 8보다 작을 확률보다 낮게 됩니다. 즉 기준점에서 가까울수록 제거될 확률이 더 낮아지게 됨으로 기준점에서 멀어질수록 모듈이 점차적으로 희박하게 존재하게 되는 것입니다(그림 17). 실제의 패턴에서는 다수의 기준점을 생성함으로써 중심부에서의 패턴의 밀도를 더 높이고 동시에 경계를 넘나드는 패턴이 조금 더 극적으로 벌어지도록 했습니다(그림 18).

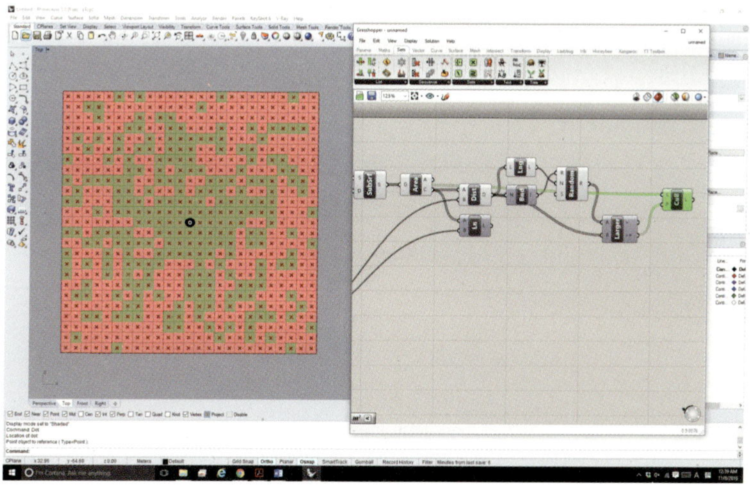

그림 17 flocking pattern을 생성하기 위한 Grasshopper definition.

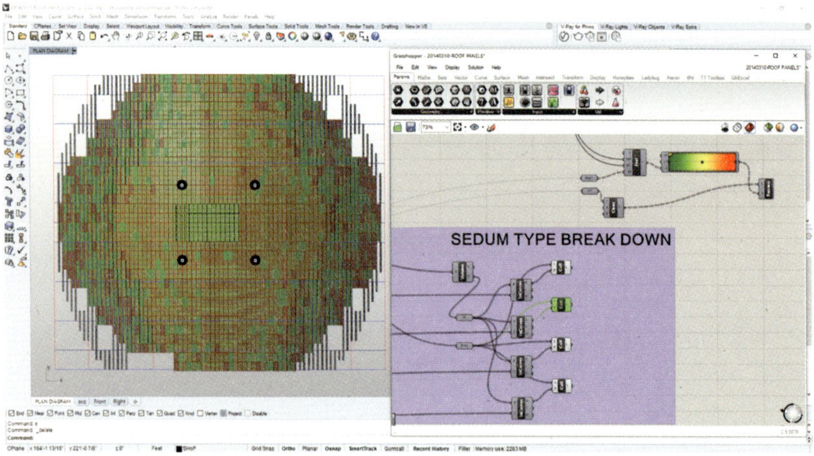

그림 18 복수의 점을 이용하여 flocking pattern의 밀도를 조절했다.

새로운 지붕은 Barclays Center와 같은 구역에 위치하게 될 고층 주거 빌딩들을 위한 소음 차감의 방안으로 제안되었습니다. 이를 위하여 기존의 지붕 위에 약 12'의 거리를 떨어뜨려 35psf의 일정한 무게를 가지는 다른 한 겹의 지붕을 제안하였고, 결과적으로 2'의 정방형 플라스틱 모듈 18개로 구성된 가로 12', 세로 6'의 슈퍼 모듈들이 건물의 장축을 따라 설치된 T-section guardrail 사이에 위치하고, T-section 사이를 연결하는 perforated steel panel에 의해 고정되고, 하부의 메탈 데크 및 기존 지붕 위를 가로지르는 트러스에 의해 지지되는 지붕 시스템으로 귀결되었습니다(그림 19, 그림 20). 또한 새로 제안하는 지붕의 목적이 방수에 있지 않았기에 소음 차감의 한계 범위 안에서 모듈 사이의 틈은 어느 정도 용인되었으며 기존의 지붕 네 모서리에 위치한 환기구를 고려하여 각 모서리로 갈수록 모듈의 빈도가 낮아져서 배기 배출을 위한 자연스러운 공기의 흐름을 방해하지 않도록 설계되었습니다(그림 21).

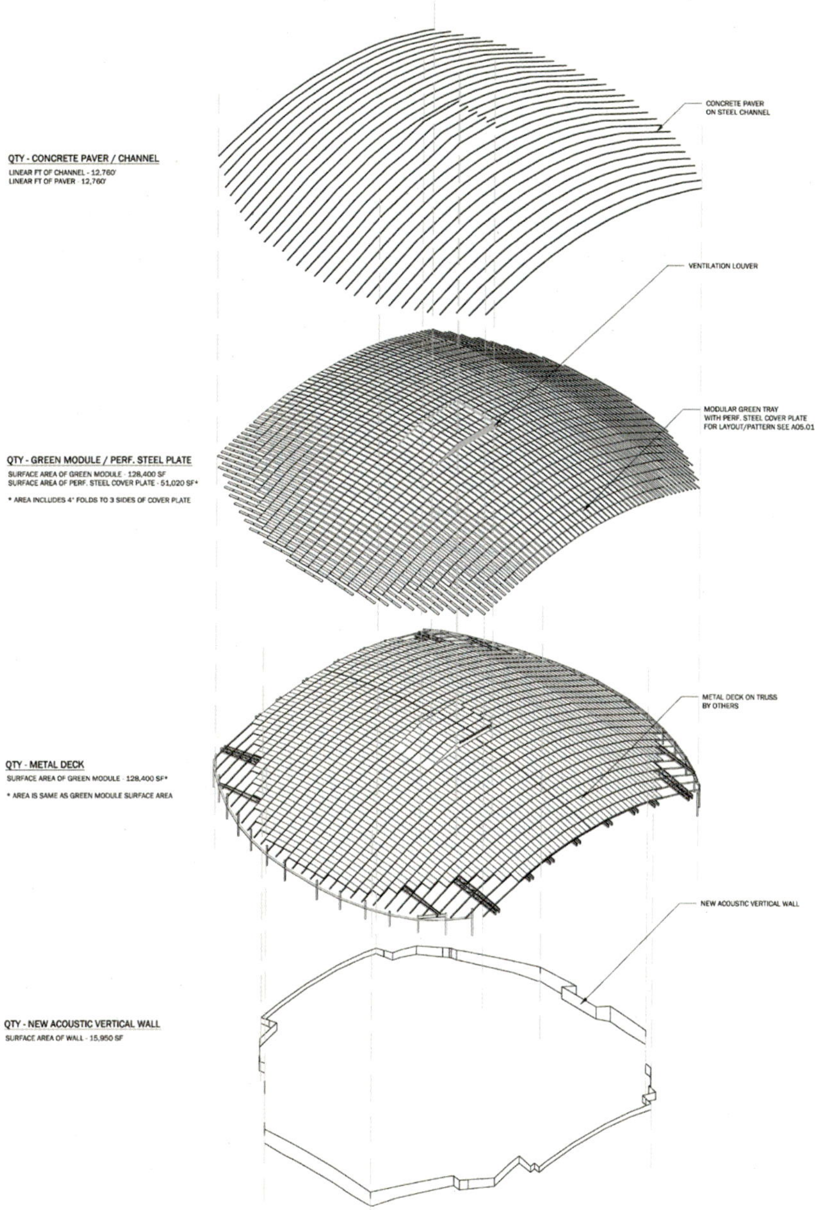

그림 19 새롭게 제안하는 그린 루프 시스템의 도해.

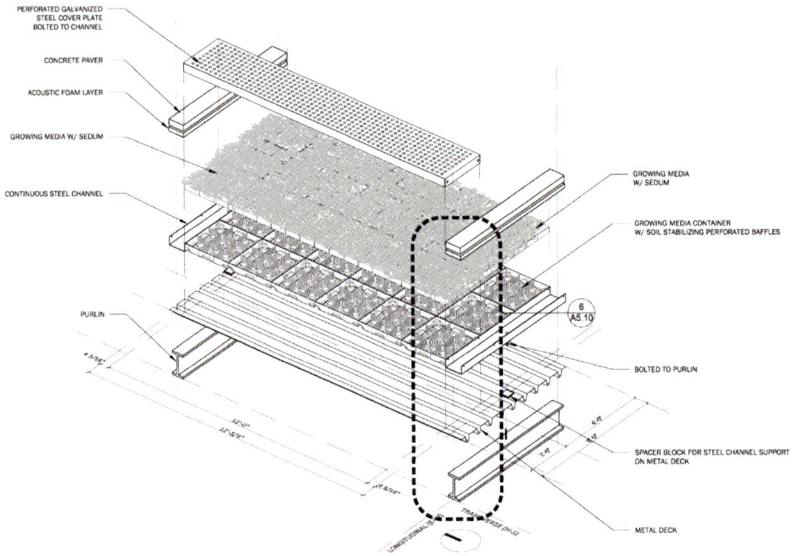

그림 20　그린 루프 슈퍼 모듈의 도해.

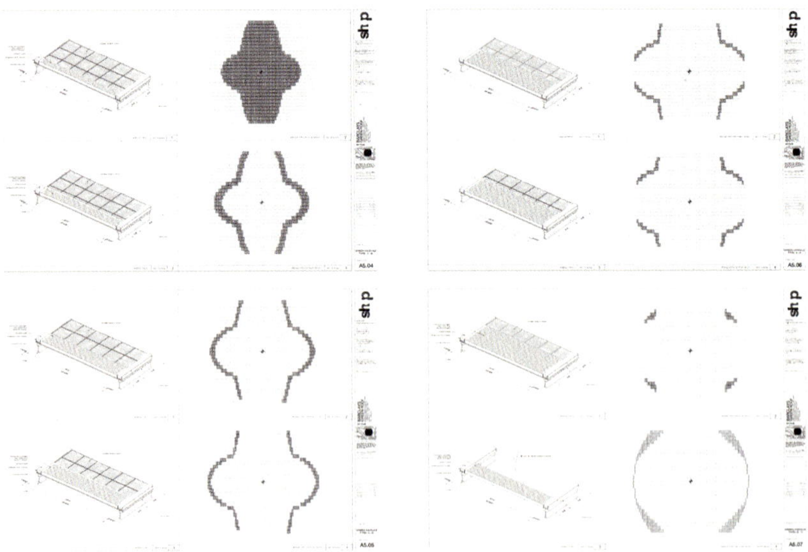

그림 21　경사에 따른 슈퍼 모듈의 변화에 대한 도해.

설계 과정이 끝나고 pre-construction의 단계에서 가장 중요했던 점은 1) 전체적으로 양방향 곡면의 형상을 띠는 지붕 위에 직사각형의 슈퍼 모듈들을 배치할 때 발생할 수 있는 문제점의 인식과 2) 이러한 문제점을 인식하고 있다는 가정하에 공기와 예산, 공사의 복잡도 등의 다양한 요소들을 고려하여 슈퍼 모듈을 설치하는 가장 합리적인 방법을 찾는 데 있었습니다. 설계자 입장에서는 지오메트리가 가진 성격과 이로 인한 문제에 대한 인지가 비교적 정확하다고 할 수 있겠습니다. 하지만 이러한 문제에 대한 설계자의 인지와 설계자의 입장에서의 합리적인 해결책이 시공 단계에서 시공자에게 정확하게 전달되지 않는다면 디자인 의도가 희석되거나 예상치 못한 문제점이 발생할 수 있습니다. 그리고 최악의 경우 시공사와 설계자가 서로의 잘못을 주장하며 법적 절차를 거쳐야 하기에 이러한 문제에 대한 아주 정확한 문서화 및 설명은 디자인의 완성도를 떠나 아주 중요한 요소라 할 수 있습니다.

지붕의 이상적인 곡면은 장축과 단축 모두 같은 방향으로 아치를 이루는 양방향 곡면으로 정의되어 있습니다. 하지만 기존 지붕의 방수면을 해치지 않고 최소한의 지지점만을 이용하여 전체 건물을 덮는 트러스가 기존 건물에 과중한 추가 하중이 되지 않도록 하기 위해 트러스의 개수가 제한될 수밖에 없었습니다. 이는 곧 트러스 사이를 수직으로 가로지르는 purlin과 이 위에 직각으로 얹혀지는 메탈 데크를 사용할 수밖에 없음을 의미합니다. 이는 다시 양방향의 곡면이 트러스의 위치에 따라 여러 개의 평면으로 구성된 접혀진 근사 곡면으로 구현될 수밖에 없음을 알 수 있습니다(그림 22).

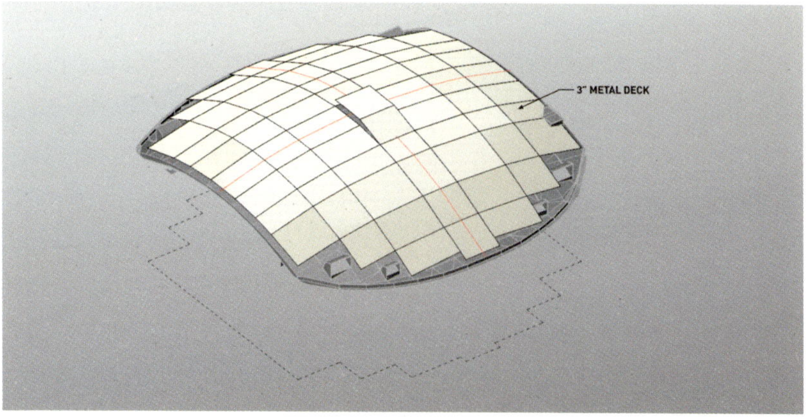

그림 22 트러스의 위치에 의해 여러 개의 평평한 메탈 데크로 재구성된 지붕의 근사 곡면.

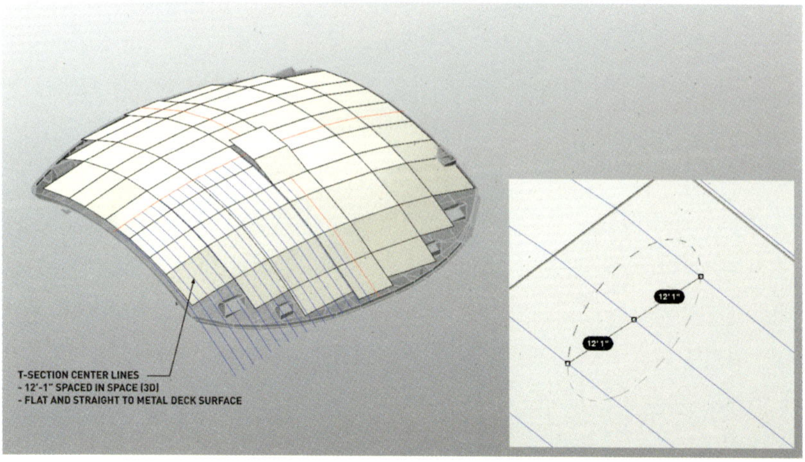

그림 23 가이드 커브(guide curve)를 메탈 데크상에서 정해진 거리만큼 오프셋.

문제점에 대한 인식을 조금 더 쉽게 하기 위해 양방향의 곡면 위에 직사각형의 슈퍼 모듈을 설치하는 경우를 생각해 본다면, 곡면의 중심에서 멀어질수록 직사각형이 평행사변형으로 변형이 됨을 쉽게 이해할 수 있습니다. 슈퍼 모듈의 너비와 추가적인 설치 구조물의 두께 및 오차를 고려하여 삼차원상에서 12' 1"의 간격을 가지는 선들(실제적으로는 슈퍼 모듈의 단변을 지지하는 T-section)을

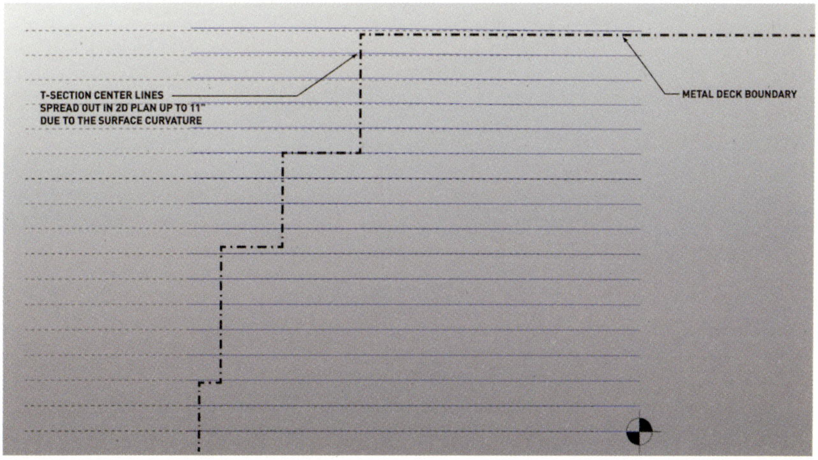

그림 24　메탈 데크상에서 오프셋된 가이드 커브(푸른색)는 2차원상에서 수평인 회색 점선에 비하여 지붕의 모서리로 갈수록 휘어짐을 알 수 있다.

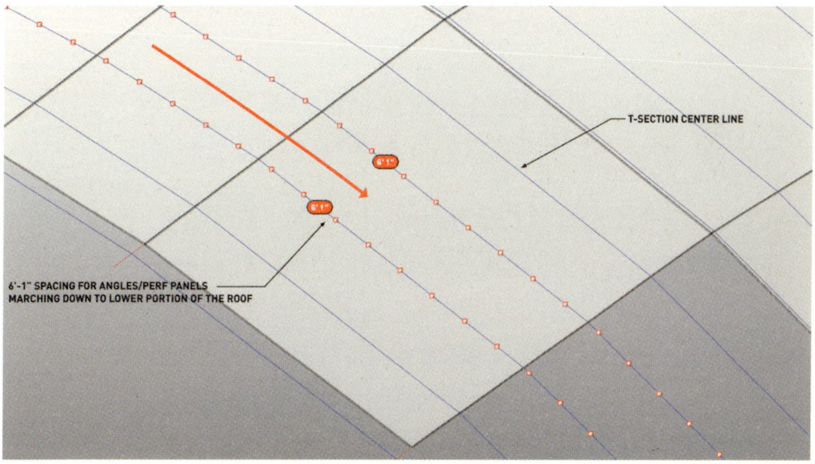

그림 25　각 가이드 커브의 최정점에서 출발하여 슈퍼 모듈의 단변의 길이만큼 가이드 커브를 분할하는 과정.

곡면을 따라 배치한다면(그림 23) 이는 평면상에서 보았을 때 휘어져 보입니다(그림 24). 이 선들을 특정 간격으로 등분하고 각 선들 사이의 등분된 점들을 연결(실제적으로는 T-section 사이에 설치되는 perforated steel panel)한다고 하더라도(그림 25) 해당 지점의 곡률에 따라 직사각형이 아닌 평행사변형이 되게 됩니다

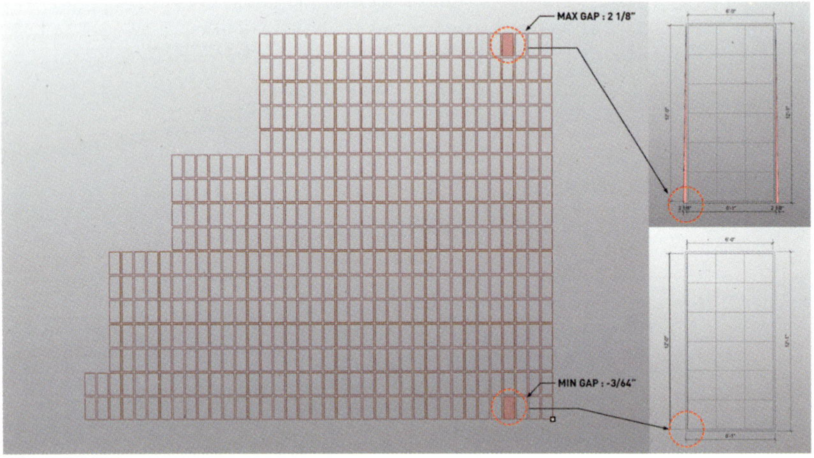

그림 26 지붕의 중심에서는 직사각형이나 중심에서 멀어질수록 평행사변형으로 찌그러지는 슈퍼 모듈.

(그림 26). 이러한 문제점은 이상적인 곡면 대신 여러 장의 평면으로 구성된 근사 곡면을 사용할 경우 더욱 복잡한 양상을 띠며 예측을 어렵게 만듭니다.

지붕의 장축을 가로지르는 T-section(그림 24)과 그 사이를 연결하는 perforated steel panel에 의해 메탈 데크 위에 그리드를 생성한 후 직사각형의 모듈을 설치하는 방식으로 접근할 시에는 모서리와 가장자리에 가까워질수록 직사각형 모듈을 평행사변형의 그리드에 억지로 구겨 넣어야 하는 상황이 발생하게 됩니다(그림 26). 슈퍼 모듈들이 다행히도 어느 정도의 유연성을 가지는 플라스틱 컨테이너와 흙으로 구성되어 있기에 일반적인 경우와는 다르게 조금 관용도가 있기는 하겠지만 충분히 문제의 소지가 될 수 있는 부분이라 생각하였기에 슈퍼 모듈들을 배치하는 다른 방법을 시뮬레이션해 보기로 합니다.

먼저 건물의 장축을 따라 근사 곡면 위를 흐르는 12' 1"의 간격을 가지는 선들을 메탈 데크 위에 그리고 이를 따라 T-section들을 설치합니다. 그리고 지붕의 최상부에 하나의 슈퍼 모듈을 설치하고 이를 고정하기 위해 슈퍼 모듈의 양측에 위치한 T-section들에 직각으로 perforated steel panel을 접합한다고 가정합니다. 그 후 순차적으로 이러한 방법을 반복하여 지붕의 최하단에 도달하면 다음 열로 이동하여 반복하는 과정을 되풀이하게 됩니다(그림 27, 그림 28). 이러한 반복 과정은 모두 Grasshopper의 Python scripting을 이용하여 진행하였습니다.

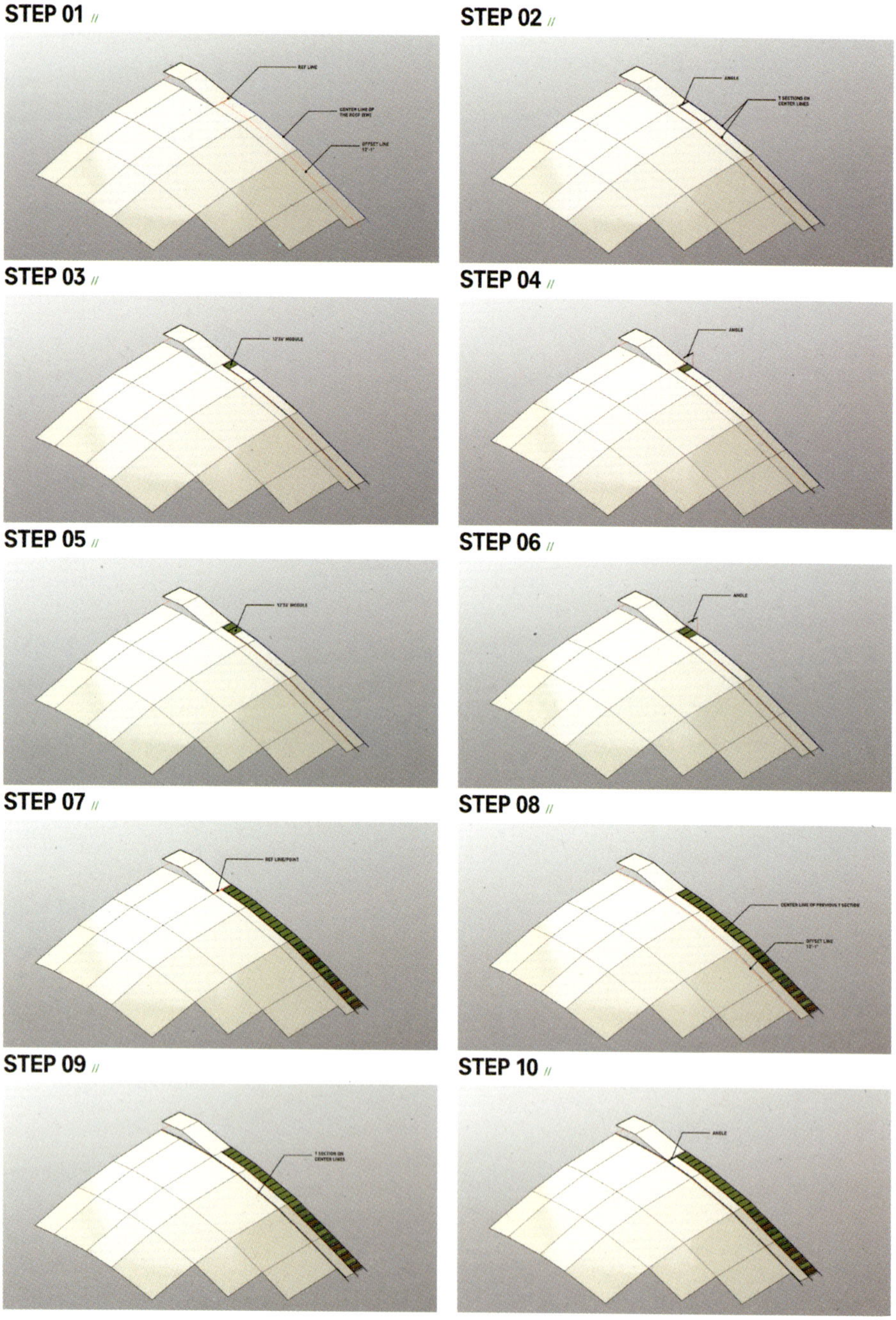

그림 27 슈퍼 모듈을 지붕 면에 설치하는 과정의 시뮬레이션.

STEP 11 //

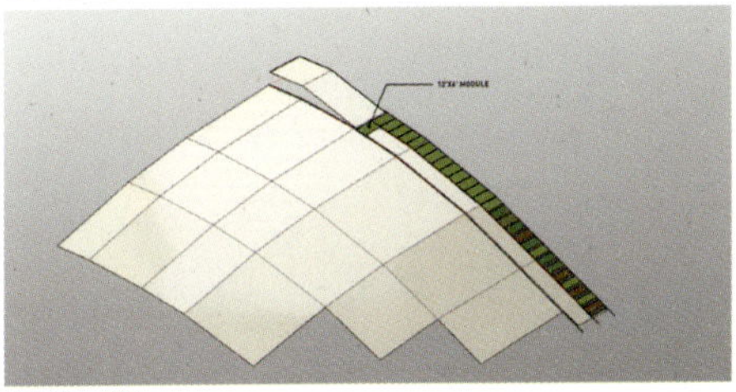

STEP 12 //

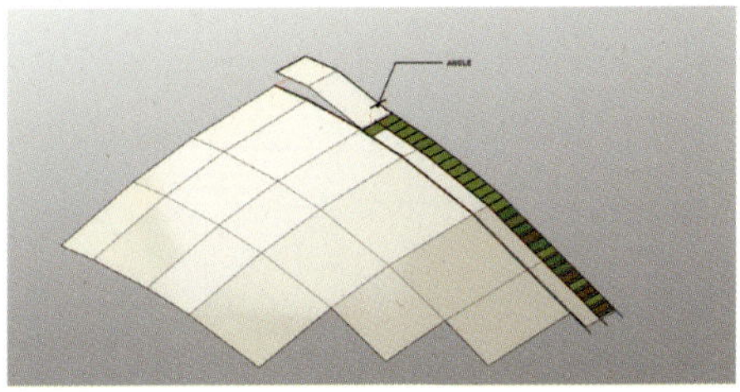

STEP 13 //

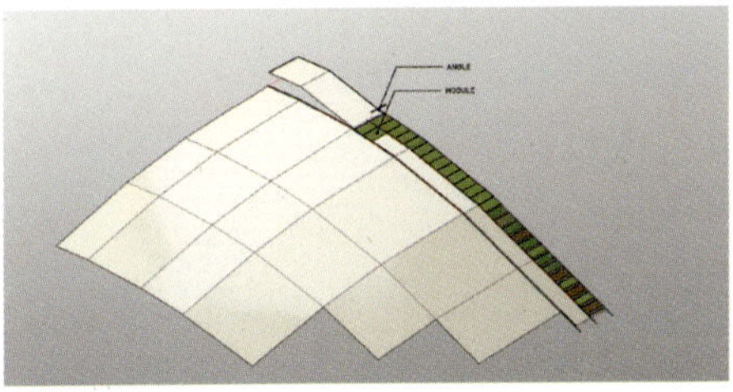

STEP 14 //

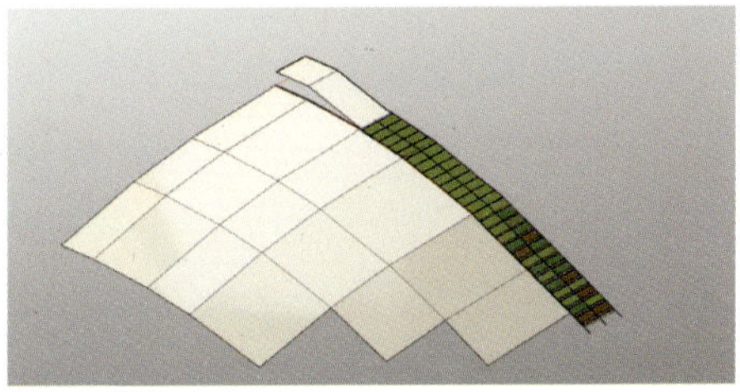

STEP 15 //

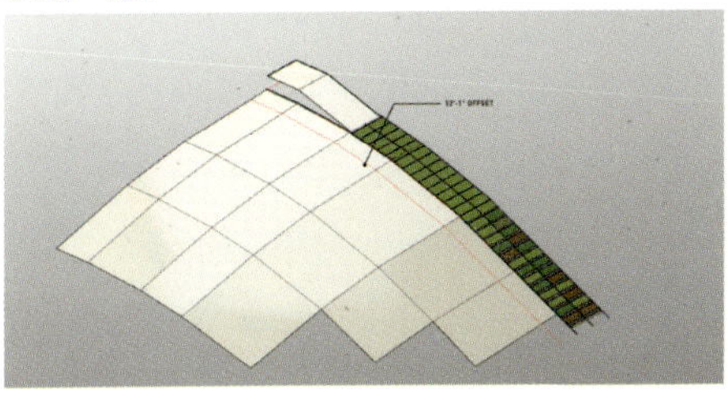

STEP 16 //

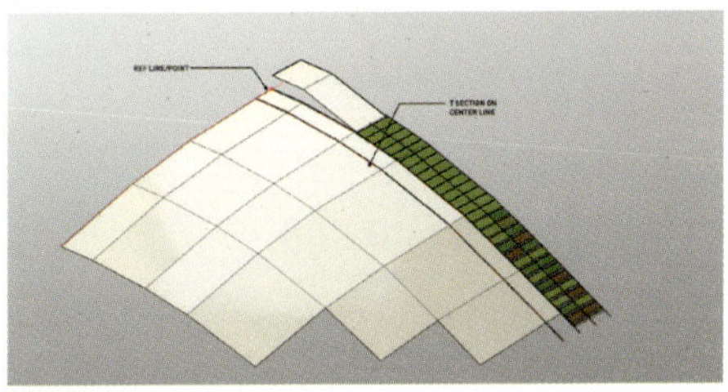

STEP 17 //

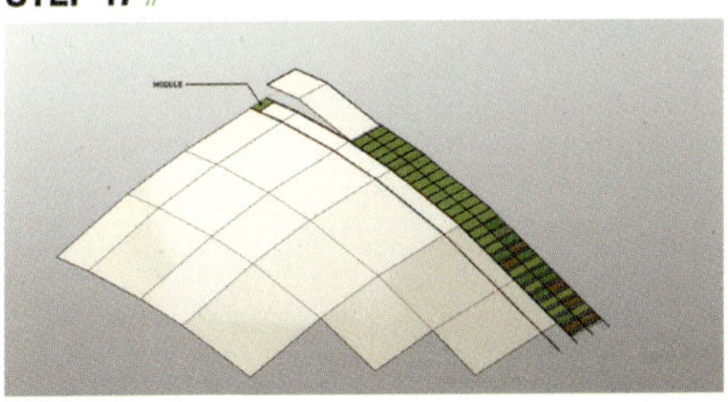

STEP 18 //

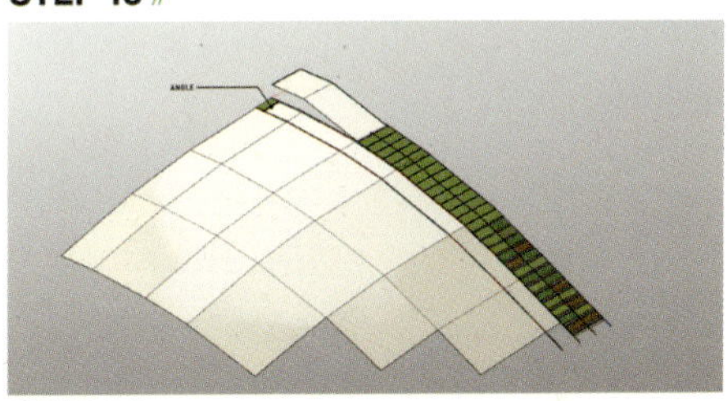

STEP 19 //

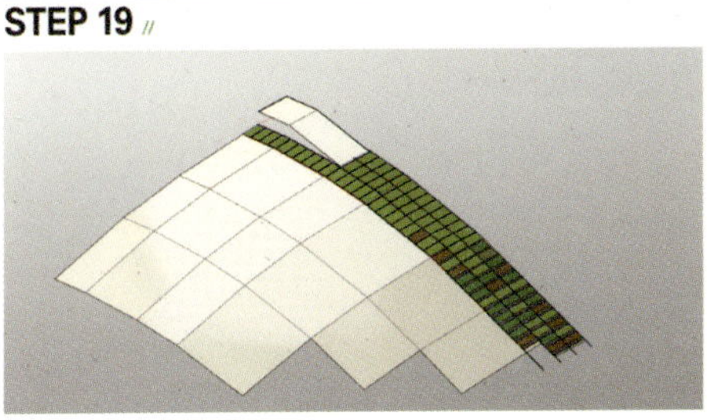

STEP 20 //

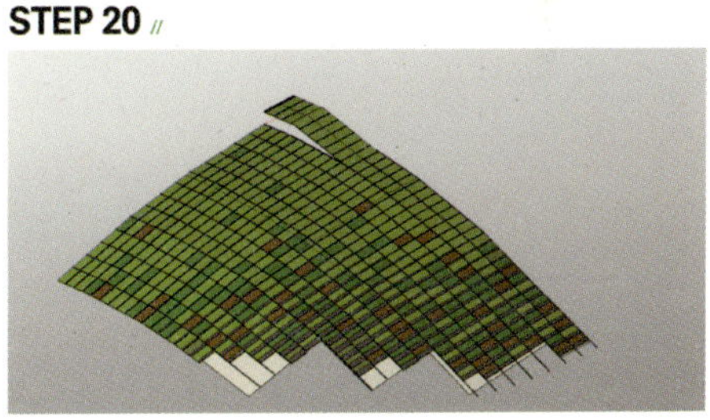

그림 28 슈퍼 모듈을 지붕 면에 설치하는 과정의 시뮬레이션.

최상부에서는 T-section들과 그 사이에 위치한 perforated steel panel이 직각을 이루며 직사각형의 슈퍼 모듈을 간극 없이 둘러싸겠지만, 슈퍼 모듈들이 지붕의 가장자리와 모서리를 향하여 내려오게 되면서 점차 T-section들에 직각으로 연결된 perforated steel panel들이 만드는 그리드가 평행사변형으로 변형됨으로 인해 직사각형의 슈퍼 모듈과 그리드 사이에 간극이 벌어지게 됩니다(그림 29).

동일한 문제점이긴 하지만 등분된 점을 이용하여 그리드를 설정한 후 모듈을 배치하는 방법과는 다르게 이러한 순차적인 방법을 사용한다고 하면 각 모듈들이 직사각형의 고유한 형태 및 크기를 최대한 유지할 수 있다는 장점이 있습니다. 즉 순차적인 방법은 슈퍼 모듈을 설치한 후 슈퍼 모듈의 형태를 변형하지 않는 상태로 가장 타이트(tight)한 perforated steel panel의 위치를 결정하게 합니다. 비슷하게 들릴지 모르지만 이는 그리드를 일괄적으로 설정하고 이에 슈퍼 모듈을 끼워 맞추는 방식이 가지고 있는 슈퍼 모듈 변형의 정도 및 관용 등의 문제를 해결할 수 있습니다. 이제 문제는 이러한 방식으로 배치할 때 모듈 사이의 최대의 간극이 얼마가 되며 얼마나 자주 발생하느냐 하는 점입니다. 다행히도 모듈 사이에 발생하는 간극의 최대치가 소음 차감을 위한 간극의 허용치 안에 있으며 또한 이러한 최대의 간극이 트러스의 바로 상부에서 발생하기에 문제가 되지 않았습니다-메탈 데크가 트러스의 배치를 따라 접힌다는 것을 생각하면 이해가 쉽습니다(그림 30).

이러한 순차적인 방법에 의한 설치는 결과적으로 지붕의 가장자리로 갈수록 건물 단축을 따라 흐르는 모듈이 정렬되지 않는 결과를 가져왔지만 전체적인 맥락에서 보았을 때 결론적으로 모듈 사이의 틈을 최소화하며 서로 밀착하는 과정에서 생기는 부산물이기에 부정적으로 생각되지는 않았습니다(그림 31).

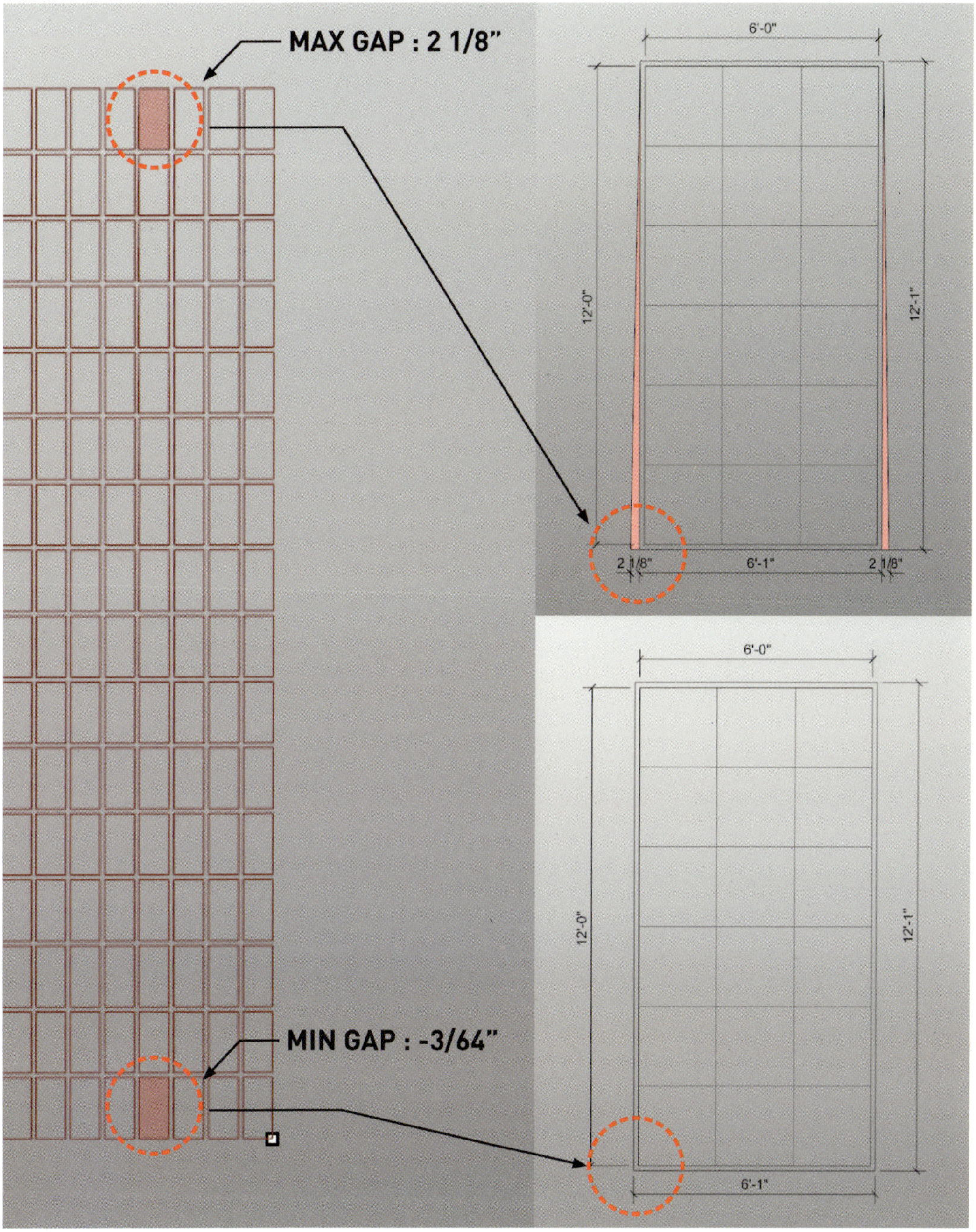

그림 29 직사각형의 슈퍼 모듈과 평행사변형의 그리드 간에 발생하는 최대 간극.

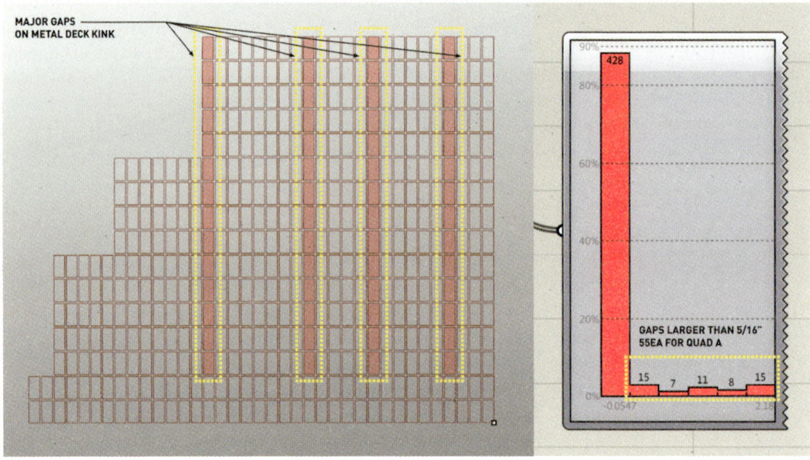

그림 30 간극이 커지는 위치는 평면상에서 트러스의 위치와 일치함을 알 수 있다.

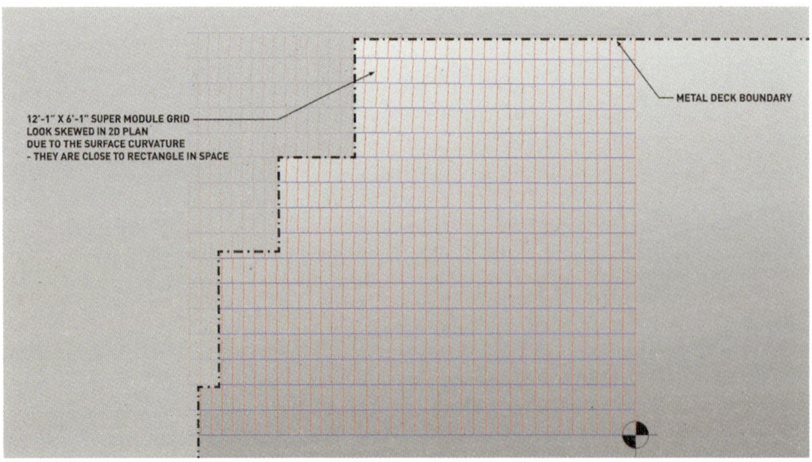

그림 31 각 슈퍼 모듈을 콤팩트(compact)하게 배치하는 과정에서 슈퍼 모듈들이 지붕의 모서리와 변에 가까워질수록 어긋남을 알 수 있다.

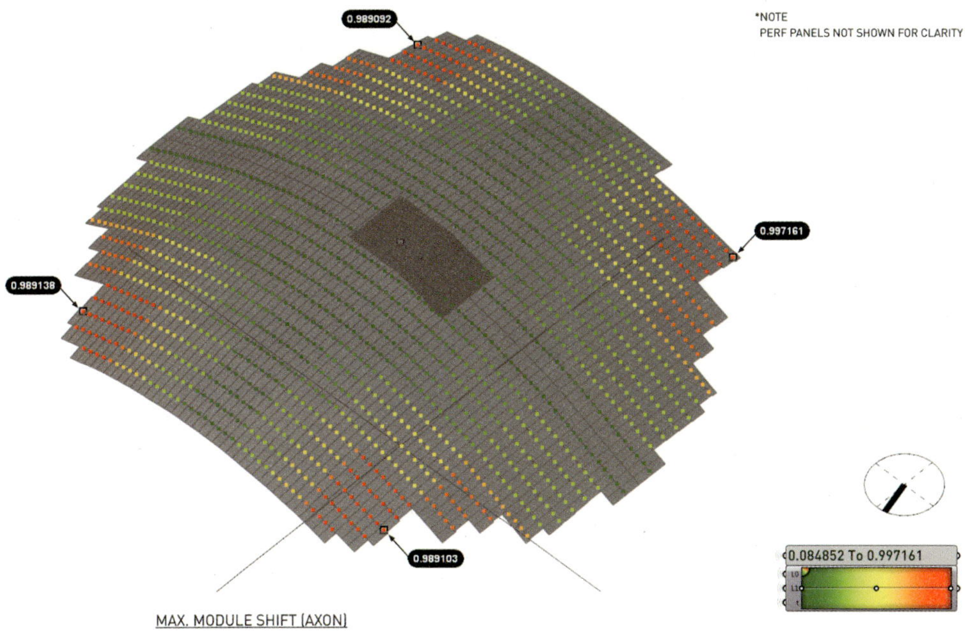

그림 32 슈퍼 모듈 간의 어긋남의 정도를 알아보기 위한 시뮬레이션.

지붕 그리드의 단축이 정렬되지 않음은 장축을 따라 흐르는 T-section의 양옆으로 연결되는 perforated steel panel들의 접합부 디테일의 복잡도가 증가함을 의미합니다. 이에 얼마만큼의 어긋남이 발생하는지를 시뮬레이션해 보고 이를 바탕으로 새로운 접합 디테일(attachment detail)을 개발해야 했습니다. 그림 32는 순차적인 배열에 의해 발생하는 인접 슈퍼 모듈들 간의 어긋남(shift)을 분석한 결과입니다(그림 32). 슈퍼 모듈들 간의 최대/최소의 어긋남의 정도 값을 구한 후 이를 이용하여 모든 상황을 다 아우를 수 있는 가변적인 접합 디테일(flexible attachment detail)이 개발되었습니다(그림 33, 그림 34).

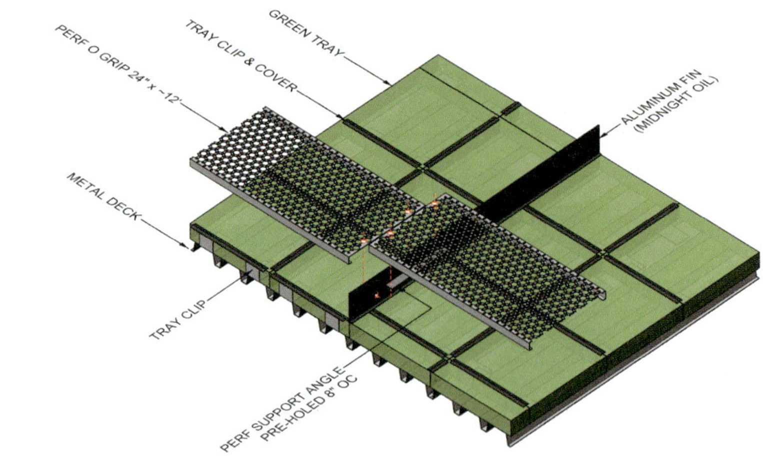

PERFORATED PANEL DETAIL (PERF O GRIP)

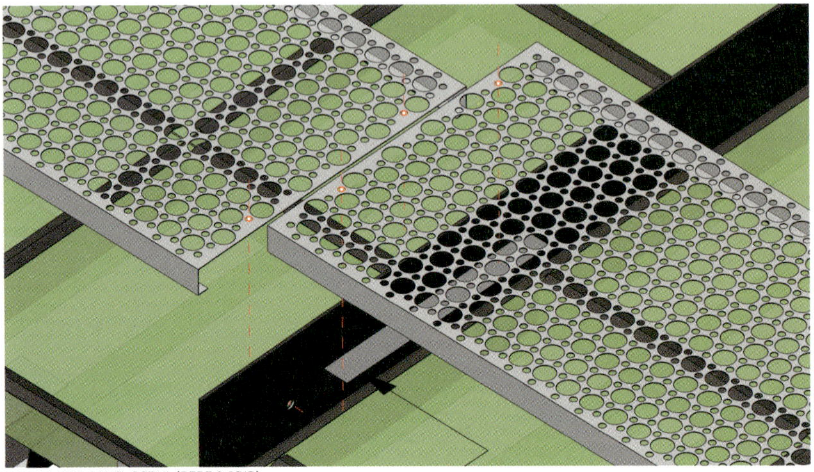

PERFORATED PANEL DETAIL (PERF O GRIP)

그림 33　슈퍼 모듈 간의 어긋남을 해결할 수 있는 가변적인 접합 디테일의 도해.

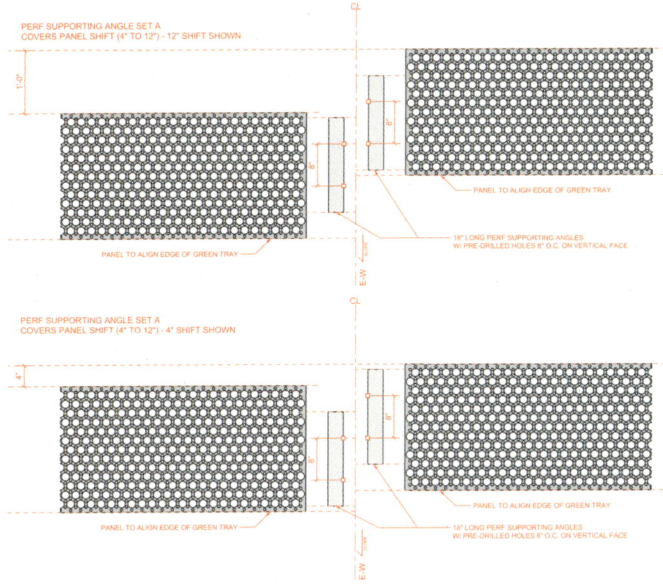

PERPORATED PANEL SHIFT (SUPPORTING ANGLE SET A)

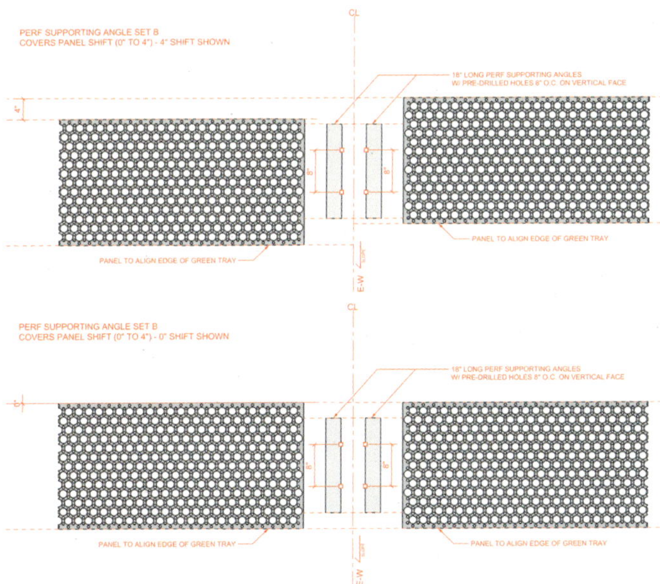

PERPORATED PANEL SHIFT (SUPPORTING ANGLE SET B)

그림 34 인접 슈퍼 모듈 간의 접합 시에 발생할 수 있는 모든 경우의 수에 대한 스터디.

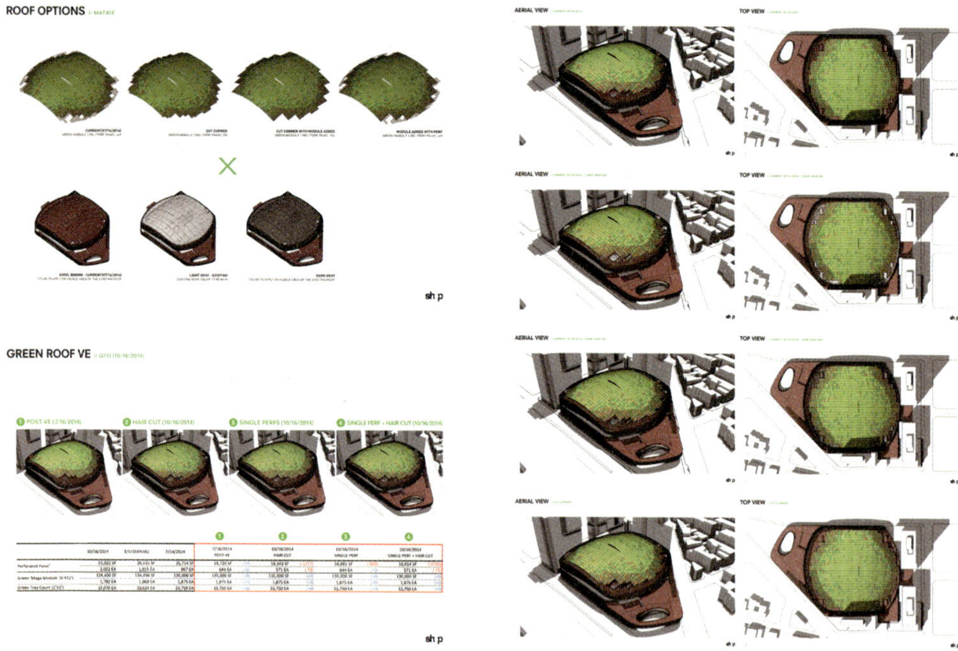

그림 35　여러 가지 변수를 고려하여 도출된 설계안들을 비교 분석하는 과정.

어느 프로젝트나 마찬가지겠으나, 본 프로젝트도 건축주의 예산(client's budget)에서 자유로울 수가 없었으며 이는 무수히 많은 Value Engineering process를 거쳤다는 것을 의미합니다. 수많은 슈퍼 모듈과 여러 가지 복잡한 디테일로 이루어져 있으며, 기존 건물 위에 추가한다는 제약 조건들이 더해져서 하나의 변화가 많은 연속적인 변화로 이루어지는 본 프로젝트의 경우는 건축주의 예산, 건축가의 미적 만족도, acoustic 및 structure engineer의 요구 조건 등 많은 관계자들을 충족시키기 위한 옵션들을 빠른 시간 내에 생성하여 효과적으로 커뮤니케이션하는 것이 무엇보다 중요했습니다. 이러한 이유로 상기의 모든 내용들은 파라메트릭 툴을 사용하여 구성했고 이는 보다 신속한 의사 결정에 큰 도움을 주었다고 생각합니다(그림 35).

각각의 그린 루프 모듈들은 코네티컷(Connecticut)에 있는 배양실(nursery)에서 플라스틱 컨테이너에 담긴 채로 재배가 되고 이는 현장으로 운반되어 슈퍼 모듈로 조립된 후 메탈 데크 위에 설치됩니다(그림 36, 그림 37, 그림 38).

그림 36 코네티컷의 배양실에서 플라스틱 컨테이너에 재배되고 있는 그린 루프 모듈들.

그림 37 현장으로 운반된 후 조립 및 설치되는 과정.

그림 38 완성된 그린 루프 항공사진.

012

자연적인 시스템

Nature System

이번 장에서는 2012년 가을학기 Harvard GSD의 Digital Media and Material Practice라는 수업의 일환으로 진행되었던 Grasshopper Visual Basic Workshop에서 다루었던 Diffusion Limited Aggregation System(유한 확산 집합체)에 관하여 살펴보도록 하겠습니다(그림 1).

DLA System은 눈 결정의 현미경 사진을 통해 가장 쉽게 관측할 수 있는 자연적인 패턴의 한 가지 입니다. 공기나 유체상을 자유롭게 부유하는 독립적인 입자들이 특정 거리 안으로 가까워졌을 때 서로의 인력에 의하여 결합되어 하나의 큰 입자를 생성하며 이러한 입자는 또 다른 부유 입자를 연속적으로 끌어당김으로써 나뭇가지를 위에서 바라본 것과 같은 패턴을 생성하게 됩니다(그림 2).

GRASSHOPPER VB WORKSHOP - Diffusion Limited Aggregation System

Digital Media and Material Practice, Fall 2012, Harvard, GSD
GH version 0.9.0014

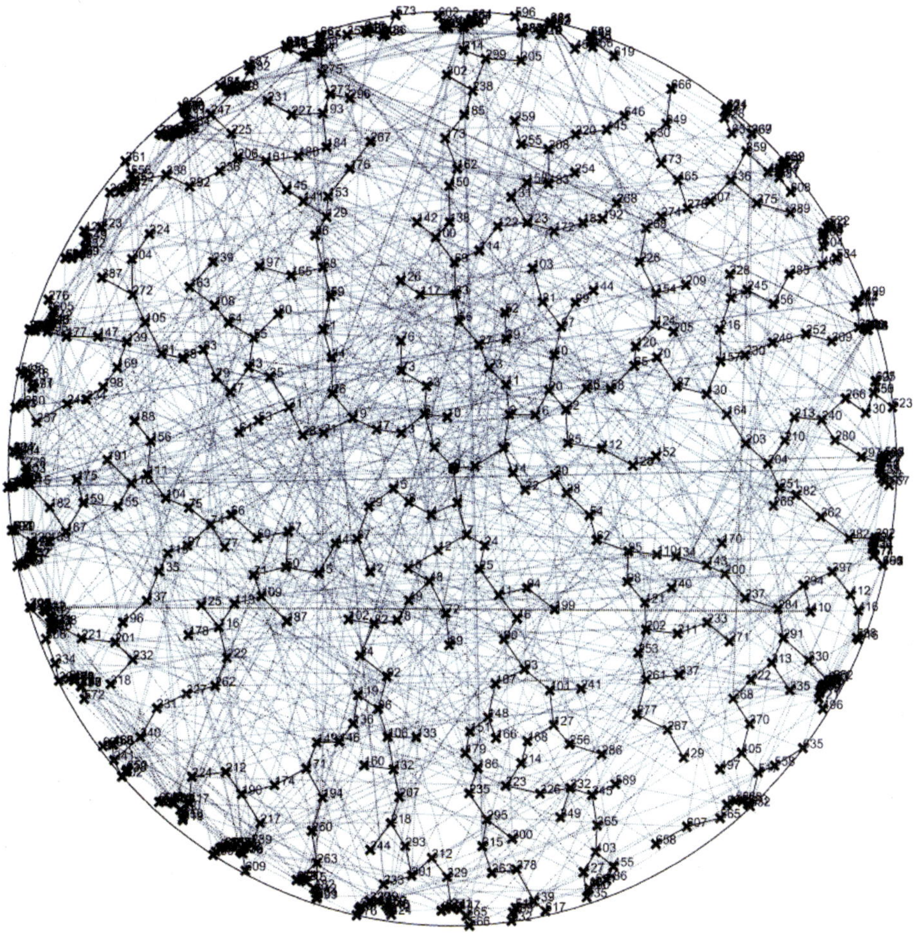

그림 1　Visual Basic으로 Grasshopper에서 구현된 DLA System.

그림 2 눈결정의 현미경 사진.

이러한 알고리즘에 대한 개략적인 이해를 통해 DLA System은 두 가지의 하부 알고리즘들로 나눌 수 있게 됩니다.

1. 첫 번째는 유체상의 부유하는 입자의 거동(Brownian Motion)에 대한 정의이며,
2. 두 번째는 입자들 간의 거리에 따라 입자들을 결합하는 과정에 대한 정의입니다.

두 가지의 과정은 상호 반복적으로 발생하게 됩니다. 즉 입자가 특정 시간 동안 특정 거리를 랜덤한 방향으로 이동하였다고 할 때, 이 입자의 새로운 위치가 기존에 생성된 입자의 집합으로부터 아주 가까운 거리에 위치한다고 하면 이 입자를 기존 입자의 집합에 포함시키고 움직임을 멈추게 됩니다. 반대로 만약 이 입자가 기존의 생성된 입자의 집합에서 아직도 멀리 위치하고 있다고 하면 이 입자는 계속 유체상을 부유하게 됩니다. 그리고 다시 일정 시간이 지나 특정 거리를 부유 후 또다시 거리를 측정하여 입자의 집합에 포함시킬지 말지를 결정하게 됩니다. 이러한 반복적인 과정을 통해서 특정한 패턴을 형성하게 됩니다(그림 3).

DIFFUSION-LIMITED AGGREGATION

The process whereby particles undergoing a random walk due to Brownian motion cluster together to form aggregates of such particles (from Wikipedia). This can be simply break down into two main processes;

Diffusion (Wandering Particle) *- Start with two points. One as a static working as an attractor, and the other as a wandering particle that gradually approaches toward the attractor over time.*

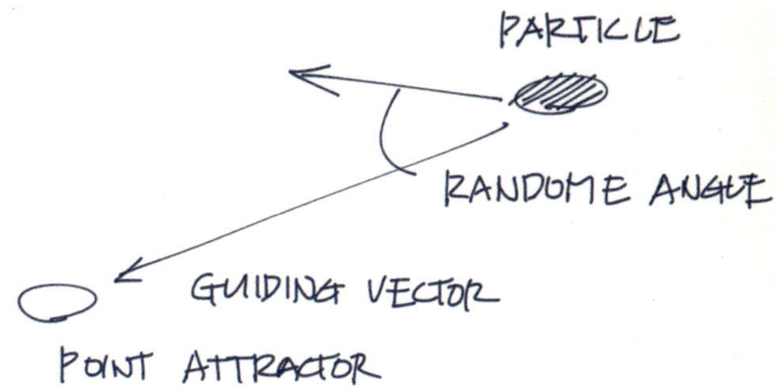

Aggregation (Sticking Particles within threshold) *- Constantly check if those two points are close enough. If yes, stop wandering and merge two points by connecting them with a single line. Otherwise, let the particle wander until it gets in to the threshold.*

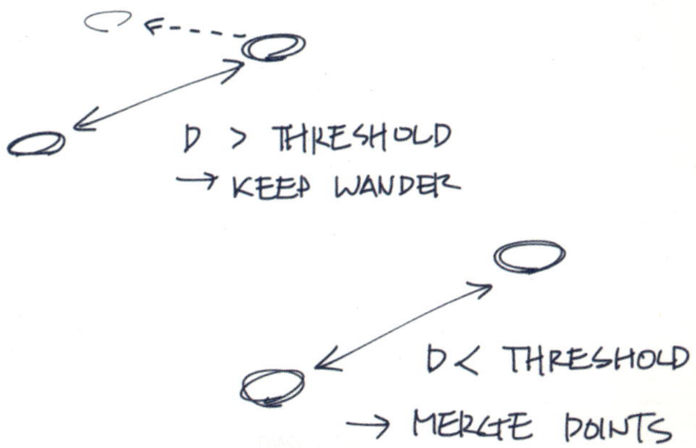

그림 3 브라운 운동을 모사하기 위한 아이디어(위), 분자 간의 거리에 따른 응집을 모사하기 위한 아이디어(아래).

PROCESS

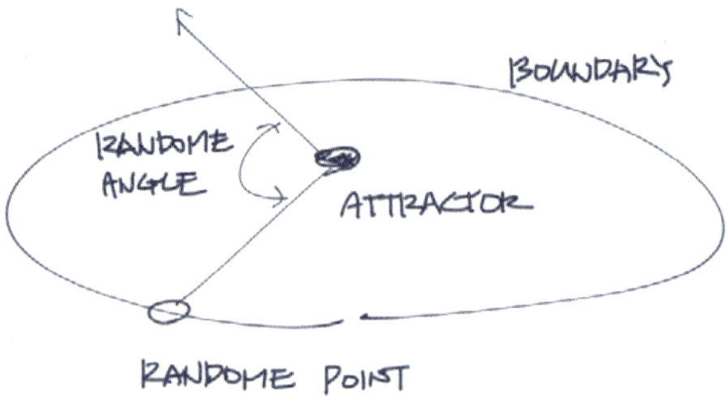

step 01
Get a random point on a given boundary. This point will gradually approach to an attractor as it wander within the boundary. The attractor will be the first aggregate as it still serve as an attractor.

그림 4 브라운 운동의 범위를 씨앗을 중심으로 일정한 반지름을 가지는 원으로 설정하고, 초기의 부유하는 입자가 이 원상의 한 점이 된다.

가장 먼저 정의해야 하는 부분은 입자의 집합을 시뮬레이션하기 위한 전체적인 밑그림을 그리는 것이었습니다. 일단 입자들의 결합의 시작점을 제공할 수 있는 씨앗(seed)이 필요합니다. 또한 부유하는 입자가 이 씨앗으로부터 너무 멀어져서 씨앗에 결합할 수 있는 가능성이 영에 수렴하는 과정을 걸러내기 위하여 분자의 운동 범위에 제한을 걸어야 했습니다. 결국 씨앗이 되는 한 점을 중심에 두고 그 주위를 둘러싸는 특정의 거리를 정의하는 원이나 구를 통해 입자가 그 영역 밖으로 나가지 못하게 함으로써 시뮬레이션의 효율성을 증대시키게 됩니다 (그림 4).

전체적인 알고리즘의 첫 번째 부분은 유체상을 부유하는 자유로운 입자에 대한 정의로 시작합니다. 브라운 운동(Brownian Motion)이라고도 불리는 이러한 움직임은 아주 거칠게 이야기해서 한 점이 특정 시간 후 공간상에서 임의의 방향으로 특정 거리를 이동하는 과정으로 단순화될 수 있습니다. 위에서 정의했던 바와 같이 시뮬레이션의 효율성의 증대를 위해 입자들은 원이나 구로 정의되는 경계 안에서 씨앗이 있는 중심을 향해서 점차 나아가는 (실제로는 그렇지 않으나 시뮬레이션의 효율성을 위해) 특정의 방향성을 가져야 합니다. 이를 위해 입자들은 경계가 되는 원이나 구상의 한 점으로 출발하여 (해당 점에서의) 원이나 구의 접선 벡터보다 작은 각도 범위 안에 있는 랜덤한 각도를 가지면서 출발하게 됩니다. 특정 시간 동안의 움직임을 구현하기 위해 각도 벡터를 이용해 (추후에 수정할 수 있는) 가변적인 거리를 이동해 입자의 위치를 새로운 위치를 정하게 됩니다(그림 5).

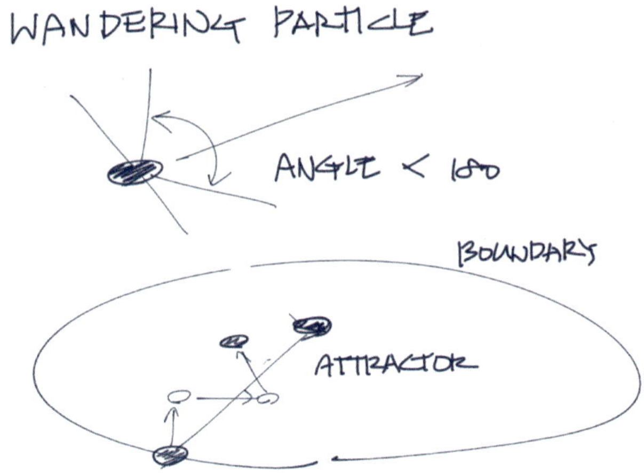

step 02
When wandering a particle, keep the random angle less than 180 degrees to force the particle move toward the attractor. Otherwise, the particle might be lost in the space.

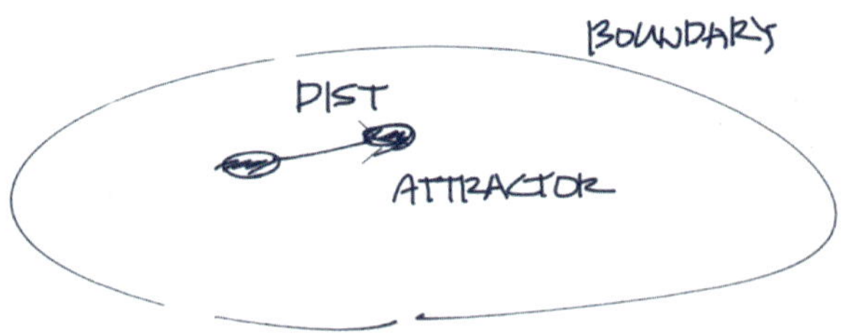

step 03
Every time moving the particle, check the distance between the two points to see if they are close enough to get merged.

그림 5 원 위에서 출발한 점은 해당 점의 위치에서 원의 접선 벡터보다 작은 각도의 범위 안에서 랜덤한 값을 가지게 된다. 이로써 이 점은 랜덤한 움직임을 보이는 동시에 씨앗으로 점차적으로 접근하게 된다. 이로써 브라운 운동을 하는 입자는 원의 범위를 벗어나지 않게 되어 시뮬레이션의 효율성이 증대한다(위). 점이 움직일 때마다 씨앗 점과의 거리를 구해서 둘 간의 거리가 충분히 가까워졌는지를 확인한다(아래).

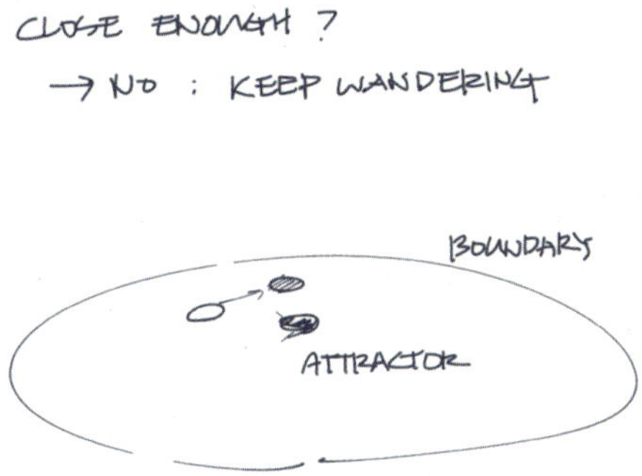

step 04
If they are not close enough, then kee
particle wandering.

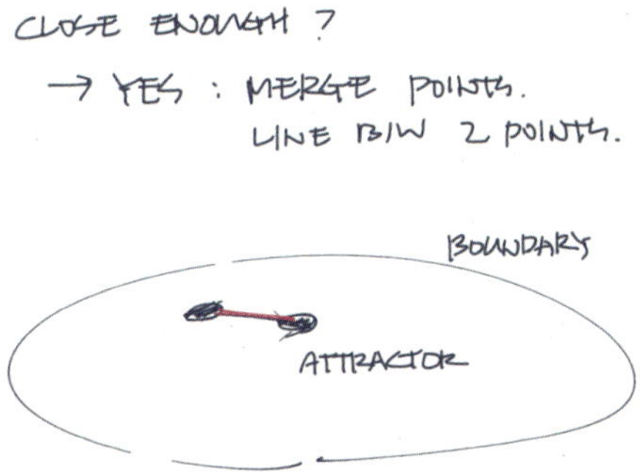

step 05
If yes, merge two points, connecting t
with a single line. Two points form a
set of aggregate.

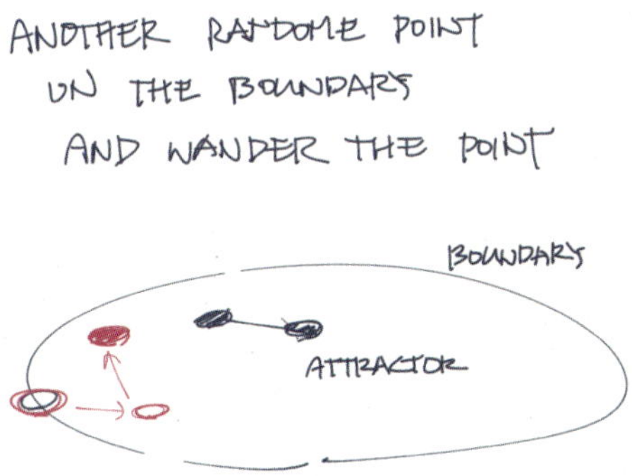

step 06
Get another random point on the boundary and get it wander.

그림 6 씨앗과 부유 입자 간의 거리를 측정 후 미리 설정한 한계 값(이 값 아래로 가까워지면 움직임을 멈추고 씨앗 집합의 일부가 되는 거리)보다 작지 않다면 부유 입자를 계속 움직이게 한다(위). 씨앗과 부유 입자의 거리가 한계 값 이하가 된다면 움직임을 멈추고 씨앗 집합의 일부가 되도록 한다(가운데). 새로운 부유 입자를 원 위의 한 점으로 설정하고 같은 과정을 반복하게 된다(아래).

알고리즘의 두 번째 부분은 이렇게 위치가 변하게 된 입자가 씨앗에 얼마만큼 가까워졌는지를 측정하고, 입자가 미리 설정된 (그러나 추후에 변경 가능한) 거리보다 작거나 같은지를 따져서 1) 만약 작거나 같다면 그 시점의 위치를 고정하고 이를 씨앗(집합 : aggregation)의 일부로 설정하고 다음번의 입자를 경계가 되는 원이나 구로부터 출발시키거나, 2) 만일 입자가 미리 설정된 거리보다 여전히 멀리 있다면 그 입자를 한 번 더 임의의 각도와 거리를 통하여 이동시키고 두 과정을 반복하게 됩니다. 이러한 단순한 두 가지의 과정을 조건적/순차적으로 반복함으로써 주어진 경계로부터 씨앗을 향하는 입자들이 일정한 거리의 범위에 이르게 되면 운동을 멈추고 점차 큰 입자의 집합을 만들어 나가게 됩니다(그림 6).

하나의 씨앗까지의 거리를 알아내는 것은 상대적으로 쉽지만 일단 씨앗이 주변의 입자를 흡수하여 많은 수의 점으로 구성된 씨앗의 군집이 되면 이러한 거리 측정의 과정이 조금 복잡해집니다. 즉 초기 하나의 씨앗과 하나의 운동하는 입자가 있을 때에는 단순한 일대일의 거리 측정의 과정이 씨앗이 여러 개의 분자로 구성되는 단계에 이르면서는 일대다의 거리 측정을 통해서 그중 운동하는 점과 가장 가까운 씨앗까지의 거리를 헤아려야 합니다. 이를 위해 씨앗이 되는 입자들을 하나의 집합으로 구성하고 운동하고 있는 입자와 씨앗 입자 집합의 구성원들 하나하나 거리를 측정하고 이를 작은 순서로 나열합니다. 이 중 가장 작은 거리를 알아낸 뒤 이를 미리 설정된 한계치와 비교하는 또 다른 알고리즘이 두 번째 알고리즘의 하위 알고리즘으로 위치하게 됩니다(그림 7).

이제 지금까지 이야기한 두 가지 기본이 되는 알고리즘을 파라메트릭 툴을 사용하여 디지털 모형화하는 과정에 대해 이야기해 보겠습니다. 유한 확산 집합체의 첫 번째 모듈은 일정한 공간상에서 브라운 운동을 하는 입자를 시뮬레이션하는 것이었습니다. 이를 구현하기 위해서 가장 먼저 정의해야 했던 부분은 "일정한 공간상"이라는 조건이었습니다. 실제로 눈 결정을 생성하는 수분의 분자는 끝이 없이 확장되어 있는 공기 중이라는 공간상에 임의의 점에 위치하며 이 특정의 분자가 다음 순간에 어느 점으로 이동할지, 그리고 어떠한 방향으로 얼마만큼 이동할지에 대한 범위에 대한 제한은 없다고 볼 수 있습니다.

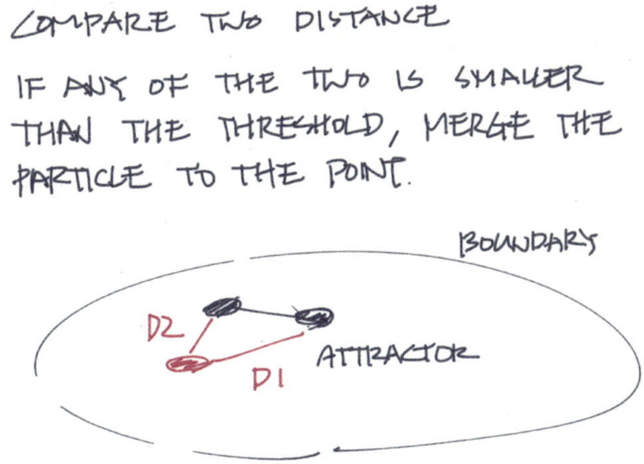

step 07
Check distance from the wandering particle to each aggregate every time the particle moves. If any of the two distance is within the threshold, merge the particle to the nearer aggregate. If none of the two meets the condition, keep it wandering.

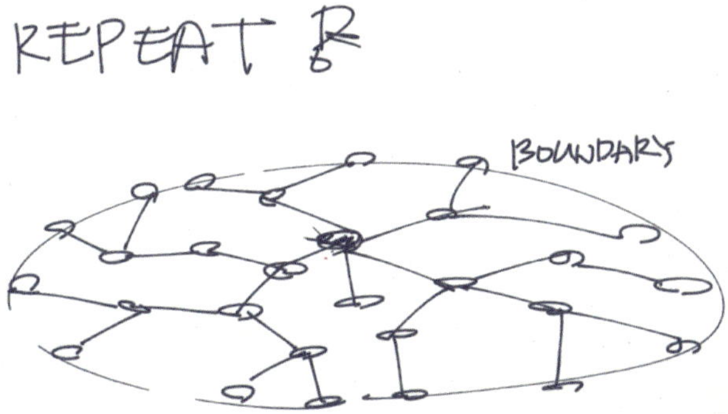

step 08
Repeat until you like the pattern.

그림 7 다수의 점이 씨앗의 집합에 이미 포함되어 있는 경우, 부유 입자는 씨앗의 집합 내의 모든 점들과 거리를 측정하여 이 중 가장 작은 값을 선택한 후 이를 한계 값과 비교하여 계속 움직일 것인지 아닌지를 결정한다(위). 이러한 과정의 반복을 통하여 전체 패턴을 형성하게 된다(아래).

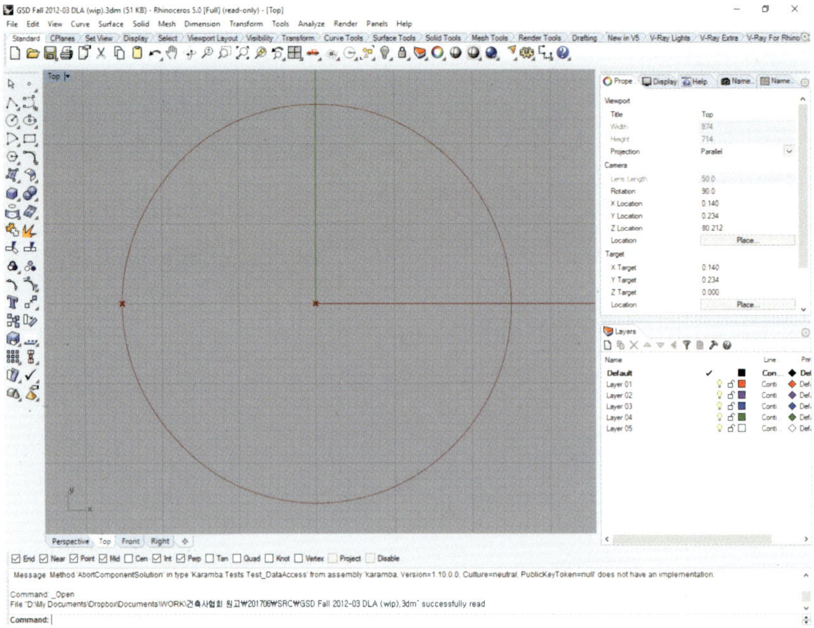

그림 8 원의 중심에 씨앗이 위치하고 원상의 랜덤한 위치에 부유 입자가 위치하게 된다.

물론 바람과 기압, 중력과 분자 간의 인력의 영향이 그 범위에 영향을 미치겠으나, 패턴을 연구하기 위한 차원의 간략화된 시뮬레이션에서는 그러한 영향을 모두 고려하여 상기의 "일정한 공간상"의 범위를 정의하기보다는 조금 더 직관적이고 효율적으로 패턴을 형성하는 주된 알고리즘을 실험할 수 있는 범위를 설정하는 것이 보다 현실적이라는 판단하에 임의의 원 안으로 그 범위를 좁히게 됩니다. 분자들이 이동할 수 있는 범위를 제한함으로써 반응이 일어나는 속도를 높이게 되며 반응을 일으키지 않고 사라져 버리는 분자를 시뮬레이션에서 원천적으로 제외함으로써 반응의 효율을 높이게 됩니다(그림 8).

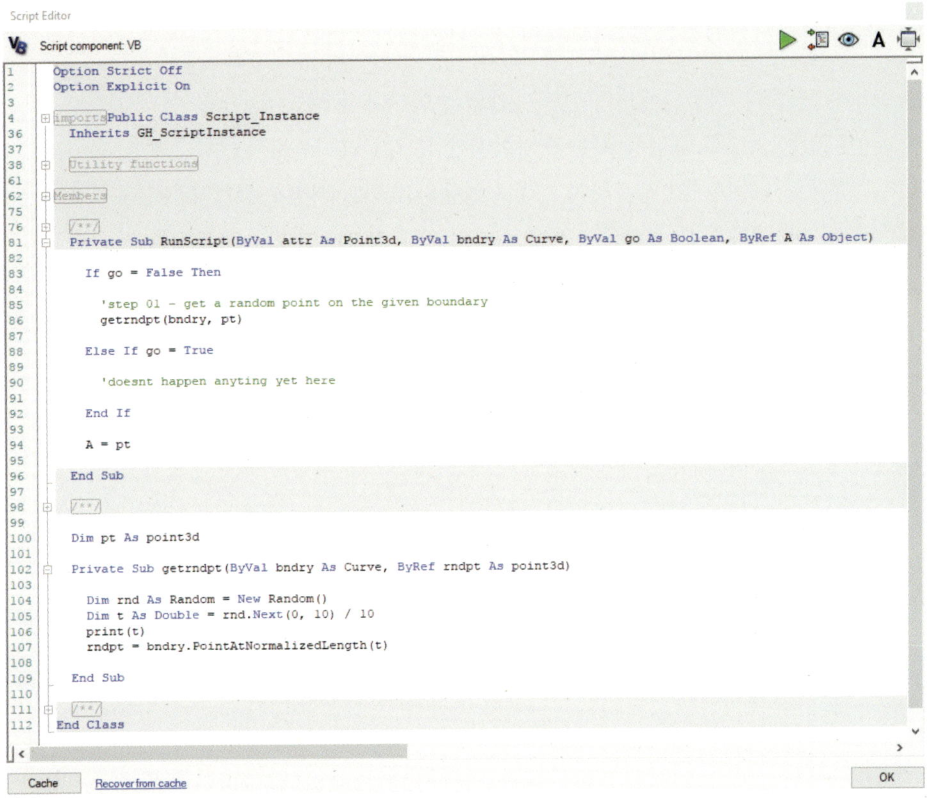

그림 9 Visual Basic scripting

원을 반응이 일어날 수 있는 공간의 경계로 정의하였다는 것은 특정의 분자가 그 원 위의 한 점에서 출발해야 한다는 것을 의미하므로 반응을 시작하기 위한 분자는 반드시 해당하는 원의 한 점에 있어야 합니다. 이는 Visual Basic에서 다음과 같은 코드(code)로 표현될 수 있습니다(그림 9).

- 104 – 105행 : 랜덤 함수를 이용하여 0에서 10 사이의 임의의 정수를 생성하고 이를 다시 10으로 나눔으로써 0과 1 사이의 유리수를 구해 내는 과정입니다. 컴퓨터에서 구현되는 랜덤은 인간이 일정한 패턴임을 인식할 수 없는 거대한 패턴상의 한 숫자이지만 본 시뮬레이션에서는 충분한 임의성을 만족한다고 생각하여 그대로 사용하게 되었습니다. 상기의 과정은 0과 1사이의 수를 10으로 나눔으로써 소수점 한 자릿수까지의 밀도를 가지게 되나 이는 물론 랜덤 함수의 최댓값과 이를 나누는 값을 바꿈으로써 유리수의 밀도를 더욱 증가시킬 수 있습니다.
- 107행 : 시뮬레이션의 경계를 나타내는 원, 즉 bndry(변수의 이름 : boundary)라는 곡선의 길이를 1이라고 가정하였을 때 그 곡선상에 위에서 구한 랜덤 값을 통해 원주상에 점을 위치시키는 과정을 설명하고 있습니다.
- 이러한 과정은 102행에서부터 109행까지 하나의 모듈로 함수화되어서 83행에서 code의 실행을 위한 switch가 비활성화되어 있을 시 86행을 통하여 실행되도록 되어 있습니다. 즉 본격적인 시뮬레이션이 시작되기 앞서서 시뮬레이션의 첫 점이 될 점을 원상의 한 점으로 랜덤하게 정해 놓는 것입니다.
- 이렇게 구해진 점은 102행에서 rndpt(변수명 : random point)을 통해 점의 형식으로 함수의 output이 되어 86행에 pt(변수명 : point)라는 이름으로 전달되고 94행을 통하여 Rhino의 화면상에 나타나게 됩니다.

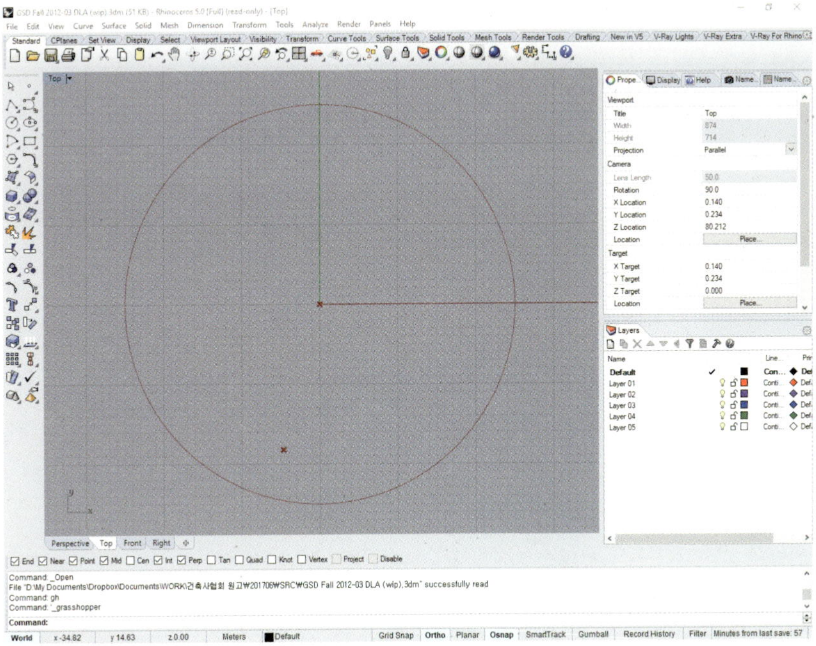

그림 10　원 위에 있던 초기 부유 입자가 원의 중심을 향해 서서히 브라운 운동을 시작하는 모습.

위의 과정을 통하여 시뮬레이션의 경계가 되는 영역을 원을 통하여 설정하였으며 시뮬레이션의 첫 단추가 되는 첫 번째 분자의 위치를 그 경계가 되는 영역상의 한 점으로 정의하였습니다. 또한 그림 9에서 보는 바와 같이 원의 중심이 되는 곳에 씨앗이 되는 점을 위시시켜 이 점이 결정의 핵이 되도록 설정해 놓았습니다. 이제 두 번째 과정에서는 경계상의 임의의 점이 원의 중심을 향하여 접근하는 브라운 운동을 간략하게 시뮬레이션해 보도록 합니다(그림 10). 브라운 운동은 물론 이렇게 간단히 구현되지는 않으나 간략하고 효율적인 패턴의 시뮬레이션을 위해서 고안된 방법은 다음과 같습니다. 점의 현재 위치에서 씨앗까지를 잇는 벡터를 정의하고 이 벡터를 좌우 45도 방향(점이 점차적으로 원의 중심으로 가도록 하기 위해서이며 해당 점에서 원의 접선보다 각도가 작을수록 효율적이지만 범위가 너무 좁아지면 패턴의 형상에 영향을 미치게 됨)으로 랜덤하게 회전시켜서 이 벡터를 이용하여 현재의 점을 다음 순간의 점으로 이동시키도록 합니다(그림 11).

Script Editor

Script component: VB

```
61
62  [+] Members
75
76  [+] /**/
81  Private Sub RunScript(ByVal attr As Point3d, ByVal bndry As Curve, ByVal go As Boolean, ByRef A As Object)
82
83    If go = False Then
84
85      'step 01 - get a random point on the given boundary
86      getrndpt(bndry, pt)
87
88    Else If go = True
89
90      'step 02 - the random point starts to wander toward an attractor
91      wanderpt(pt, attr, pt_wander)
92      pt = pt_wander
93
94    End If
95
96    A = pt_wander
97
98  End Sub
99
100 [+] /**/
101
102  Dim pt As point3d
103  Dim pt_wander As point3d
104
105  Private Sub getrndpt(ByVal bndry As Curve, ByRef rndpt As point3d)
106
107    Dim rnd As Random = New Random()
108    Dim t As Double = rnd.Next(0, 10) / 10
109    rndpt = bndry.PointAtNormalizedLength(t)
110
111  End Sub
112
113  Private Sub wanderpt(ByVal pt_in As point3d, ByVal attr As point3d, ByRef pt_out As point3d)
114
115    Dim rnd As Random = New Random()
116    Dim ang As Integer = rnd.Next(-45, 45)
117    Dim vec As vector3d = attr - pt_in
118    vec.Unitize
119    Dim rot_axis As vector3d = New point3d(pt_in.X, pt_in.Y, 1.0) - pt_in
120    vec.Rotate(rhino.RhinoMath.ToRadians(ang), rot_axis)
121
122    pt_out = pt_in + vec
123
124  End Sub
125
126 [+] /**/
127 End Class
```

Cache　Recover from cache　OK

그림 11　Visual Basic scripting

- 113행 – 124행 : 브라운 운동을 시뮬레이션하는 함수의 모듈입니다.
- 115행 – 116행 : -45에서 45까지의 임의의 정수를 랜덤 함수를 통하여 생성하고
- 117행 – 118행 : 현재의 점에서 씨앗이 되는 점 사이의 벡터를 구한 후 이를 단위 길이를 가지는 벡터로 전환합니다. 이는 두 점 간의 거리 값을 제거하고 순수하게 방향만을 취하기 위함입니다.

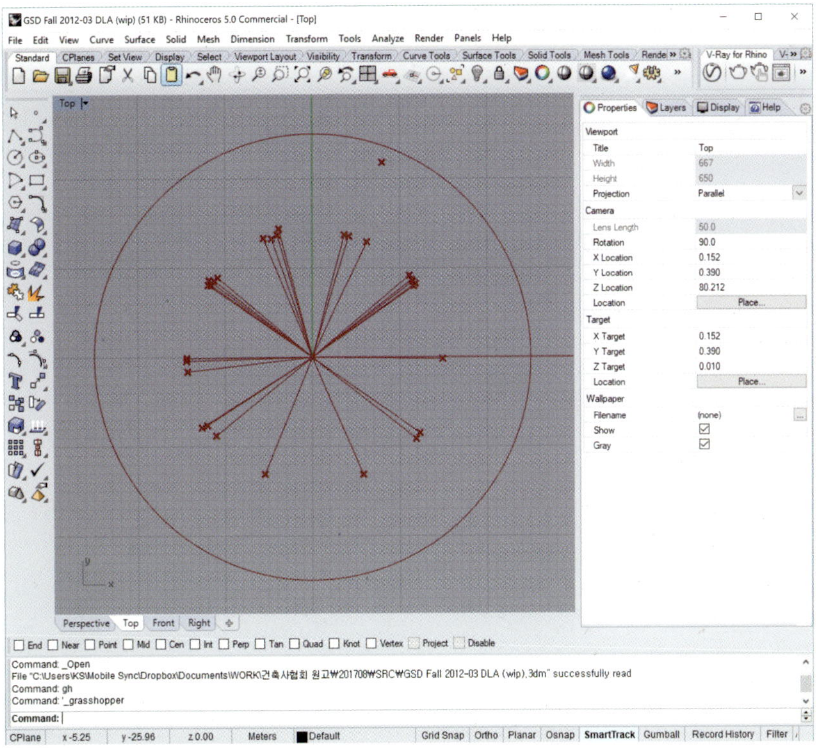

그림 12 몇 번의 사이클을 거침에 따라 다수의 부유 입자가 씨앗으로부터 정해진 한계거리 근처에서 운동을 멈추고 씨앗의 일원이 되는 모습.

- 119행 – 120행 : -45에서 45도 사이의 임의의 값으로 위의 벡터를 회전시킨 후
- 122행 : 회전된 벡터를 이용하여 주어진 점을 이동시키게 됩니다.
- 이러한 브라운 운동의 모듈은 88행에서 switch가 활성화되었을 때 91행을 통하여 실행되며 이 과정에서 switch가 비활성일 때 생성된 원 위의 임의의 점을 이동시키고 이를 92행 및 96행을 통하여 Rhino의 화면상에 나타나게 해 줍니다.

이제 이 점들이 씨앗이 되는 점과의 거리가 특정한 거리 이하가 될 경우 움직임을 멈추고 두 점 사이의 선분을 생성하는 과정을 살펴보도록 합니다(그림 12). 이

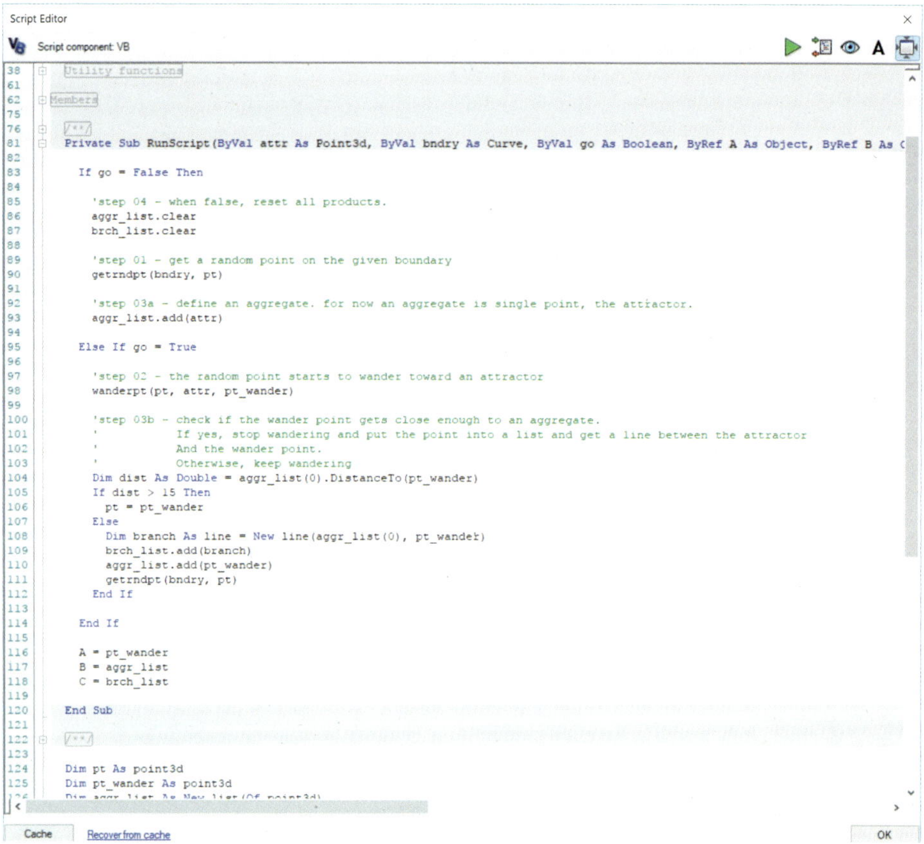

그림 13 Visual Basic scripting

는 실제 유한 확산 집합체의 경우에 브라운 운동을 하던 입자가 이미 생성된 거대 결정과의 거리가 굉장히 가까워짐에 따라 물리적, 화학적 반응에 의하여 거대 결정에 편입되어지는 과정을 시뮬레이션하기 위한 단순화된 디지털 모형이라고 생각할 수 있겠습니다.

위의 과정을 시뮬레이션하는 코드입니다(그림 13). 이전의 단계에서 step 03a, step 03b, step 04이 추가되었습니다.

- 93행 : 씨앗이 되는 점에 일정 거리 이하로 가까워지는 입자들을 저장하기 위한 새로운 점의 list를 정의하는 부분입니다.
- 104행 – 111행 : 브라운 입자와 씨앗이 되는 점의 거리를 측정하고 거리가 일정 거리 이상이라면 브라운 운동을 계속하고 그렇지 않다면 운동을 멈추고 두 점 사이의 선분을 생성하고 선분과 부유 입자를 새로운 list에 저장하고 이를 화면상에 나타내 주는 부분입니다.
- 104행 : 부유 입자와 씨앗 점의 거리를 측정하고,
- 105행 : 위의 거리 값을 임의의 숫자인 15(추후에 변수화할 수 있는 임의의 설정 값)와 비교하여 거리가 이보다 크다면, 즉 부유 입자가 씨앗에 충분히 가깝지 않다면
- 106행 : 이 점을 이용하여 브라운 운동을 계속할 것을 명령합니다. 98행에서 볼 수 있듯이 106행은 브라운 운동을 정의하는 wanderpt(함수명 : wander point)라는 함수의 결과 값인 pt_wander(변수명 : wander point)를 함수의 초깃값인 pt에 대입함으로써 사실상 브라운 운동을 반복할 것을 이야기하고 있습니다.
- 107행 : 만약 거리 값이 15(추후에 변수화할 수 있는 임의의 설정 값)보다 작다면, 즉 충분히 가까워졌다고 판단이 될 경우는
- 108행 : 두 점 간을 잇는 선분을 생성하고 이 선분 및 점을 두 개의 새로운 list인 brch_list 및 aggr_list에 넣어 주게 됩니다.

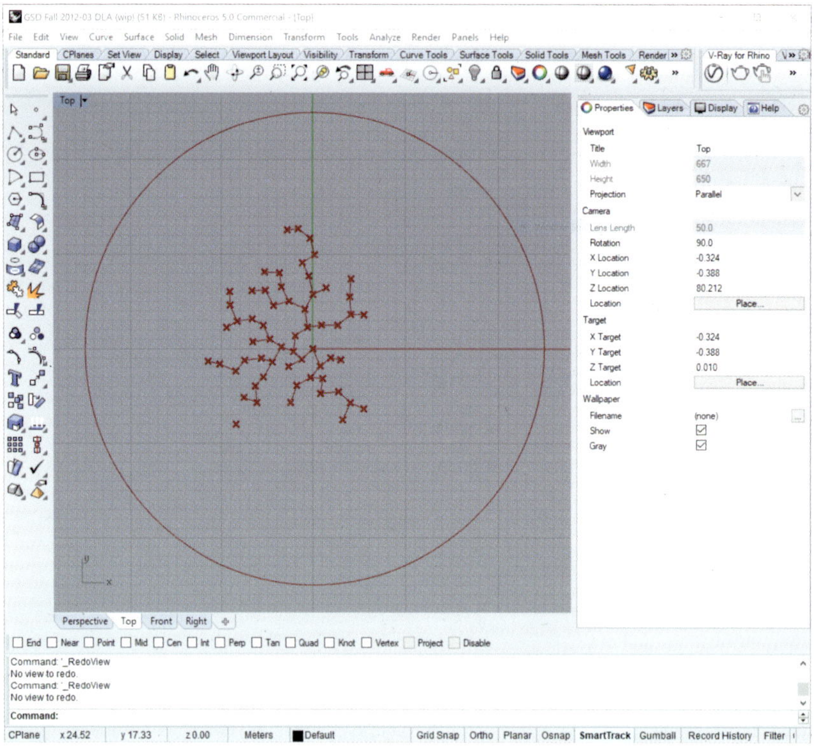

그림 14 항상 하나의 씨앗을 사용했던 그림 12의 경우와 다르게 전 단계까지에서 생성된 모든 점의 집합을 씨앗 삼아서 거리를 측정함으로써 생기는 패턴의 변화.

방금 살펴본 단계에서 실제의 유한 확산 집합체와 조금 달랐던 부분은 부유 입자가 항상 가장 초기에 설정된 씨앗 점으로부터의 거리만을 측정하고 이를 토대로 운동의 정지 여부를 결정한다는 점입니다. 실제적으로는 현재 움직이고 있는 부유 입자는 이미 생성된 결정체의 모든 점들을 통틀어서 가장 가까운 점과의 거리를 기준으로 운동의 추가 발생 및 정지 여부를 결정해야 합니다(그림 14).

Script Editor

Script component: VB

```
97          'step 02 - the random point starts to wander toward an attractor
98          wanderpt(pt, attr, pt_wander)
99
100         'step 03b - check if the wander point gets close enough to an aggregate.
101         '           If yes, stop wandering and put the point into a list and get a line between the attractor and the wande
102         '           Otherwise, keep wandering
103         'Dim dist As Double = aggr_list(0).DistanceTo(pt_wander)
104         'If dist > 15 Then
105         '   pt = pt_wander
106         'Else
107         '   Dim branch As line = New line(aggr_list(0), pt_wander)
108         '   brch_list.add(branch)
109         '   aggr_list.add(pt_wander)
110         '   getrndpt(bndry, pt)
111         'End If
112
113         'step 05 - check all distance from an wander point, get the closest aggregate, then check if they are close enough
114         '          If yes, stop wandering and put the point into a list and get a line between the attractor and the wander
115         '          Otherwise, keep wandering
116         Dim dist_stack As New list (Of Double)
117         Dim pt_stack As New List (Of point3d)
118
119         dist_stack.add(pt_wander.DistanceTo(attr))
120         pt_stack.Add(attr)
121
122         For i As Integer = 0 To aggr_list.count - 1
123           Dim pt_current As point3d = aggr_list(i)
124           Dim dist_current As Double = pt_wander.DistanceTo(pt_current)
125           If dist_current < dist_stack(dist_stack.count - 1) And dist_current > 0 Then
126             dist_stack.add(dist_current)
127             pt_stack.Add(pt_current)
128           End If
129         Next
130
131         Dim dist As Double = dist_stack(dist_stack.count - 1)
132         If dist > 2 Then
133           pt = pt_wander
134         Else
135           Dim branch As line = New line(pt_stack(pt_stack.Count - 1), pt_wander)
136           brch_list.add(branch)
137           aggr_list.add(pt_wander)
138           getrndpt(bndry, pt)
139         End If
140
141       End If
142
143       A = pt_wander
144       B = aggr_list
145       C = brch_list
146
147     End Sub
```

Cache　Recover from cache　OK

그림 15　Visual Basic scripting

이를 알고리즘화하기 위해서 가장 먼저 결정체를 이루는 점들의 집합을 나타내는 점의 list인 aggr_list(변수명 : aggregation list)가 필요하며 이 list에는 이전 단계까지 최소의 거리를 만족하는 점들이 모두 포함되게 됩니다.

- 122행 – 129행 : 이제 부유 입자와 aggr_list 내의 모든 점들의 거리를 순차적으로 측정합니다.
- 125행 – 126행 : 부유 입자와 list상의 현재 점(for ~ next 문의 특정한 i에 해당하는 점)의 거리가 부유 입자와 list상의 바로 전의 점의 거리보다

작다면(이 거리 값이 현존하는 최소의 값이 되므로 이 거리 값이 부유 입자와 씨앗의 집합 간의 최소 거리가 될 가능성이 있습니다) 이를 거리 값을 저장하는 dist_stack(변수명 : distance stack)이라는 list에 저장합니다. 즉 dist_stack에는 dist_stack에 이미 포함되어 있는 거리 값보다 작은 거리 값이 발생 시 이를 dist_stack이라는 list에 추가합니다.

- 131행 : 이 과정을 aggr_list상의 모든 점을 대상으로 반복하면 가장 마지막에 추가된 거리 값이 부유 입자로부터 기존에 생성된 결정체까지의 가장 최소가 되는 거리가 됩니다.
- 132행 – 139행 : 그다음 과정은 전 단계에서 살펴본 것과 같은 알고리즘이며 거리의 최솟값이 임의의 거리 값 2(추후에 변수화할 수 있는 임의의 설정 값. 이전 단계에서는 15로 설정되었습니다)보다 클 경우는 브라운 운동을 반복하고, 그렇지 않을 경우는 브라운 운동을 정지하고 해당 부유 입자를 결정채의 list에 포함시키고, 새로운 사이클을 시작하는 과정을 반복하게 됩니다.

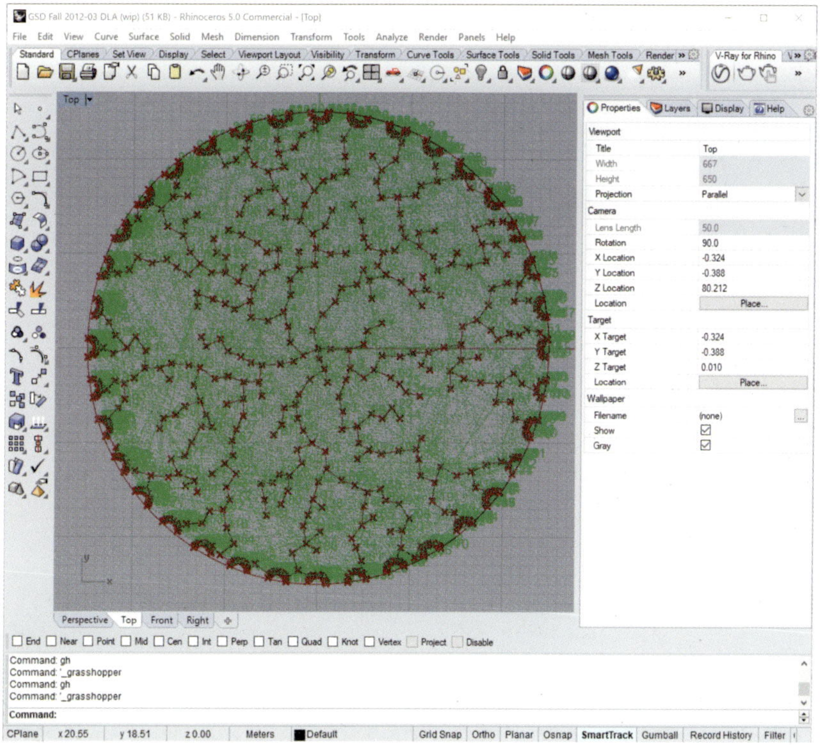

그림 16 최종 시뮬레이션이 끝난 후 생성된 패턴.

브라운 운동과 유한 확산 집합체의 과학적이고 실제에 가까운 정밀한 시뮬레이션은 아니었으나 상기의 과정을 통해 알 수 있는 바는 복잡해 보이는 자연 현상도 작은 단위와 단계로 나누어 본다면 단순한 몇 개의 알고리즘의 집합으로 이루어질 수 있다는 점입니다. 위의 과정을 통해서 얻어진 패턴은(그림 16) 그러한 복잡함 속에 숨어 있는 몇 개의 단순한 과정이 만들어 내는 자연의 미학을 잘 표현해 준다는 생각이 듭니다.

013

메커니즘의 이해와 재해석

Understanding & Reinterpreting Mechanism

이번 장에서는 2012년 Harvard GSD의 advanced parametric design workshop에서 진행했던 내용을 바탕으로 종이접기 시뮬레이션(simulation)에 관한 내용을 이야기해 보겠습니다.

메커니즘의 이해 : 개념화(Understanding Mechanism: Conceptualize)

오리가미(Origami)로 흔히 알려진 종이접기는 종이라는 단순한 재료를 사용하여 다양한 지오메트리(geometry)를 만들어 낼 수 있다는 점에서 형태를 다루는 건축가, 조각가, 혹은 취미 활동가 들에게 오랫동안 재미있는 소재가 되어 왔다고 할 수 있습니다. 특히나 건축가나 조각가 들에게는 접기를 통하여 종이가 원래 가지고 있는 휨에 약한 특성을 극복하고 강성을 확보하여 지지대가 없는 구조물들을 손쉽게 만들어 낼 수 있으므로 더욱더 많은 탐구의 대상이 되지 않았나 생각합니다.

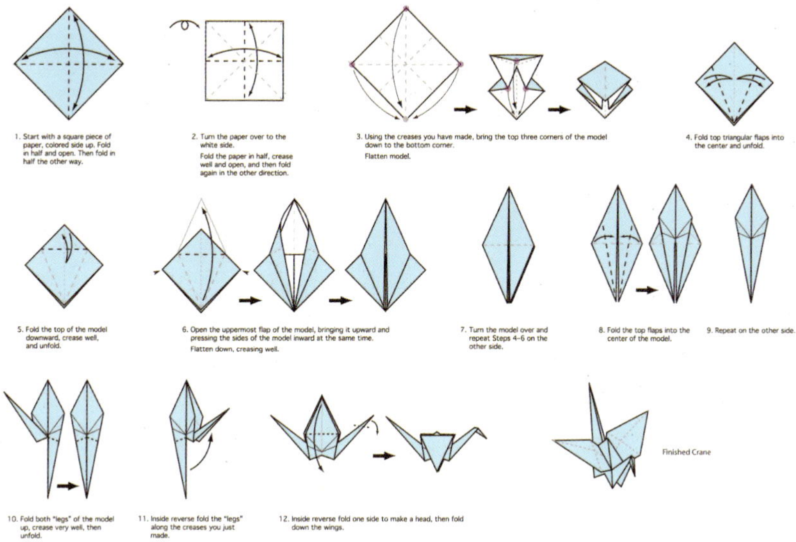

그림 1 Image Source – http://my.chicagobotanic.org/visiting-the-garden/origami-cranes/attachment/origami-crane-how-to-2/

종이학을 접을 때조차 익숙해지기 이전에는 지금 접는 부분이 최종의 결과물에서 어떤 역할을 하게 될지 상상하기가 쉽지 않습니다(그림 1). 접기의 방식이 어떠한 형태로 변형되는지에 대해 실재로 접어 보기 전에는 그 결과를 정확히 알 수 없다는 점 때문에 종이접기는 필연적으로 많은 시행착오를 겪게 됩니다. 전체적인 큰 그림을 생각하면서 동시에 구체적이고 단계적으로 접근을 하는 것이 필요하며, 아주 작은 모듈(module)로부터 생각을 전개해 나가는 것이 더 효과적일 수 있다고 생각했습니다.

그림 2 Image source – http://www.cookinglight.com/

그림 3 Image source : http://www.cookinglight.com/

워크숍에서는 한 장의 종이를 접어서 지붕 구조물을 만드는 것을 목표로 하였습니다. 얇은 종이가 접혔을 때 단면의 높이가 확보되면서 강성을 확보하기에, 단면의 높이를 증가시킴과 동시에 지붕 면적을 확보하는 여러 가지 접기의 방식이 시도되었습니다. 최종적으로 선택된 방법은 사각형의 평평한 지붕 면들이 이들을 둘러싼 각 변의 주변을 삼각형으로 접어서 단면의 높이를 확보하는 방식이었습니다. 마치 망고 반쪽에 칼집을 내어서 이를 먹기 좋게 벌려 놓는 것에 비유할 수 있습니다. 단면의 높이를 증가시키기 위해서는 종이의 일부분이 원래 종이의 면과 수직하는 부재로 접혀야 하며 결국은 수평 투영 면적이 감소하게 됩니다. 이는 마치 망고에 칼집을 내어서 네모난 조각들을 잘라 내는 과정의 역순으로 볼 수 있다고 생각했습니다(그림 2).

망고에 정사각형의 칼집을 내고 이를 휘었을 때 발생하는 개별 조각들 사이의 틈에 만약 가상의 면들이 존재한다면(그림 3), 힘을 빼고 망고를 원상 복귀시켰을 때 가상의 면들은 어떤 방식으로든 접혀서 개별 조각의 옆면을 형성하게 될 것이며 이러한 접히는 면들이 바로 단면의 깊이를 증가시켜서 강성을 확보해 주는 역할을 하게 될 것입니다.

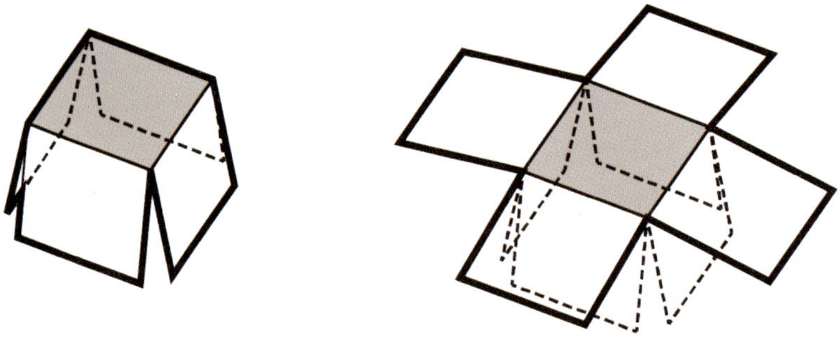

그림 4 십자가 형상의 평평한 모듈이 접히면서 단면의 깊이가 증가하는 모습.

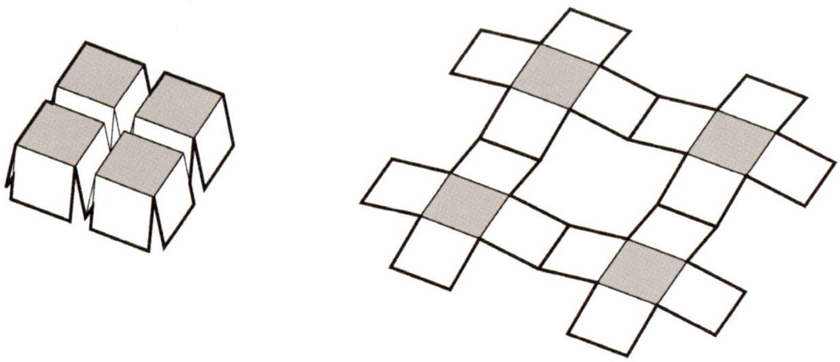

그림 5 복수의 모듈이 연결되었을 때 펼쳐졌을 때, 모듈들 간에 빈 공간이 발생하게 된다.

이를 간단하게 모듈로 만든다면 하나의 정사각형과 그의 각 변에 연결된 또 다른 정사각형의 날개들로 구성이 됩니다[그림 4].

이를 복수의 모듈로 확장해 본다면 접혔을 때는 문제가 없으나 전개되었을 때 모듈 간의 빈 공간에 생기게 됩니다[그림 5].

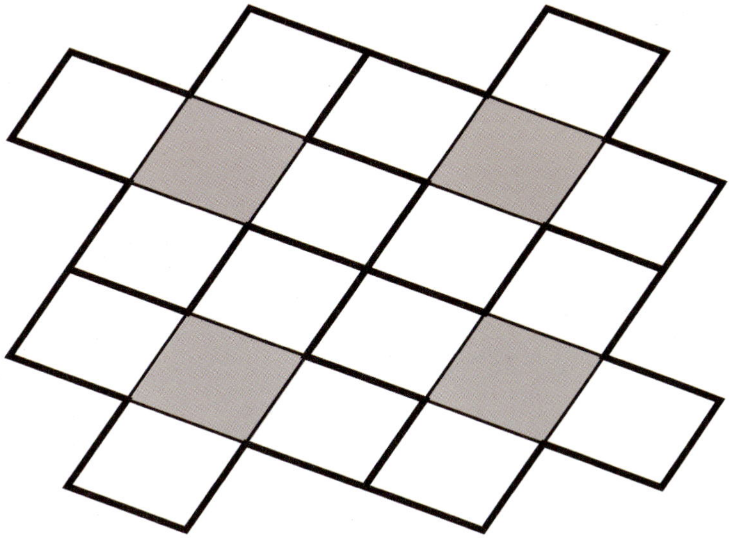

그림 6　십자가 형태의 모듈들을 엇갈리게 배치함으로써 펼쳤을 때의 모듈 간의 빈 공간을 없앨 수 있다.

사이 공간을 없애기 위해서 모듈의 배치를 그림과 같이 바꾸어 본다면, 전개 시 십자의 형상을 띤 모듈들이 빈 공간 없이 들어서는 것을 알 수 있습니다(그림 6).

이제 남은 문제는 회색으로 표시된 평평해야 하는 면을 그대로 유지하면서 서로 연결되어 있는 흰색의 부분들을 어떻게 접을지입니다. 모두 접혔을 때(칼집이 난 망고 반쪽에서 힘을 뺐을 때) 정사각형들이 서로 변을 맞대어야 하며, 이를 위해서는 그림과 같이 접히는 면의 대각선을 따라 동일한 방향으로 두 번 접어 주어야 됨을 알 수 있습니다(그림 7). 이 원리를 적용하면 모듈(정사각형과 네 방향의 날개를 포함하는 굵은 선으로 표현된 십자 모양의 형상)들이 접히는 과정에서 서로 변을 공유하게 됨을 알 수 있습니다(그림 8).

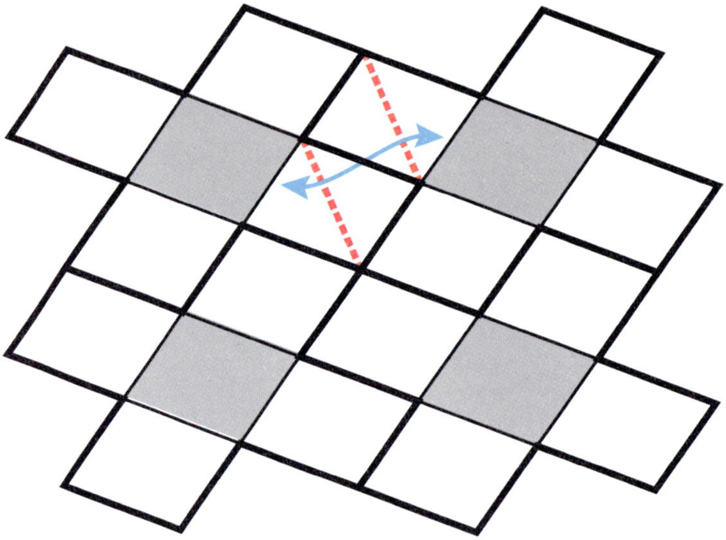

그림 7　그림 4의 접는 방식에 곁들여 대각선 방향(붉은색 점선)으로 추가로 접게 되면 회색 면이 서로 만나게 된다.

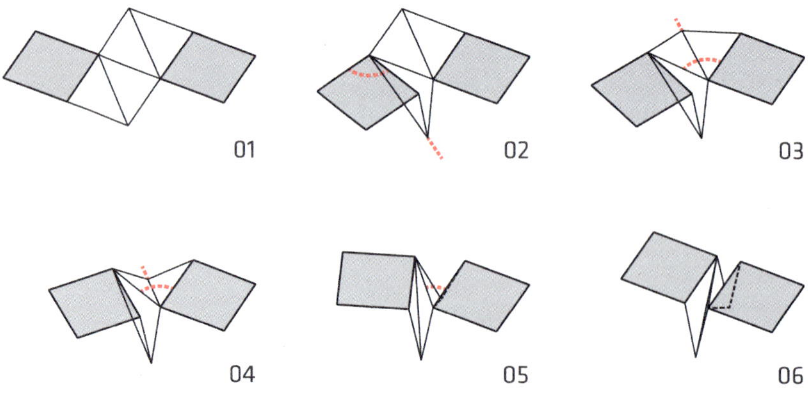

그림 8　두 개의 회색 사각형이 단계별로 접히면서 서로 만나게 되는 과정의 도해.

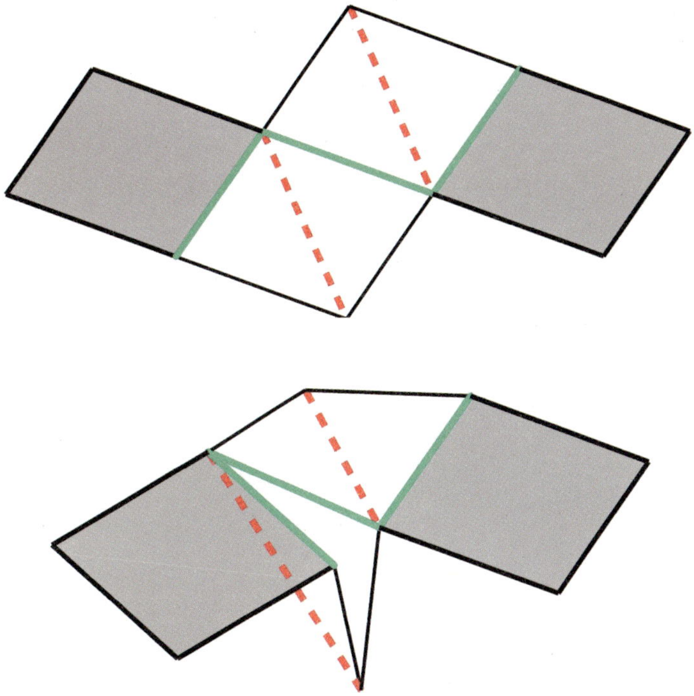

그림 9　접히는 과정을 개념화하는 과정.

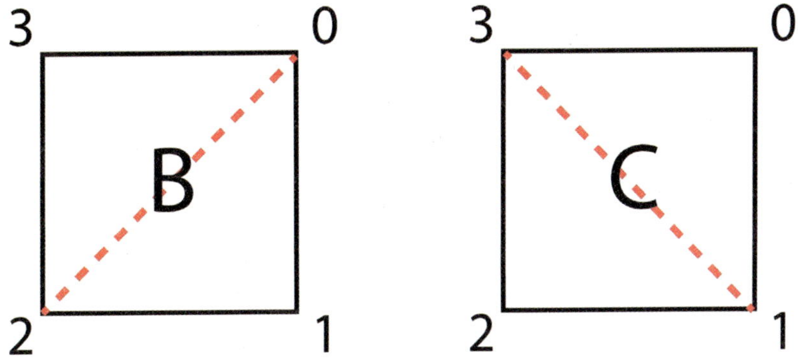

그림 10　평면상에서 보았을 때 접히는 방향에 따라 다른 코드를 부여한다.

이때 정사각형의 변을 따라서는(초록색 실선) 접히는 모서리가 위를 향하고 대각선(붉은색 점선)을 따라서는 접히는 모서리가 아래를 향하게 됩니다(그림 9).

그림 9에서 볼 수 있듯이, 회색 면은 접히지 않고 흰색 면은 대각선 방향으로 접히게 됩니다. 이를 변수화하여 입력 값으로 사용하기 위해 접히는 방식에 따라 코드(code)를 부여합니다. 전체적인 시스템이 모두 접혔을 때 표면에 드러나는 면들은 접힐 필요가 없지만 나머지 면들은 삼각형으로 어떤 방식으로든 접혀서 시야에서 사라지게 됩니다. 접히는 면들은 두 가지 방향성 중 하나를 취하게 됩니다. 하나의 정사각형 유닛(unit)에서 중심점(centroid)를 중심으로 1사분면의 점을 0번, 그리고 시계 방향으로 1, 2 그리고 3번의 점을 정의하면 B의 경우는 0번과 2번의 점을 이어 주는 대각선을 중심으로 접히되 접히는 모서리가 아래로 향하게 되고 C의 경우는 1번과 3번의 점을 이어 주는 대각선을 중심으로 접히되 접히는 모서리가 아래로 향하게 됩니다(그림 10). 이에 더불어 접히지 않는 면들은 A를 부여합니다.

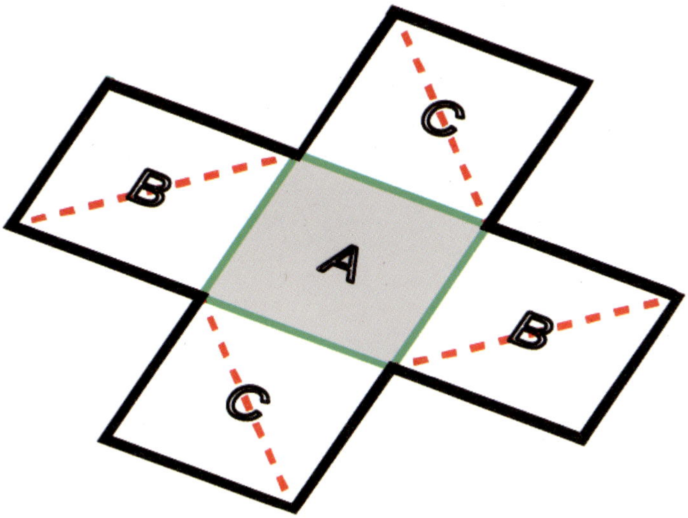

그림 11 하나의 모듈에 접는 규칙을 바탕으로 코드를 부여한 모습.

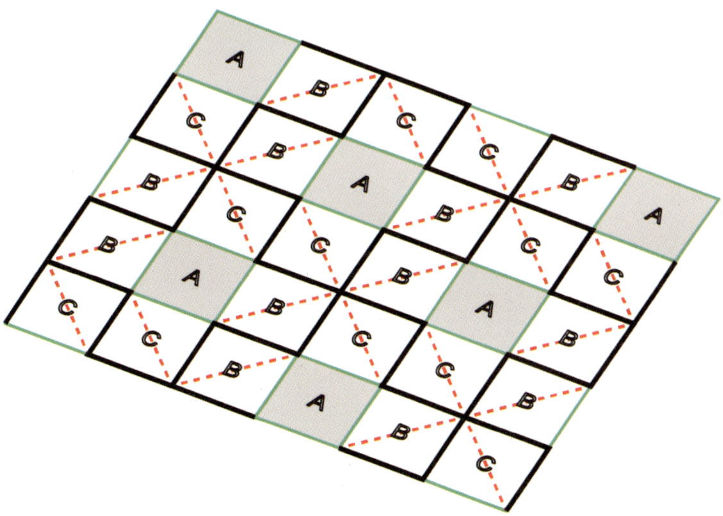

그림 12 코드의 전체 시스템으로의 확장.

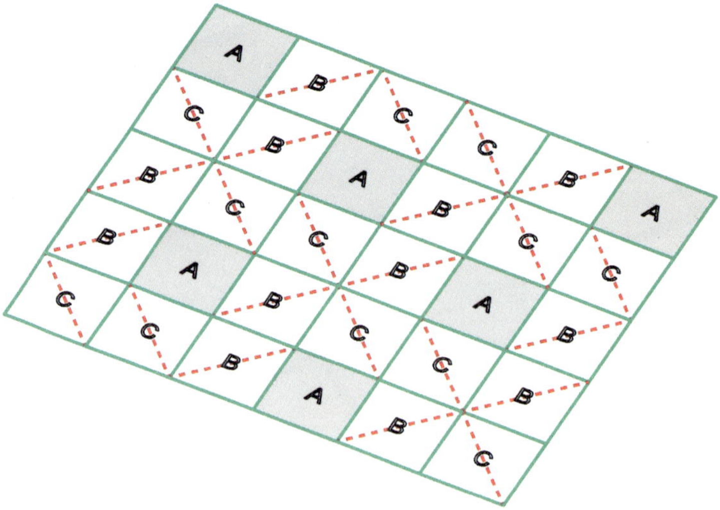

그림 13 평면에서의 접히는 방향에 의한 코드(A, B, C), 그리고 접힐 때 모서리가 위와 아래 중 어디로 향하는지(초록색 실선, 붉은색 점선)를 보여 주는 그림.

그림 9의 규칙(rule)을 회색 면을 둘러싸고 있는 나머지 세 개의 흰색 면(그림 4)에도 적용한다면 회색 면을 둘러싼 십자가 형태의 모듈의 접기 방식은 회색 면을 중심으로 일정한 회전의 방향을 가지고 흰색의 면들이 초록색 실선과 붉은색 점선을 통해 접히는 형상을 띠게 됩니다(그림 11). 전체적인 접기의 전개도는 그림 12와 같으며 접는 방향에 따라 A : 접지 않음, B : 0-2점 연결 방향으로 접음, C : 1-3점 연결 방향으로 접음으로 구분됩니다(그림 12).

그림 12에서 십자 형태의 모듈들이 만나는 선들(검은색 실선) 또한 자세히 살펴보면 접히는 모서리가 위를 향하게 접혀야 함을 이해할 수 있습니다. 즉 그림 13과 같이 정사각형들을 구획하는 변들(초록색 선)은 모두 접히는 모서리가 위를 향하고 정사각형 내 대각선들(붉은색 점선)은 접히는 모서리가 아래 방향을 향한다고 생각할 수 있습니다(그림 13). 여기서 경우의 수를 문자를 이용한 패턴으로 정의함은 추후 파라메트릭 툴에게 각 유닛으로부터 코드에 따라 적절한 데이터 세트(data set)를 추출하도록 명령하기 위함입니다.

이제 전체적인 로직(logic)을 디지털화(digitalize)하기 앞서 접는다는 행위에 대해 정확히 정의하고 넘어가기로 합니다. 모서리가 위를 향해 접히는 경우, 아래를 향해 접히는 경우, 그리고 접히지 않는 경우를 어떻게 시뮬레이션할지에 대해 생각해 봅니다. 종이를 접는다는 행위는 두 개의 접히는 면이 상호 공유하고 있는 접히는 선을 중심으로 일어나는 힌지 액션(hinge action)으로 이해할 수 있습니다. 이를 그림으로 나타내면 그림 14와 같습니다. 즉 A의 경우는 2-3의 초록색 선을 중심으로 접히는 삼각형의 꼭짓점이 아래 방향으로 회전하여 내려가고, B의 경우는 0-2의 붉은색 점선을 중심으로 접히는 삼각형의 꼭짓점이 위로 회전하여 올라가며, C의 경우는 1-3의 붉은색 점선을 중심으로 접히는 삼각형의 꼭짓점이 위로 회전하여 올라가게 됩니다(그림 14).

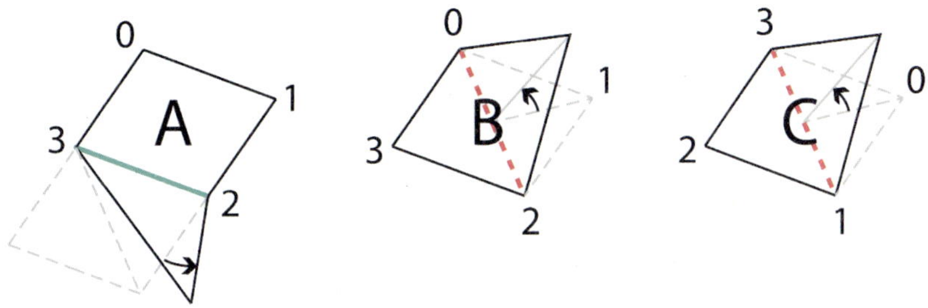

그림 14 접혔을 때 모서리가 향하는 방향에 의해 크게 두 가지의 접는 방식이 나타난다.

우리가 여기서 사용할 Grasshopper/Kangaroo의 힌지 컴포넌트(hinge component)는 다음과 같은 변수를 요구합니다(그림 15). 첫 번째 점은 공유하는 변을 시작하는 점이고, 두 번째 점은 공유하는 변이 끝나는 점, 세 번째 점은 첫 번째 면의 다른 한 점(삼각형이라 가정 시), 네 번째 점은 두 번째 면의 다른 한 점입니다. 이를 바탕으로 해당하는 점 input parameter들에 각 유닛의 해당하는 점을 넣어 주면 됩니다. rest angle은 힌지가 평형 상태에 도달하는 각도입니다.

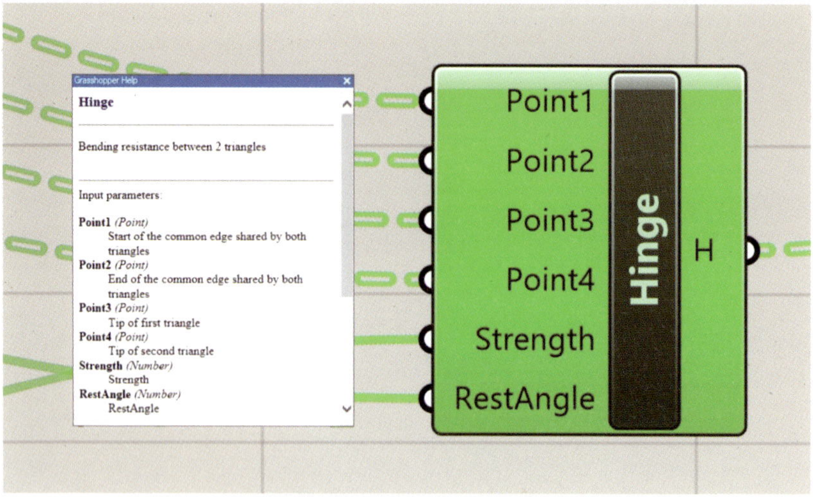

그림 15 Grasshopper/Kangaroo의 힌지 컴포넌트의 입력 값.

이 각도는 힌지의 두 면 사이의 각도가 아닌 힌지 액션이 발생하기 전과 후의 같은 면들 간의 각도의 합입니다. 예를 들어 평평한 두 개의 삼각 면으로 이루어진 힌지가 있다고 하면 rest angle이 0일 때는 힌지가 접히지 않고 원상태를 유지한다는 의미이며, 90일 때는 힌지가 원상태에서 각 45도씩 접혀서 힌지의 양면이 90도를 이룬다는 의미이며, 180일 때는 힌지의 양면이 원상태에서 각 90도씩 접혀서 두 면이 만나게 된다는 것을 의미합니다. 회전은 양측 대칭이며, 기준이 되는 회전의 방향은 첫 번째와 두 번째의 점이 만드는 벡터 기준 오른손 법칙에 의해 두 번째 삼각형이 회전하는 방향입니다.

다시 말해 그림 16에서 공유하는 선분이 점 1에서 3으로 정의되었고 점 0이 첫 번째 삼각형을 구성, 점 2가 두 번째 삼각형을 구성한다고 하면 178도의 rest angle은, 공유하는 선분을 중심으로 오른손 법칙에 의해, 두 번째 삼각형이 첫 번째 삼각형으로부터 2도(오른손 법칙에 의한 회전의 방향으로는 -2도)의 각도를 유지하는 평형 상태에 도달하게 됩니다. 이는 점의 상대적인 위치를 동일하게 놓는다면 공유하는 모서리가 아래로 내려가는 경우를 나타냅니다. 반대로 -178도

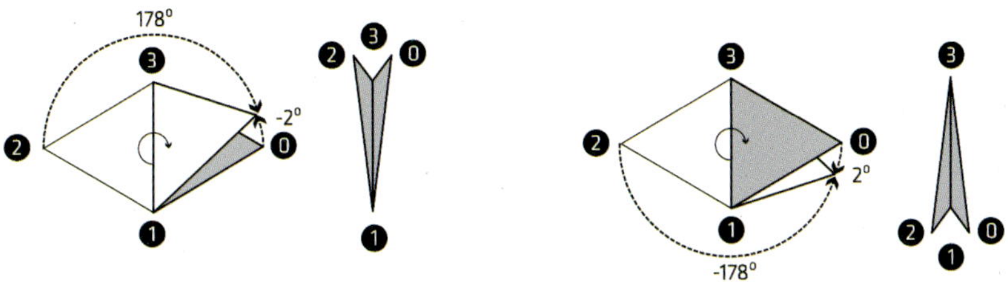

그림 16 접히는 방법에 따른 rest angle의 차이.

의 rest angle은 공유하는 선분을 중심으로 오른손 법칙에 의해, 두 번째 삼각형이 첫 번째 삼각형으로부터 2도(오른손 법칙에 의한 회전의 방향으로도 2도)의 각도를 유지하게 되므로 점의 상대적인 위치를 동일하게 놓는다면 공유하는 모서리가 위로 올라오는 경우를 나타냅니다(그림 16).

이제 전체적인 파라메트릭 모델의 정의를 살펴보도록 합니다. 먼저 전체적인 구성을 보면, 세 가지 주요 구성 요소가 있습니다(그림 17).

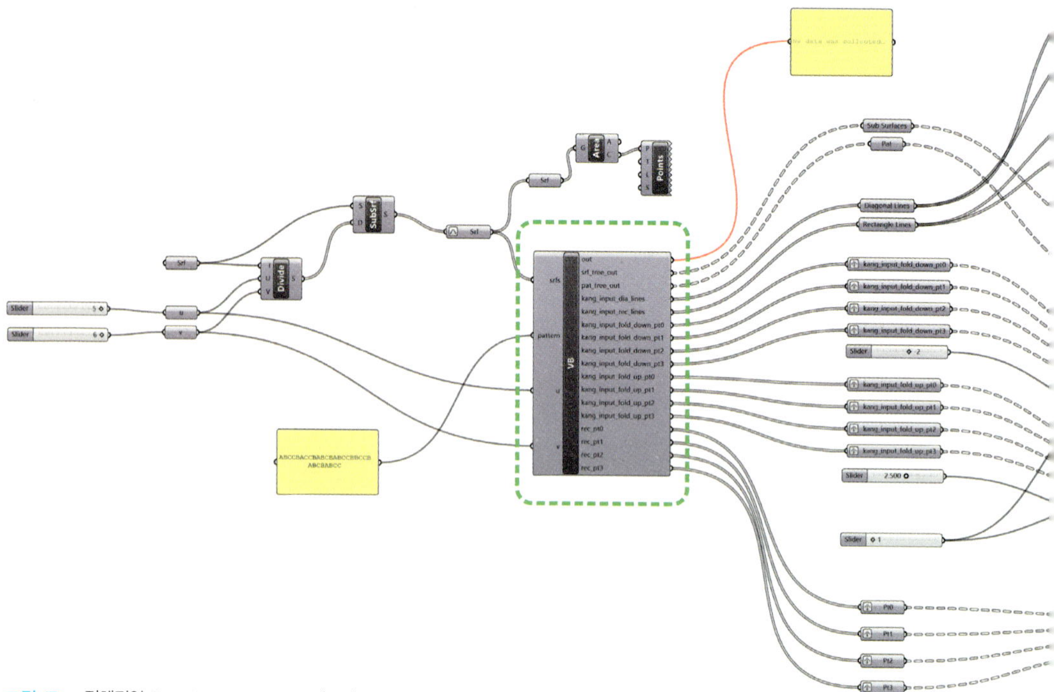

그림 17 전체적인 Grasshopper definition의 모습.

1. 첫 번째는 초록색으로 표현된 Rhino 3D로부터의 입력 값을 필요에 따라 재가공하여 선택적으로 추출하는 과정입니다. 예를 들어 각각의 사각형들로부터 힌지 action을 적용하기 위해 점을 접는 방향에 맞추어 특정한 순서에 의해 추출합니다.
2. 그리고 붉은색으로 표현된 부분에서는 이렇게 선별적으로 추출된 값을 이용하여 종이접기라는 특정 행동을 모사할 수 있는 한정적인 거동상의 특징을 기술합니다.

- 종이의 특성상 접히는 삼각형/사각형들의 변의 길이는 변하지 않으며,

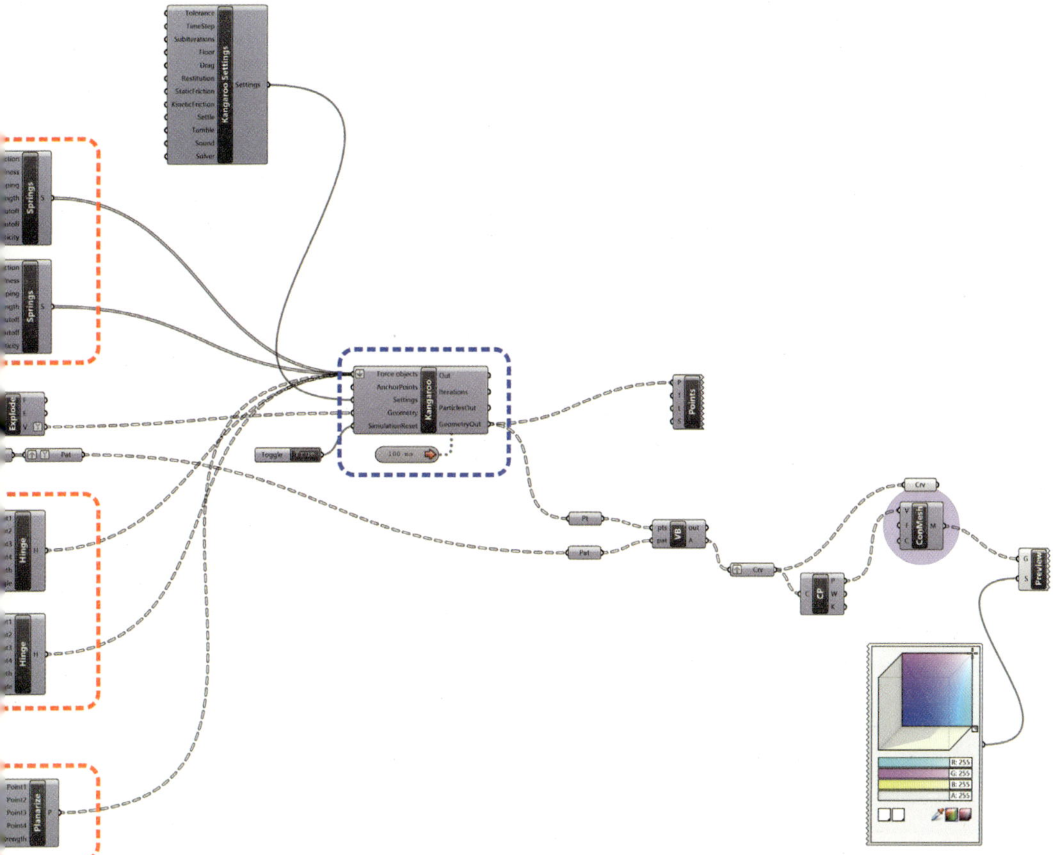

- 개별적으로 쪼개진 면들이 접히는 것을 시뮬레이션하기 위해 접는 선을 중심으로 인접한 면들이 0도에 근접한 각도를 향해 접혀서 안착하도록 하며,
- 이러한 과정 중 각각의 삼각형/사각형 면들은 뒤틀리지 않은 평평한 면을 이루도록 합니다.

3. 세 번째로 푸른색으로 표현된 부분에서는 상기한 거동상의 특징을 이용하여 Kangaroo Physics를 이용하여 실제 시뮬레이션이 일어나도록 합니다. 그 이외의 부분들은 각 Grasshopper component들을 이어 주기 위한 과정들, 혹은 이를 화면상에 나타내기 위한 과정들입니다.

지오메트리의 정리 및 분류(Sorting Geometry)

첫 번째 부분을 먼저 살펴보겠습니다(그림 18). 화면의 우측으로 보이는 영역에서는 divide component를 이용하여 시스템의 전체를 구성하는 큰 면을 30개의 5×6의 작은 면으로 쪼개게 됩니다. 그리고 노란색으로 표현된 부분은 미리 정의된 접힘의 패턴을 나타내는 문자열입니다. Grasshopper가 하나의 조각난 면을 프로세스(process)할 때마다 해당 위치의 문자 코드를 참조하여 면이 위로 접힐지 아래로 접힐지, 아니면 접히지 않을지에 대해 판단을 하게 해 줍니다. 그리고 마지막으로 오른쪽에는 Visual Basic으로 만들어진 컴포넌트(component)가 위치하게 되는데요, 이는 주어진 지오메트리(input geometry)를 각 요소별로 분해하고 이들 중에서 종이접기라는 특정 행동의 거동을 모사하기 위해 필요한 요소들을 선별적으로 추출하도록 합니다.

Visual Basic 컴포넌트의 입력 값은 기준면(srfs), pattern, u and v로 구성됩니다. 기준면은 Rhino 3D상에 존재하는 면이며 전체적인 시스템의 크기를 결정합니다. 패턴은 그림 19와 같이 해당 면이 접히는 방향을 미리 설정(code: A, B, C)하여 이를 Grasshopper에 통보하는 역할을 하게 됩니다. u와 v는 작은 면으로 분할되는 개수를 의미하여 우리의 경우는 30개의 면으로 분할됩니다.

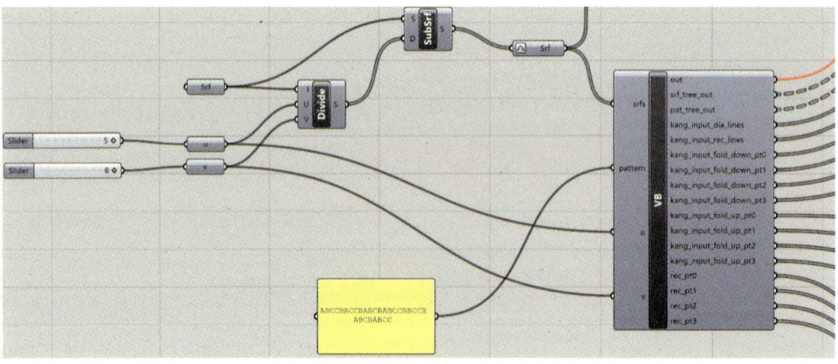

그림 18 Grasshopper의 첫 부분은 Visual Basic을 이용하여 주어진 입력 지오메트리로부터 필요한 정보를 선별적으로 얻기 위함이다.

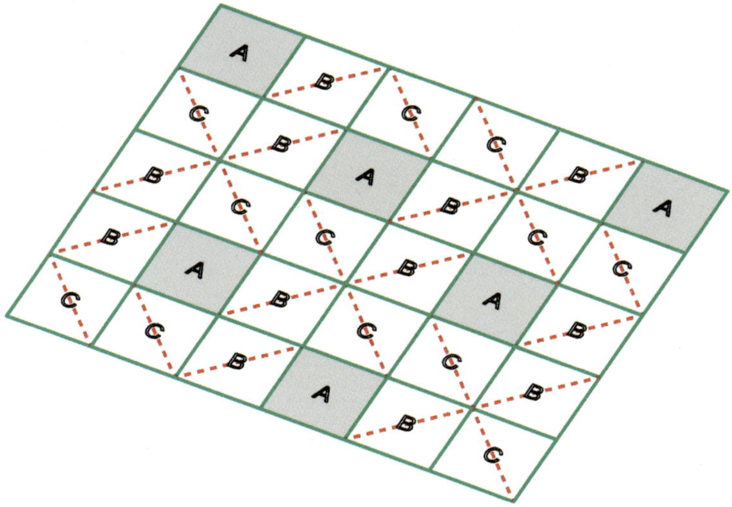

그림 19 평면에서의 접히는 방향에 의한 코드(A, B, C), 그리고 접힐 때 모서리가 위와 아래 중 어디로 향하는지(초록색 실선, 붉은색 점선)를 보여 주는 그림.

이제 Visual Basic의 각 부분들을 살펴보도록 하겠습니다. 첫 번째 파트에서는 Rhino로부터 1차원 array 형태로 전달된 30개의 나뉜 면들을 Grasshopper의 tree data structure로 전환하는 과정입니다. tree data structure는 다차원의 array로 볼 수 있는데요, 쉽게 이해하기 위해 윈도우나 매킨토시의 폴더 구조를 생각하면 될 것 같습니다. 동일한 폴더 및 하위 폴더의 구성을 가지고 있는 순차적인 다른 이름의 폴더들이 병렬로 존재하고 그 폴더 구조상의 제일 깊숙한 곳에 위치한 단일 혹은 복수의 파일들은 해당 파일을 상대적인 경로만을 알게 됨으로써 손쉽게 접속이 가능하게 됩니다. Grasshopper에서는 이러한 폴더 구조를 path와 item이라는 tree structure로 제안하는데요, 나뭇가지를 path, 가지 끝에 매달린 열매를 item이라고 생각하면 됩니다. 가지가 몇 번을 분기하는지에 따라 path의 이름에 세미콜론(;)이 추가되곤 합니다(그림 20).

Grasshopper provides multi-dimensional data structure, which we call 'Tree'. 'Tree' is composed of multiple 'Branches'. Branches can have sub branches. Only the branches at the lowest hierarchy can have 'List'. A list is a one-dimensional array containing items with index number.

Let's say that we have 4 lists, and each of them has 3 items in it. Numbers in round bracket in the figure below is item index number.

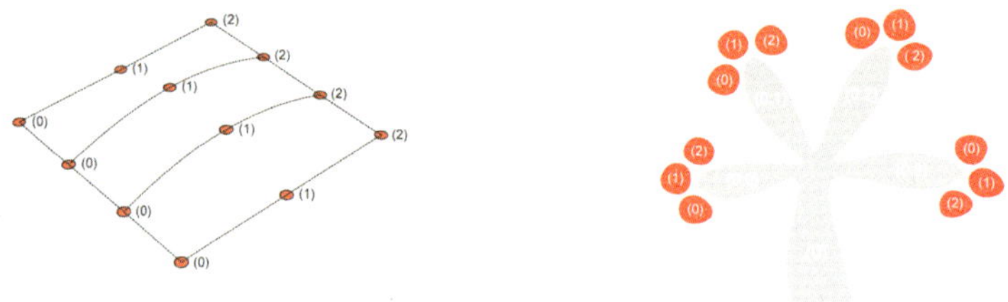

Branch is represented as form of numbers separated by semicolons in braces. Numbers in braces represent hierarchy, which means a branch can have any numbers of sub branches. The 4 lists from the diagram above can be mapped onto 4 branches as shown in the figure below like {0;0}, {0;1}, {0;2}, {0;3}. And these branches can be merged as another branch which is represented as {0}.

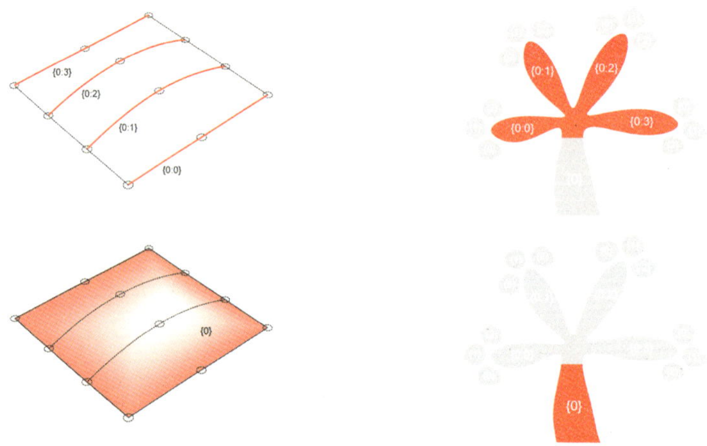

Below is complete map of data tree structure with one main branch, 4 sub branches, 4 lists, and 12 items.

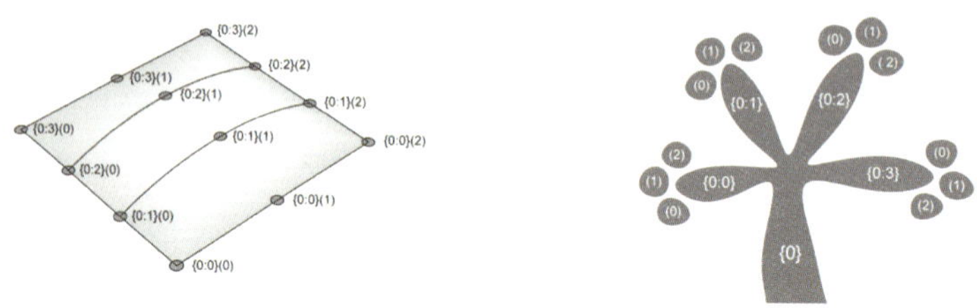

그림 20 Grasshopper의 data structure에 대한 도해.

```
84        '//////////////////////////////////////////////////////////////////////////////////////////////////////
85        '/////    first portion of the code will convert list of surfaces and string into datatrees
86        '//////////////////////////////////////////////////////////////////////////////////////////////////////
87
88        Dim srf_tree As New DataTree(Of Surface)
89        Dim pat_tree As New DataTree(Of String)
90
91        Dim n As Integer = 0
92
93        For i As Integer = 0 To u - 1
94
95          Dim path As New GH_Path(i)
96
97          For j As Integer = 0 To v - 1
98
99            Dim srf As Surface = srfs(n)
100           Dim pat As String = pattern.Chars(n)
101
102           srf_tree.Add(srf, path)
103           pat_tree.Add(pat, path)
104
105           n = n + 1
106
107         Next
108
109       Next
110
111       srf_tree_out = srf_tree
112       pat_tree_out = pat_tree
113
```

그림 21 Visual Basic scripting

이러한 병렬적인 특성으로 인해서 하나의 알고리즘을 생성한 후 이를 병렬로 구성된 다수의 지오메트리에 적용할 수 있게 됩니다. 각각의 면과 면이 접히는 방향성을 지정하고 저장하기 위해 두 개의 동일한 data tree를 구성하고 하나에는 해당 면을 다른 하나에는 면접기 패턴을 입력해 주게 됩니다. 주어진 면과 패턴이 1차원 array였으므로 두 개의 for ~ next 문을 이용해서 병렬의 구조로 재구성하게 됩니다. 두 개의 for ~ next를 사용하는 이유는 u와 v, 즉 면을 나누는 종방향과 횡방향의 수를 이용하여 tree data를 구성하기 위함입니다(그림 21). 이때 u는 path의 순차적인 번호, v는 각 path 내의 item들의 순번이 됩니다.

- 88행 – 89행 : 두 개의 data tree를 만듭니다. Srf_tree(변수명 : surface tree)는 30개의 면들을 주어진 data structure에 의해 저장하는 공간, pat_tree(변수명 : pattern tree)는 30개의 접기 패턴을 저장할 공간입니다.
- 91행 : n은 1차원 array로 구성되어 있는 30개의 공간을 나타냅니다. 이를 초깃값인 0으로 설정하고 이를 이용해서 30개의 면과 접는 패턴들로부터 순차적으로 data를 추출(retrieve)합니다.

- 99행 – 100행 : 1차원 array들인 면들의 집합[srfs(변수명 : surfaces)]과 면접기 패턴 집합[pattern(변수명 : pattern)]으로부터 n값에 의해 해당하는 item을 추출합니다.
- 102행 – 103행 : 위에서 추출된 면과 접기 패턴을 88행 – 89행에서 정의된 tree structure에 저장합니다. 이때 괄호 안에 path(변수명 : path)는 95행에서 현재의 i값(임의의 u값)에 의해 설정됩니다.
- 105행 : n의 크기를 1 증가시켜 다음 iteration을 대비합니다.
- 111행 – 112행 : 두 개의 data tree를 출력합니다.

그다음으로는 이렇게 구성된 두 개의 데이터 세트를 하나하나 확인하여 접기의 패턴별로 해당 면으로부터 필요한 정보를 선별적으로 추출하는 과정입니다.

- 패턴 A일 경우는 접히지 않는 면이기에 평평해야 하므로 네 개의 외곽선분과 두 개의 대각선을 추출하고 이들의 길이가 절대로 변하지 않게 함으로써 면을 평면으로 유지하도록 합니다. 뒤에 조금 더 자세하게 다루겠지만 네 개의 변이 같은 길이가 되는 것만으로는 해당 사각형이 평평하다고 장담할 수 없게 됩니다. 하지만 네 모서리를 연결하는 두 개의 대각선이 같은 길이가 된다면 이 사각형은 평평하다고 가정할 수 있습니다.
- 패턴 B와 C의 경우는 특정한 대각선의 방향으로 접혀야 하므로 패턴 A의 경우와 비교하여 두 개의 대각선 중 하나는 항상 같은 길이일 필요가 없게 됩니다. 이에 패턴 B와 C에서는 그 대각선을 추출하는 행이 주석 처리되어 실행되지 않도록 합니다(그림 22).

```
118      '/////////////////////////////////////////////////////////////////////////////////////////////////////
119      '/////    second portion of the code is to extract connections based on pattern
120      '/////////////////////////////////////////////////////////////////////////////////////////////////////
121
122      Dim line_rectangle_list As New List(Of Line)
123      Dim line_diagonal_list As New List(Of Line)
124
125      For i As Integer = 0 To u - 1
126
127        For j As Integer = 0 To v - 1
128
129          Dim pat As String = pat_tree.Item(pat_tree.Path(i), j)
130          Dim srf As Surface = srf_tree.Item(srf_tree.Path(i), j)
131
132          If pat = "A" Then
133
134            Dim line_diagonal_01 As New Line(srf.PointAt(0, 0), srf.PointAt(1, 1))
135            Dim line_diagonal_02 As New Line(srf.PointAt(0, 1), srf.PointAt(1, 0))
136            line_diagonal_list.Add(line_diagonal_01)
137            line_diagonal_list.Add(line_diagonal_02)
138
139            Dim line_rectangle_01 As New Line(srf.PointAt(0, 0), srf.PointAt(1, 0))
140            Dim line_rectangle_02 As New Line(srf.PointAt(1, 0), srf.PointAt(1, 1))
141            Dim line_rectangle_03 As New Line(srf.PointAt(1, 1), srf.PointAt(0, 1))
142            Dim line_rectangle_04 As New Line(srf.PointAt(0, 1), srf.PointAt(0, 0))
143            line_rectangle_list.Add(line_rectangle_01)
144            line_rectangle_list.Add(line_rectangle_02)
145            line_rectangle_list.Add(line_rectangle_03)
146            line_rectangle_list.Add(line_rectangle_04)
147
148          Else If pat = "B" Then
149
150            Dim line_diagonal_01 As New Line(srf.PointAt(0, 0), srf.PointAt(1, 1))
151            'Dim line_diagonal_02 As New Line(srf.PointAt(0, 1), srf.PointAt(1, 0))
152            line_diagonal_list.Add(line_diagonal_01)
153            'line_diagonal_list.Add(line_diagonal_02)
154
155            Dim line_rectangle_01 As New Line(srf.PointAt(0, 0), srf.PointAt(1, 0))
156            Dim line_rectangle_02 As New Line(srf.PointAt(1, 0), srf.PointAt(1, 1))
157            Dim line_rectangle_03 As New Line(srf.PointAt(1, 1), srf.PointAt(0, 1))
158            Dim line_rectangle_04 As New Line(srf.PointAt(0, 1), srf.PointAt(0, 0))
159            line_rectangle_list.Add(line_rectangle_01)
160            line_rectangle_list.Add(line_rectangle_02)
161            line_rectangle_list.Add(line_rectangle_03)
162            line_rectangle_list.Add(line_rectangle_04)
163
164          Else If pat = "C" Then
165
166            'Dim line_diagonal_01 As New Line(srf.PointAt(0, 0), srf.PointAt(1, 1))
167            Dim line_diagonal_02 As New Line(srf.PointAt(0, 1), srf.PointAt(1, 0))
168            'line_diagonal_list.Add(line_diagonal_01)
169            line_diagonal_list.Add(line_diagonal_02)
170
171            Dim line_rectangle_01 As New Line(srf.PointAt(0, 0), srf.PointAt(1, 0))
172            Dim line_rectangle_02 As New Line(srf.PointAt(1, 0), srf.PointAt(1, 1))
173            Dim line_rectangle_03 As New Line(srf.PointAt(1, 1), srf.PointAt(0, 1))
174            Dim line_rectangle_04 As New Line(srf.PointAt(0, 1), srf.PointAt(0, 0))
175            line_rectangle_list.Add(line_rectangle_01)
176            line_rectangle_list.Add(line_rectangle_02)
177            line_rectangle_list.Add(line_rectangle_03)
178            line_rectangle_list.Add(line_rectangle_04)
179
180          End If
181        Next
182      Next
183
184      kang_input_dia_lines = line_diagonal_list
185      kang_input_rec_lines = line_rectangle_list
```

그림 22 Visual Basic scripting

- 122행 – 123행 : 두 개의 list를 정의합니다. Line_rectangle_list는 각 사각형의 네 변을 저장하기 위한 공간이고 line_diagonal_list는 각 사각형의 두 대각선을 저장하기 위한 공간입니다. 여기서는 data tree를 사용하

지 않고 1차원 array인 list를 사용했습니다. 이유는 뒤에서 언급하겠지만 우리가 사용할 physical simulation engine인 Kangaroo에서는 모든 input들이 1차원 array 형태로 입력이 되어야 하기에 굳이 data tree 형식의 입력이 필요가 없습니다.

- 125행 – 127행 : 전 단계에서 u와 v의 값을 사용해서 30개의 원소를 가지고 있는 1차원 array로부터 data tree를 만들어 냈다면, 이번에는 u와 v를 이용해서 그 반대의 일을 하게 됩니다. 즉 해당하는 u와 v에 의해 data tree로부터 특정한 item을 불러오게 됩니다.
- 132행 : 패턴이 A일 경우.
- 134행 – 135행 : 두 개의 대각선을 주어진 면으로부터 정의합니다. 즉 사각형 면의 원점에 해당하는 (0,0)의 위치와 (1,1)의 위치로부터 하나의 대각선을 그리고 (0,1)의 위치와 (1,0)의 위치로부터 다른 하나의 대각선을 정의합니다(그림 10).
- 136행 – 137행 : 두 개의 대각선을 위에서 정의한 line_diagonal_list에 저장합니다.
- 139행 – 142행 : 위와 마찬가지로 각 사각형의 네 변들을 정의합니다.
- 143행 – 146행 : 네 개의 변들을 위에서 정의한 line_rectangle_list에 저장합니다.
- 148행 – 182행 : 패턴 B와 패턴 C는 패턴 A와 동일하지만 위에서 말했듯 접히는 방향에 따라 대각선 중 하나는 꺾이게 되므로 길이가 동일하다는 조건에 포함될 필요가 없습니다. 이에 해당하는 line들이 주석 처리되어 실행되지 않습니다.

두 개의 대각선과 네 개의 변의 길이가 같다는 가정이 패턴 A를 가진 면의 평평성을 유지하게 하지만 추가적으로 Kangaroo에서 제공하는 Planarize라는 컴포넌트를 이용하면 좀 더 확실하게 면이 평평하다는 것을 보장할 수 있게 됩니다. 해당 컴포넌트는 네 개의 꼭짓점을 요구하며 이를 통해 해당 점들로 이루어진 면이 평평하도록 Kangaroo에서 처리하도록 합니다. 이를 위해 패턴 A에 해당하는 면들은 네 개의 꼭짓점을 추출하여 이를 별도의 데이터 세트에 저장하는 과정을 거치게 됩니다(그림 23).

```
448 '/////////////////////////////////////////////////////////////////////////////////////////////////////////////
449 '/////    flatten panel if it is a rectangle one
450 '/////////////////////////////////////////////////////////////////////////////////////////////////////////////
451
452 Dim rec_pt0_list As New List(Of Point3d)
453 Dim rec_pt1_list As New List(Of Point3d)
454 Dim rec_pt2_list As New List(Of Point3d)
455 Dim rec_pt3_list As New List(Of Point3d)
456
457 For i As Integer = 0 To u - 1
458
459   For j As Integer = 0 To v - 1
460
461     Dim pat_current As String = pat_tree.Item(pat_tree.Path(i), j)
462     Dim srf_current As Surface = srf_tree.Item(srf_tree.Path(i), j)
463
464     If pat_current = "A" Then
465
466       Dim pt0 As point3d = srf_current.PointAt(0, 0)
467       Dim pt1 As point3d = srf_current.PointAt(1, 0)
468       Dim pt2 As point3d = srf_current.PointAt(1, 1)
469       Dim pt3 As point3d = srf_current.PointAt(0, 1)
470
471       rec_pt0_list.Add(pt0)
472       rec_pt1_list.Add(pt1)
473       rec_pt2_list.Add(pt2)
474       rec_pt3_list.Add(pt3)
475
476     End If
477
478   Next
479
480 Next
481
482 rec_pt0 = rec_pt0_list
483 rec_pt1 = rec_pt1_list
484 rec_pt2 = rec_pt2_list
485 rec_pt3 = rec_pt3_list
486
```

그림 23 Visual Basic scripting

- 452행 – 455행 : 네 개의 점을 별도의 list로 저장하기 위해(Kangaroo에 입력 시 네 개의 점을 순차적으로 입력해야 하므로) 네 개의 저장소를 정의합니다.
- 457행 – 459행 : 이 중 for ~ next 문이 tree date로부터 특정 data를 추출하기 위해 사용되었습니다.
- 461행 – 462행 : 주어진 i와 j의 값(임의의 u, v)에 대해 해당하는 면과 접는 패턴을 가져옵니다.
- 464행 : 접는 패턴이 A일 때, 즉 접히지 않을 때만 해당하므로 A의 경우만 작동하도록 합니다.
- 466행 – 469행 : 해당 면의 각 꼭짓점을 추출합니다.
- 471행 – 474행 : 꼭짓점을 위에서 정의한 네 개의 list에 분배합니다.

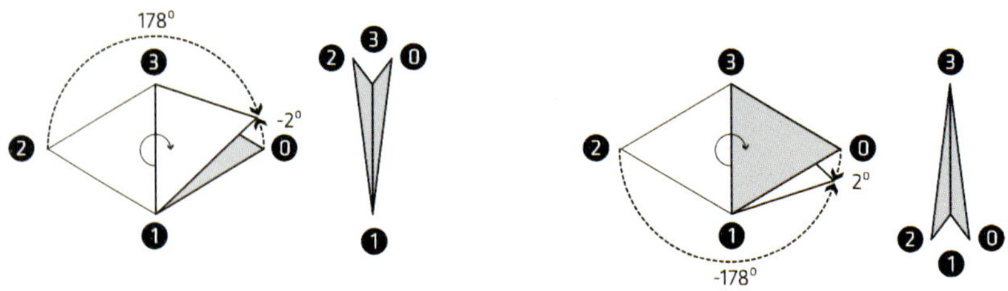

그림 24　접히는 방법에 따른 rest angle의 차이.

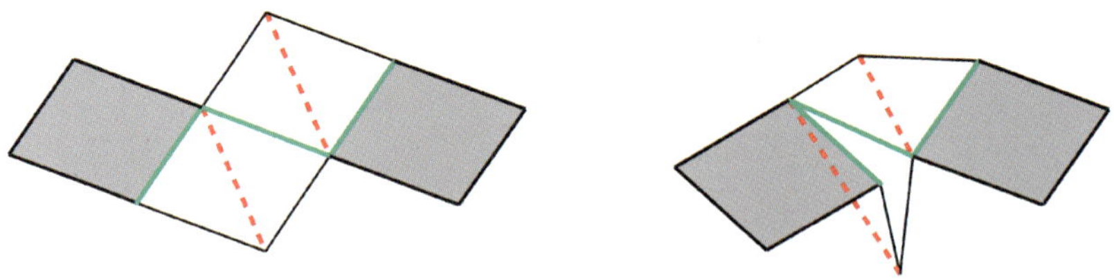

그림 25　접히는 과정을 개념화하는 과정.

지금까지는 접히지 않아야 하는 면들(패턴 A의 사각형 면, 패턴 B, C의 삼각형 면)을 평평하게 유지시키기 위해 주어진 지오메트리로부터 필요한 정보를 추출하고 가공하는 내용을 살펴보았습니다. 이제 접히는 면들을 설정하기 위해 비슷한 과정으로 주어진 지오메트리에서 정보를 추출하고 가공하는 내용을 알아보겠습니다. 면이 접히는 것을 시뮬레이션하기 위해 Kangaroo의 힌지 컴포넌트를 사용합니다. 이를 위해서는 접히는 선을 정의하는 두 개의 점과 이에 접하는 두 개의 접히는 면 위에 놓이는 또 다른 두 개의 점을 정의해 주어야 합니다(그림 24). 그림 25에서 볼 수 있듯이, 사각형의 내부에서 면이 접힐 시에는 항상 접힌 선분이 아래로 향하고(붉은색 점선), 사각형과 인접 사각형이 접힐 시에는 항상 접힌 선분이 위로 향하게 됩니다(초록색 실선).

```
'/////////////////////////////////////////////////////////////////////////////////////////////////////////
'/////    define sets of points for hindge action
'/////////////////////////////////////////////////////////////////////////////////////////////////////////

Dim fold_dn_pt0 As New List(Of Point3d)
Dim fold_dn_pt1 As New List(Of Point3d)
Dim fold_dn_pt2 As New List(Of Point3d)
Dim fold_dn_pt3 As New List(Of Point3d)

Dim fold_up_pt0 As New List(Of Point3d)
Dim fold_up_pt1 As New List(Of Point3d)
Dim fold_up_pt2 As New List(Of Point3d)
Dim fold_up_pt3 As New List(Of Point3d)
```

그림 26 Visual Basic scripting

면이 접히는 방향은 입력된 점의 순서에 따라 오른손 법칙에 의해 정의되므로 점이 힌지 컴포넌트에 입력되는 순서를 잘 정리하는 것이 중요합니다. 즉 그림 24에서 1번과 3번의 점이 접히는 선으로 정의되고 resting angle이 178도로 정의되면 오른손 법칙에 의해 2번 점이 0번 점에 다가가는 방향으로 면이 접히게 됩니다. 이제 Visual Basic을 살펴보면 가장 먼저 접히는 방향에 따라 두 개의 별도 힌지 컴포넌트를 사용하기 위한 두 개의 point set을 정의합니다(그림 26). 사각형과 인접 사각형 사이의 접힘과 사각형 내부에서의 접힘이 방향이 다르다는 데 착안하여 별도로 두 가지의 point set을 정의하고 이를 추후 힌지 컴포넌트에서 사용하기 위함입니다.

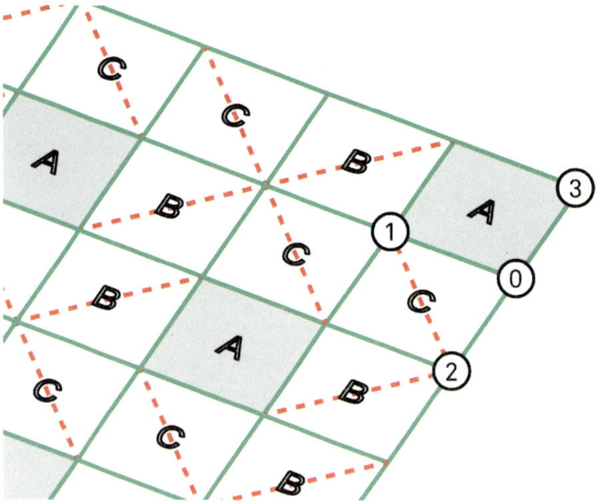

그림 27 접히지 않는 면 A의 아래 방향으로 C 패턴을 인접하고 있을 경우의 점의 추출 순서.

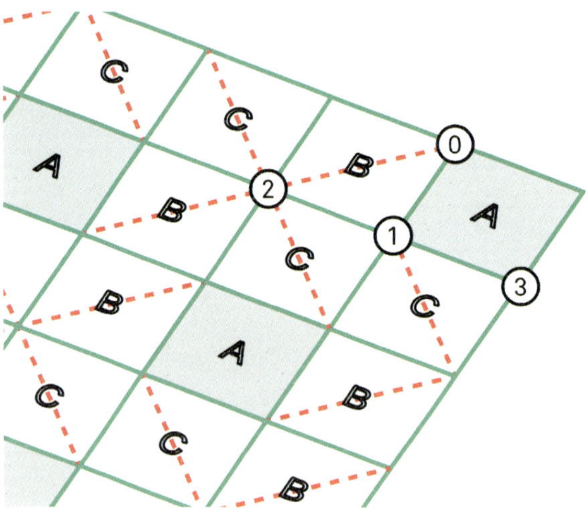

그림 28 접히지 않는 면 A의 왼쪽으로 B 패턴을 인접하고 있을 경우의 점의 추출 순서.

먼저 사각형과 인접한 사각형 사이의 면의 접힘을 위한 point set을 추출하기 위해 현재의 사각형의 패턴과 이웃한 다음 사각형의 패턴을 분석합니다. 패턴 A의 사각형이 아래쪽에 위치한 패턴 C를 가진 이웃한 사각형과 만날 때에는 패턴 C 사각형이 내부적으로 접힐 것을 고려하여 0-1-2-3의 점을 추출해야 함을 알 수 있습니다(그림 27). 마찬가지로 패턴 A의 사각형이 왼쪽에 위치한 패턴 B를 가진 이웃한 사각형과 만날 때에는 패턴 B 사각형이 내부적으로 접힐 것을 고려하여 0-1-2-3의 점을 추출해야 함을 알 수 있습니다(그림 28).

가로와 세로 방향을 모두 고려한 현재의 사각형 패턴과 이웃한 사각형 패턴이 가질 수 있는 모든 인접의 시나리오를 고려하여 상황별로 추출해야 하는 점을 미리 지정해 주어야 합니다. 이는 그림 29와 같이 for ~ next 및 if 문을 통하여 구현되었습니다(그림 29, 그림 30 - 지면상 모든 script를 캡처하지는 못했습니다).

```
306  For i As Integer = 0 To u - 1
307
308    For j As Integer = 0 To v - 2
309
310      Dim pat_current As String = pat_tree.Item(pat_tree.Path(i), j)
311      Dim pat_next As String = pat_tree.Item(pat_tree.Path(i), j + 1)
312      Dim srf_current As Surface = srf_tree.Item(srf_tree.Path(i), j)
313      Dim srf_next As Surface = srf_tree.Item(srf_tree.Path(i), j + 1)
314
315      If pat_current = "A" And pat_next = "B" Then
316
317        Dim pt0 As point3d = srf_current.PointAt(1, 1)
318        Dim pt1 As point3d = srf_current.PointAt(0, 1)
319        Dim pt2 As point3d = srf_current.PointAt(1, 0)
320        Dim pt3 As point3d = srf_next.PointAt(1, 1)
321
322        fold_dn_pt0.Add(pt0)
323        fold_dn_pt1.Add(pt1)
324        fold_dn_pt2.Add(pt2)
325        fold_dn_pt3.Add(pt3)
326
327      Else If pat_current = "A" And pat_next = "C" Then
328
329        Dim pt0 As point3d = srf_current.PointAt(1, 1)
330        Dim pt1 As point3d = srf_current.PointAt(0, 1)
331        Dim pt2 As point3d = srf_current.PointAt(0, 0)
332        Dim pt3 As point3d = srf_next.PointAt(0, 1)
333
334        fold_dn_pt0.Add(pt0)
335        fold_dn_pt1.Add(pt1)
336        fold_dn_pt2.Add(pt2)
337        fold_dn_pt3.Add(pt3)
338
339      Else If pat_current = "B" And pat_next = "A" Then
340
341        Dim pt0 As point3d = srf_current.PointAt(1, 1)
342        Dim pt1 As point3d = srf_current.PointAt(0, 1)
343        Dim pt2 As point3d = srf_current.PointAt(0, 0)
344        Dim pt3 As point3d = srf_next.PointAt(0, 1)
345
346        fold_dn_pt0.Add(pt0)
347        fold_dn_pt1.Add(pt1)
348        fold_dn_pt2.Add(pt2)
349        fold_dn_pt3.Add(pt3)
350
351      Else If pat_current = "C" And pat_next = "A" Then
352
353        Dim pt0 As point3d = srf_current.PointAt(1, 1)
354        Dim pt1 As point3d = srf_current.PointAt(0, 1)
355        Dim pt2 As point3d = srf_current.PointAt(1, 0)
356        Dim pt3 As point3d = srf_next.PointAt(1, 1)
357
358        fold_dn_pt0.Add(pt0)
359        fold_dn_pt1.Add(pt1)
360        fold_dn_pt2.Add(pt2)
361        fold_dn_pt3.Add(pt3)
362
363      Else If pat_current = "B" And pat_next = "C" Then
364
365        Dim pt0 As point3d = srf_current.PointAt(1, 1)
366        Dim pt1 As point3d = srf_current.PointAt(0, 1)
```

그림 29 Visual Basic scripting

- 먼저 세로 방향으로 패턴의 인접 조건을 파악합니다.
- 306행 – 308행 : for ~ next 문 두 개를 사용하여 필요한 item을 data tree들로부터 추출합니다.
- 310행 – 311행 : 현재의 접힘 패턴과 바로 옆의 접힘 패턴을 추출합니다.
- 312행 – 313행 : 현재의 사각형과 바로 옆의 사각형을 추출합니다.
- 315행 이후 : 각각의 인접 사각형 패턴의 경우에 따라 적절한 점들을 추출하여 이들을 힌지 액션에 공급할 순서로 list에 저장합니다.
- 가로 방향으로 패턴의 인접 조건을 파악합니다.

```
212 For j As Integer = 0 To v - 1
213
214   For i As Integer = 0 To u - 2
215
216     Dim pat_current As String = pat_tree.Item(pat_tree.Path(i), j)
217     Dim pat_next As String = pat_tree.Item(pat_tree.Path(i + 1), j)
218     Dim srf_current As Surface = srf_tree.Item(srf_tree.Path(i), j)
219     Dim srf_next As Surface = srf_tree.Item(srf_tree.Path(i + 1), j)
220
221     If pat_current = "A" And pat_next = "B" Then
222
223       Dim pt0 As point3d = srf_current.PointAt(1, 0)
224       Dim pt1 As point3d = srf_current.PointAt(1, 1)
225       Dim pt2 As point3d = srf_current.PointAt(0, 1)
226       Dim pt3 As point3d = srf_next.PointAt(1, 1)
227
228       fold_dn_pt0.Add(pt0)
229       fold_dn_pt1.Add(pt1)
230       fold_dn_pt2.Add(pt2)
231       fold_dn_pt3.Add(pt3)
232
233     Else If pat_current = "A" And pat_next = "C" Then
234
235       Dim pt0 As point3d = srf_current.PointAt(1, 0)
236       Dim pt1 As point3d = srf_current.PointAt(1, 1)
237       Dim pt2 As point3d = srf_current.PointAt(0, 0)
238       Dim pt3 As point3d = srf_next.PointAt(1, 0)
239
240       fold_dn_pt0.Add(pt0)
241       fold_dn_pt1.Add(pt1)
242       fold_dn_pt2.Add(pt2)
243       fold_dn_pt3.Add(pt3)
244
245     Else If pat_current = "B" And pat_next = "A" Then
246
247       Dim pt0 As point3d = srf_current.PointAt(1, 0)
248       Dim pt1 As point3d = srf_current.PointAt(1, 1)
249       Dim pt2 As point3d = srf_current.PointAt(0, 0)
250       Dim pt3 As point3d = srf_next.PointAt(1, 0)
251
252       fold_dn_pt0.Add(pt0)
253       fold_dn_pt1.Add(pt1)
254       fold_dn_pt2.Add(pt2)
255       fold_dn_pt3.Add(pt3)
256
257     Else If pat_current = "C" And pat_next = "A" Then
258
259       Dim pt0 As point3d = srf_current.PointAt(1, 0)
260       Dim pt1 As point3d = srf_current.PointAt(1, 1)
261       Dim pt2 As point3d = srf_current.PointAt(0, 1)
262       Dim pt3 As point3d = srf_next.PointAt(1, 1)
263
264       fold_dn_pt0.Add(pt0)
265       fold_dn_pt1.Add(pt1)
266       fold_dn_pt2.Add(pt2)
267       fold_dn_pt3.Add(pt3)
268
269     Else If pat_current = "B" And pat_next = "C" Then
270
271       Dim pt0 As point3d = srf_current.PointAt(1, 0)
272       Dim pt1 As point3d = srf_current.PointAt(1, 1)
```

그림 30 Visual Basic scripting

- 212행 – 214행 : i와 j가 바뀌었습니다. 이는 인접 조건 파악의 방향을 세로에서 가로로 돌리기 위함입니다.
- 그 이외의 내용은 위와 동일합니다.

이와 마찬가지로 사각형 내의 접힘을 위해 사각형 내부의 점들을 추출해야 합니다. 즉 사각형이 접히는 방향에 따라 점의 순서도 달라지게 됩니다(그림 31).

이는 Visual Basic에서 for ~ next 및 if 문을 사용하여 두 가지 패턴에 대하여 다음과 같이 정의됩니다(그림 32).

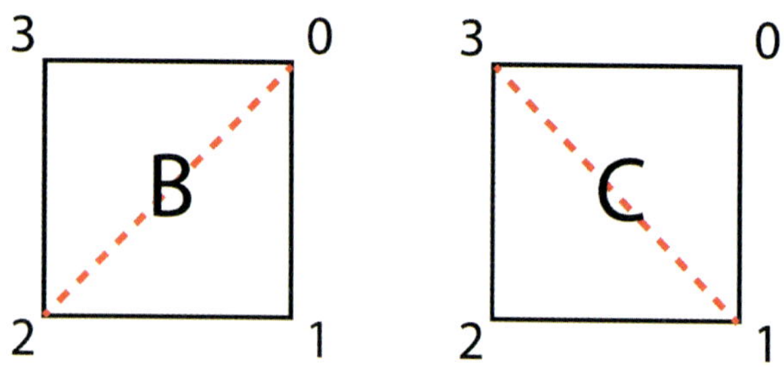

그림 31 접는 방향에 따라 추출해야 하는 꼭짓점의 번호가 다름을 보여 주는 그림.

```
'/////////////////////////////////////////////////////////////////////////////////////////////////////
'/////    hinge action within a panel
'/////////////////////////////////////////////////////////////////////////////////////////////////////

For i As Integer = 0 To u - 1

  For j As Integer = 0 To v - 1

    Dim pat_current As String = pat_tree.Item(pat_tree.Path(i), j)
    Dim srf_current As Surface = srf_tree.Item(srf_tree.Path(i), j)

    If pat_current = "B" Then

      Dim pt0 As point3d = srf_current.PointAt(0, 0)
      Dim pt1 As point3d = srf_current.PointAt(1, 1)
      Dim pt2 As point3d = srf_current.PointAt(0, 1)
      Dim pt3 As point3d = srf_current.PointAt(1, 0)

      fold_up_pt0.Add(pt0)
      fold_up_pt1.Add(pt1)
      fold_up_pt2.Add(pt2)
      fold_up_pt3.Add(pt3)

    Else If pat_current = "C" Then

      Dim pt0 As point3d = srf_current.PointAt(1, 0)
      Dim pt1 As point3d = srf_current.PointAt(0, 1)
      Dim pt2 As point3d = srf_current.PointAt(0, 0)
      Dim pt3 As point3d = srf_current.PointAt(1, 1)

      fold_up_pt0.Add(pt0)
      fold_up_pt1.Add(pt1)
      fold_up_pt2.Add(pt2)
      fold_up_pt3.Add(pt3)

    End If

  Next

Next
```

그림 32 Visual Basic scripting

- 사각형과 인접 사각형의 경우와 대동소이하지만 인접 사각형에 대해 알 필요가 없기에 오직 패턴 B와 패턴 C에 대해서만 체크합니다.

접는 규칙의 적용(Applying Folding Rules)

이제 Kangaroo의 컴포넌트들을 사용하여 시뮬레이션을 진행하기 위한 자료의 정리가 완료되었습니다. Kangaroo에서 사용할 컴포넌트들은 다음과 같습니다.

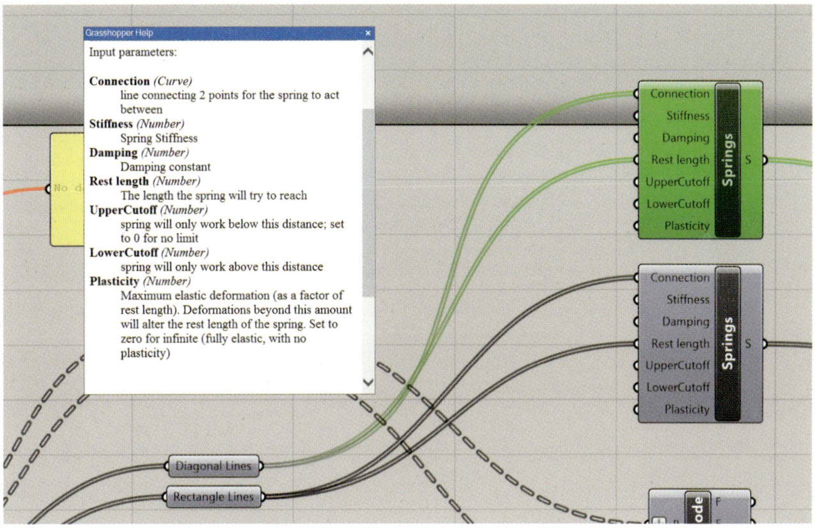

그림 33 spring component의 입력 값.

1. spring : 접혀서는 안 되는 부분들을 평평하게 유지시켜 주기 위해 시뮬레이션을 진행하는 동안 1) 각 사각형 및 삼각형의 변의 길이가 동일하게 유지되어야 하며, 2) 사각형의 경우는 대각선의 길이도 동일하게 유지되어야 합니다(그림 33). spring 컴포넌트의 두 가지 변수만을 사용하게 되는데요,

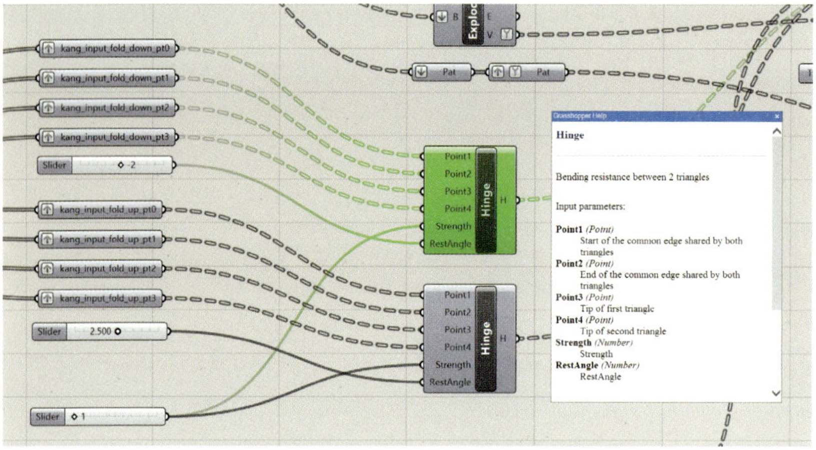

그림 34　hinge component의 입력 값.

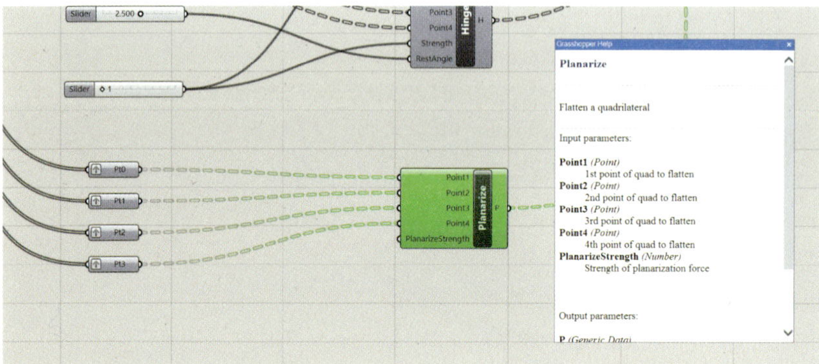

그림 35　planarize component의 입력 값.

첫 번째 connection은 각 변과 대각선을 나타내는 선분들을, 그리고 두 번째 rest length에는 각각의 선분들이 가지고 있는 고유의 길이 값을 연결해 주어야 합니다. 다행히도 길이를 따로 구할 필요 없이 원래의 선분들을 연결하는 것만으로도 이를 충족합니다. 두 개의 spring은 각각 변의 길이와 대각선의 길이를 의미합니다.

2. hinge : 종이가 접히는 것을 시뮬레이션하기 위한 핵심적인 컴포넌트입니다. 네 개의 point input을 정해진 순서로 연결하고 rest angle을 추가해 줍니다. strength는 spring이 얼마나 강력한지를 정하는 숫자로 반응이 얼마나 빠르게 평형 상태에 도달할지를 결정해 줍니다(그림 34).

3. planarize : 평활도를 유지시켜 주기 위한 추가적인 안전장치이며 접히지 말아야 할 면의 꼭짓점들을 연결해 줍니다(그림 35).

조립(Assembling)

이제 Kangaroo를 사용하여 시뮬레이션을 진행하기 위한 준비를 모두 마쳤습니다. Grasshopper에서 정의된 모든 Kangaroo action들을 Kangaroo component의 Force objects에 연결하고 base geometry로부터 만들어진 각 면들을 대표하는 curve들을 geometry에 연결합니다. 연속적인 animation을 생성하기 위해서 timer component를 Kangaroo component에 연결합니다. 시뮬레이션을 활성화하기 위한 버튼을 누르면 시뮬레이션이 시작됩니다(그림 36).

그림 36 Kangaroo의 force objects(spring, hinge, planarize)가 최종적으로 연결된 모습.

그림 37 접히는 과정을 보여 주는 연속적인 이미지들.

파라메트릭 디자인

01. 파라메트릭 디자인의 이해 및 적용

초판 1쇄 인쇄 2018년 9월 10일
초판 1쇄 발행 2018년 9월 15일

지은이 | 성우제
펴낸이 | 김호석
펴낸곳 | 도서출판 대가
편집부 | 박은주
디자인 | 최치영
마케팅 | 오중환
관리부 | 김소영

주소 | 경기도 고양시 일산동구 장항동 776-1 로데오메탈릭타워 405호
전화 | (02) 305-0210
팩스 | (031) 905-0221
전자우편 | dga1023@hanmail.net
홈페이지 | www.bookdaega.com
ISBN | 978-89-6285-209-7 (13000)

이 도서의 국립중앙도서관 출판시도서목록(CIP)은 서지정보유통지원시스템
홈페이지(http://seoji.nl.go.kr)와
국가자료공동목록시스템(http://www.nl.go.kr/kolisnet)에서
이용하실 수 있습니다. (CIP제어번호: CIP2018028536)

책값은 뒤표지에 있습니다.